FOCUS ON RUSSIAN
An Interactive Approach to Writing and Speaking

Sandra F. Rosengrant
Portland State University

Elena D. Lifschitz
Stanford University

John Wiley & Sons, Inc.
New York   Chichester   Brisbane   Toronto   Singapore

ACQUISITIONS EDITOR / Ron Nelson
PRODUCTION MANAGER / Katharine Rubin
DESIGNER / Kevin Murphy
PRODUCTION SUPERVISOR / Linda Muriello
PHOTO RESEARCHER / Alan Gottlieb
PHOTO RESEARCH MANAGER / Stella Kupferberg

Cover and Interior Illustrations by Susan Greenstein

Recognizing the importance of preserving what has been written, it is a policy of John Wiley & Sons, Inc. to have books of enduring value published in the United States printed on acid-free paper, and we exert our best efforts to that end.

Library of Congress Cataloging-in-Publication Data

Rosengrant, Sandra F.
  Focus on Russian: an interactive approach to writing and speaking
  Sandra F. Rosengrant, Elena D. Lifschitz.
      p.   cm.

  Includes index,
  ISBN 0-471-50659-1
    1. Russian language—Textbooks for foreign speakers—English.
I. Lifschitz, Elena D.   II. Title.

PG2129.E5R65   1991
491.782'421—dc20
ISBN 0471-50659-1

90-27636
CIP

Printed in the United States of America

Printed and bound by the Hamilton Printing Company.

10 9 8 7 6 5 4

Preface

Focus on Russian: An Interactive Approach to Writing and Speaking is a process-oriented textbook for students of Russian. It is organized on the basis of the *ACTFL Proficiency Guidelines,* and is intended for use by students with intermediate-level language skills. The object of the book is to provide students with large amounts of thematically organized vocabulary and then to guide them through increasingly longer and more complicated higher-level functions. During the first four lessons students practice description, the second five lessons concentrate on narration, and the final three lessons of the book expose students to superior-level functions such as advising, arguing, and hypothesizing. The ultimate goal of the book is to raise the linguistic skills of the students who use it to the intermediate-high/advanced level.

The twelve lessons of *Focus on Russian* are all organized identically. Each lesson begins with a thematically arranged **vocabulary** of approximately 200 items selected from the most commonly used words in Russian. Because of the emphasis on high-frequency words, many of the entries are review items, but at the same time the vocabulary is sufficiently broad to permit students to adopt a personalized approach to each topic.

The second section of each lesson contains **preparatory exercises** that review those grammatical structures that are most troublesome for intermediate-level speakers of Russian. The presentation of grammar is not intended to be comprehensive, but rather to focus the students' attention on the kinds of problems that are likely to arise in the composition that follows.

A central feature of each lesson is the **composition.** Each composition assignment is designed to elicit specific functions appropriate to the intermediate level. Students are guided through the composition first through oral prewriting assignments and then through peer evaluation, editing, and rewriting.

In the last section of each lesson, the students are given additional **activities** in which they are asked to perform tasks similar to those of the composition. In these sections the vocabulary and functions of previous lessons are recycled. Authentic Russian reading materials have been incorporated in the activities so that students also become familiar with native solutions to the kinds of writing problems that they themselves have been working on.

In addition to its twelve lessons, *Focus on Russian* contains three **appendices** and two **Glossaries.** Appendix A contains grammatical reference material; Appendix B contains the originals of authentic texts used in activities; and Appendix C contains a correction key and self-evaluation form to be used by students during the rewriting process. In the Glossaries, all of the vocabulary of the twelve lessons is given in alphabetical order with complete grammatical reference information for each entry.

The *Instructor's Manual* that accompanies *Focus on Russian* contains, in addition to an answer key to the various exercises in the textbook, a discussion of the methodological considerations underlying the book, suggested strategies for approaching each lesson, supplementary activities, sample tests and answers, and the relevant portions of the *ACTFL Proficiency Guidelines.*

We wish to thank the students of Portland State and Stanford Universities who graciously participated in our many experiments. We are particularly indebted to those individuals who donated their time to assist us in the preparation of the manuscript. A special thanks is due to David Moffat, who permitted us to field test his "Vocabulary Creator" for the development of our glossary, and we are most grateful to the numerous colleagues who have field tested our materials and otherwise assisted us by reviewing and critiquing our work. We have enjoyed working on *Focus on Russian* and hope that others in turn will take pleasure in its use.

Sandra F. Rosengrant
Elena D. Lifschitz

To The Student

If you are using this book, you are probably an "intermediate" student of Russian. There are no doubt a number of things, such as talking about yourself, that you do quite well, and others, such as telling about the strange thing that happened on the way to school yesterday, where your vocabulary and command of grammar are not quite adequate to the situation. The purpose of this book is to increase your vocabulary and to give you opportunities to practice using the grammatical constructions that you already know in a variety of contexts. In the first four lessons of the book, you will be practicing description; in the second five, you will be narrating; and in the last three, you will be working on more complicated tasks, such as advising, hypothesizing, and persuading.

Each lesson begins with a list of words that are related to the theme of that lesson. The lists are fairly long (approximately 200 words), but you will find that many of the entries are review items for you. The items within each list are grouped thematically. As you study, you will probably find that it is easiest for you to learn new words if you approach each small group as a unit. For reference purposes, however, the same words have been given to you in alphabetical order in the Glossaries at the end of the book.

Because vocabulary is important to you at this stage in your development, we have tried to give you new words in a form that is immediately usable. The format for each vocabulary entry is similar to that of a Soviet dictionary. All grammatical irregularities—even those that are more or less predictable, such as fill vowels in nouns or consonant mutations in verbs—are cited. If a word is given to you without additional grammatical information, you may assume that all of its forms are predictable. Verbs that are used with direct and indirect objects are not labeled as such, but other types of government have been indicated by interrogatives. Finally, each word is glossed with the meaning that best fits the theme of the lesson. If two Russian words in the same subgroup are glossed with the same English translation, you may use them as synonyms unless there is a footnote explaining differences in their usage.

The second section of each lesson is intended to prepare you for writing and speaking by focusing on those grammatical constructions that are likely to occur most frequently (and with the greatest number of errors) in the types of speech that you will be using. Again, you will no doubt find that much of the grammar discussion is review. You should also find, however, that these grammatical sections prepare you for the writing and discussion that are to follow and provide you with examples of sentence types that you will want to use in your own work.

The third section of each lesson is a composition assignment. In most instances, you will prepare for these compositions by discussing the assignment with your classmates in Russian. Your goal both in discussion and in writing is to cover the topic as thoroughly as possible *using the grammar and the vocabulary that you already know.* In other words, you should not treat these assignments as dictionary exercises, but rather as opportunities for you to express yourself creatively within the limits of your present linguistic abilities. You may be asked to submit first and final drafts of the same composition. In this case, the first draft will probably be returned to you with grammatical errors numbered in accordance with the "Correction Key" in Appendix C. In Appendix C, you will also find a "Self-Evaluation Form" which you may wish to use to see if there is a pattern of errors in your writing. When you correct your compositions, however, remember that the process of rewriting involves more than the correction of mechanical errors, and that you should try to strengthen your composition in other ways as well.

Finally, at the end of each lesson there are a number of activities in which you will be asked to perform tasks similar to that of the composition. For some of these activities, you may be asked to read authentic texts, which you in turn may wish to use as a model. For others, you may be asked to perform the function of your new lesson with the vocabulary of a previous one. In these assignments, as in all others, our objective is to help you develop a linguistic tool that is flexible and responsive under any and all circumstances. We wish you the best of luck!

Contents

Appendix A:
Grammatical Tables

Appendix B:
Original Texts

Appendix C:
Common Errors

Glossaries

Russian-English Glossary

English-Russian Glossary

Photo Credits

Index

Щи да каша — пища наша

Словарь

ку́хня (*р. мн.* **ку́хонь**)
  kitchen *кухни (рl.)*
плита́ (*мн.* **пли́ты**) stove
конфо́рка (*р. мн.* **конфо́рок**)
  burner
духо́вка (*р. мн.* **духо́вок**)
  oven
холоди́льник refrigerator

проду́кты (*р.* **проду́ктов**)
  groceries
еда́ *тк. ед.* food[1]
пи́ща *тк. ед.* food[1]
есть (**ем, ешь, ест, еди́м,
  еди́те, едя́т; ел, е́ла; ешь**)
  несов. to eat; *сов.* **съесть** and
пое́сть[2]

пить (**пью, пьёшь; пил, пила́**)
  несов. to drink; *сов.* **вы́пить**
  and **попи́ть**[2]
го́лод hunger
голо́дный (**го́лоден, голодна́**)
  hungry
сы́тый (**сыт, сыта́**) full
аппети́т appetite

вкус taste
вку́сный tasty
сла́дкий (*ср.* **сла́ще**) sweet
го́рький bitter
ки́слый sour
о́стрый spicy, hot
за́пах smell
      чу́вствовать ~ *чего?*

(чу́вствую, чу́вствуешь) to
smell[3]
па́хнуть (па́хну, па́хнешь;
пах, па́хла) *несов., чем?* to
smell *vi.*[3]

за́втрак breakfast
за́втракать *несов.* to eat
breakfast; *сов.* поза́втракать
обе́д dinner
обе́дать *несов.* to eat dinner;
сов. пообе́дать
у́жин supper
у́жинать *несов.* to eat supper;
сов. поу́жинать
заку́ска (*р. мн.* заку́сок)
appetizer
сла́дкое (*р.* сла́дкого) dessert

хлеб bread
бато́н French loaf
буха́нка (*р. мн.* буха́нок)
loaf

буханка чёрного хлеба

пиро́г (*р.* пирога́) *с чем?* pie

пирог

пирожо́к (*р.* пирожка́) *с чем?*
small pie
ка́ша cooked cereal[4]
рис (*р.2* ри́су) rice
макаро́ны (*р.* макаро́н)
macaroni

пече́нье cookie
торт cake
пиро́жное (*р.* пиро́жного)
pastry

мя́со meat
говя́дина beef
бара́нина lamb
свини́на pork
ку́рица chicken
у́тка (*р. мн.* у́ток) duck
инде́йка (*р. мн.* инде́ек) turkey
ветчина́ ham
колбаса́ sausage
соси́ска (*р. мн.* соси́сок) hot
dog
ры́ба fish

молоко́ milk
кефи́р (*р.2* кефи́ру) kefir
(yogurt-like drink)
ма́сло butter
сли́вочное ~ sweet cream
butter
сли́вки (*р.* сли́вок) cream
смета́на sour cream
сыр (*р.2* сы́ру) cheese
творо́г ricotta cheese
моро́женое (*р.* моро́женого)
ice cream
яйцо́ (*мн.* я́йца, яи́ц, я́йцах)
egg

о́вощи (*р.* овоще́й) vegetables
помидо́р tomato[5]
огуре́ц (*р.* огурца́) cucumber
гриб (*р.* гриба́) mushroom
сала́т (*р.2* сала́ту) lettuce
капу́ста cabbage
карто́фель *м., тк. ед.; уменьш.*
карто́шка potatoes[6]
морко́вь *ж., тк. ед.; уменьш.*
морко́вка carrots[6]
свёкла *тк. ед.* beets
горо́шек (*р.* горо́шка, *р.2*
горо́шку) *тк. ед.* peas
лук (*р.2* лу́ку) *тк. ед.* onions
зелёный ~ green onions

фру́кты (*р.* фру́ктов) fruit
я́блоко (*мн.* я́блоки, я́блок)
  apple
гру́ша pear
абрико́с apricot
пе́рсик peach
апельси́н orange[5]
лимо́н lemon
я́года berry
сли́ва plum
виногра́д *тк. ед.* grapes
арбу́з watermelon
ды́ня melon

соль *ж.* salt
пе́рец (*р.* пе́рца, *р.2* пе́рцу)
  pepper
горчи́ца mustard
ма́сло oil
  расти́тельное ~ vegetable oil
у́ксус (*р.2* у́ксусу) vinegar
майоне́з mayonnaise

са́хар (*р.2* са́хару) sugar
мёд (*р.2* мёду) honey
варе́нье preserves
конфе́ты (*р.* конфе́т) candy
чай (*р.2* ча́ю) tea
ко́фе *нескл. м.* coffee
кака́о *нескл. ср.* cocoa
сок (*р.2* со́ку) juice
минера́льная вода́ mineral water
лимона́д (*р.2* лимона́ду) soda
  pop
пи́во beer
вино́ wine
шампа́нское (*р.* шампа́нского)
  champagne

гото́вить (гото́влю, гото́вишь)
  несов. to cook; *сов.*
  пригото́вить
вари́ть (варю́, ва́ришь) *несов.*
  to boil (food); *сов.* свари́ть[7]
жа́рить *несов.* to fry, broil; *сов.*
  пожа́рить
подогрева́ть *несов.* to heat
  (food); *сов.* подогре́ть (I)

печь (пеку́, печёшь, пеку́т;
  пёк, пекла́) *несов.* to bake;
  сов. испе́чь[8]
туши́ть (тушу́, ту́шишь) *несов.*
  to stew, roast; *сов.* потуши́ть[8]

накрыва́ть на стол *несов., к
  чему?* to set the table; *сов.*
  накры́ть на стол (накро́ю,
  накро́ешь)
ска́терть *ж.* (*р. мн.* скатерте́й)
  tablecloth
салфе́тка (*р. мн.* салфе́ток)
  napkin
посу́да *тк. ед.* dishes
таре́лка (*р. мн.* таре́лок)
  plate
  ме́лкая ~ dinner plate
  глубо́кая ~ soup plate
блю́до dish
ча́шка (*р. мн.* ча́шек) cup
блю́дце (*р. мн.* блю́дец) saucer
стака́н glass
рю́мка (*р. мн.* рю́мок) wine
  glass
ло́жка (*р. мн.* ло́жек) spoon
  столо́вая ~ tablespoon
  ча́йная ~ teaspoon
ви́лка (*р. мн.* ви́лок) fork
нож (*р.* ножа́) knife
ча́йник teapot, kettle
кофе́йник coffee pot
кастрю́ля saucepan, pot
сковорода́ (*мн.* ско́вороды,
  сковоро́д, сковорода́х);
  уменьш. сковоро́дка (*р. мн.*
  сковоро́док) (на) frying pan
соло́нка (*р. мн.* соло́нок) salt
  cellar, shaker
пе́речница pepper shaker

коли́чество quantity
килогра́мм (*р. мн.*
  килогра́ммов and
  килогра́мм); *разг., нескл.*
  кило́ kilogram[5]
грамм (*р. мн.* гра́ммов and
  грамм) gram[5]
литр liter

деся́ток (*р.* деся́тка) ten[9]
кусо́к (*р.* куска́) piece, slice

ба́нка (*р. мн.* ба́нок) jar, can
  стекля́нная ~ jar
  консе́рвная ~ can
буты́лка (*р. мн.* буты́лок)
  bottle
па́чка (*р. мн.* па́чек) pack,
  package
коро́бка (*р. мн.* коро́бок)
  box

стоя́ть (II) *несов.* to stand *vi.;*
  сов. постоя́ть[10]
лежа́ть (II) *несов.* to lie; *сов.*
  полежа́ть[10]
сиде́ть (сижу́, сиди́шь) *несов.*
  to sit; *сов.* посиде́ть[10]
висе́ть (вишу́, виси́шь) *несов.*
  to hang *vi.*

ста́вить (ста́влю, ста́вишь)
  несов. to stand *vt.; сов.*
  поста́вить
класть (кладу́, кладёшь; клал) *несов.*
  to lay; *сов.* положи́ть
  (положу́, поло́жишь)
сажа́ть *несов.* to seat; *сов.*
  посади́ть (посажу́, поса́дишь)
ве́шать *несов.* to hang *vt.; сов.*
  пове́сить (пове́шу, пове́сишь)
станови́ться (становлю́сь,
  стано́вишься) *несов.* to stand
  vi.;сов. стать(ста́ну,ста́нешь)
ложи́ться *несов.* to lie down;
  сов. лечь (ля́гу, ля́жешь,
  ля́гут; лёг, легла́; ляг)
сади́ться (сажу́сь, сади́шься)
  несов. to sit down; *сов.* сесть
  (ся́ду, ся́дешь; сел)
встава́ть (встаю́, встаёшь)
  несов. to get up; *сов.* встать
  (вста́ну, вста́нешь)
находи́ться (нахожу́сь,
  нахо́дишься) to be located

Vocabulary Notes

[1]The words **еда** and **пища** are very close in meaning. Of them, only **еда** may be used as a synonym for *meal.*

> Надо помыть руки перед **едой.** *You should wash your hands before eating.*

[2]The perfective verbs **съесть** and **выпить** show that the portion of food or drink has been finished. These verbs cannot be used without a direct object.

> Я **съела** суп. *I ate my soup.*

> Я **выпил** молоко. *I drank my milk.*

The verbs **поесть** and **попить** indicate completion of the action but do not necessarily mean that the portion is finished.

> Я **поела** супа. *I ate some soup.*

> Я хочу чего-нибудь **попить.** *I'd like something to drink.*

[3]If you mean to say that you sense an odor, use the expression **чувствовать запах.**

> Ты **чувствуешь запах** дыма? *Do you smell smoke?*

Otherwise, one uses the verb **пахнуть,** which means *to give off an odor.* This verb is typically used in impersonal constructions. Notice that the noun used to describe the odor is in the instrumental case.

На кухне **пахло** уксусом.' *The kitchen smelled of vinegar.*

От него **пахло** луком. *He smelled of onions.*

[4]The word **каша** refers to any cooked grain, such as farina, oatmeal, or buckwheat. Cold cereal is not a Russian phenomenon.

[5]The use of a masculine genitive plural that is identical in form to the nominative singular is increasing in colloquial Russian. Thus, one hears both **помидоров** and **помидор, апельсинов** and **апельсин.** The genitive plurals **граммов** and **килограммов** are generally found in writing while **грамм** and **килограмм** predominate in speech.

[6]The words **картофель** and **морковь** are collective nouns that are used in the singular only. The words **картошка** and **морковка** are also collective nouns, but they may be used in the plural after a number.

Я купил пять килограмм **картошки** и два килограмма **морковки.**
I bought five kilograms of potatoes and two kilograms of carrots.

Когда я варю суп, я кладу туда пять **картошек** и две **морковки.**
When I make soup, I put in five potatoes and two carrots.

[7]The verb **варить/сварить** means to cook by boiling. It is used with such items as **суп, картошка, мясо,** and **яйца.**

[8]The verb **печь/испечь** is used with regard to baked goods, such as **пирог, хлеб,** and **печенье.** The verb **тушить/потушить** applies to other things that one might cook in an oven: **индейка, мясо, курица. Тушить/потушить** is also applied to things that are cooked on top of the stove, such as **овощи** and **грибы.**

[9]The noun **десяток** is used much as *dozen* is in English.

Я купила два **десятка** яиц. *I bought two "tens" of eggs.*

[10]The perfective verbs **постоять, полежать,** and **посидеть** are used to show action of limited duration.

Я **полежу** ещё пять минут. *I'll just lie here five more minutes.*

Подготовительные упражнения

Genitive Plural of Nouns

The genitive plural of nouns is perhaps the most difficult form to learn to use consistently. The endings are for the most part, however, predictable. Masculine nouns whose final letters in the nominative singular are **–ж, –ш, –щ,** or **–ч,** or **–ь** form the genitive plural by adding **–ей.** Notice in the following example that the **–ь** is dropped before adding this ending.

нож   **ножéй**
преподавáтель   **преподавáтелей**

The genitive plural ending of masculine nouns whose nominative singular forms end in *any other consonant* is **–ов/–ев.** Notice in the following example that masculine singular nouns whose nominative singular forms end with the letter **–й** drop this letter before adding **–ев.**

чáйник   **чáйников**
музéй   **музéев**

Neuter nouns whose nominative singular forms end in **–о/–ё/–е** and feminine nouns whose nominative singular forms end in **–а/–я** form the genitive plural by dropping the ending from the nominative singular form of the word.

блю́до   **блюд**
грýша   **груш**

The following spelling conventions are observed when forming neuter and feminine genitive plurals. Neuter and feminine nouns whose nominative singular forms end in a soft consonant plus a vowel usually add a **–ь** to their genitive plural forms. This is not actually an ending, however, but rather a way of indicating that the final consonant of the stem remains soft after the vowel has been dropped.

ды́ня (дынь + а)   **дынь**

Neuter and feminine nouns whose nominative singular forms end with the letters **–ие** or **–ия** form their genitive plurals by dropping the final letter of the nominative singular form and adding the letter **–й.** Again, this letter is not an ending but rather a way of indicating that the stem of the word remains soft after the vowel has been dropped.

здáние (зданий + о)   **здáний**
лéкция (лекций + а)   **лéкций**

One also frequently finds fill vowels in neuter and feminine genitive plurals. The insertion of fill vowels into the stem is possible when the removal of the nominative singular ending results in a consonant cluster. Although these forms are easily anticipated, they will be given for reference in the glossary.

закýска   **закýсок**

Finally, all feminine nouns whose nominative singular forms end with the letter **–ь** form the genitive plural by adding **–ей.** Notice that the **–ь** is dropped before adding this ending.

скáтерть   скатертéй

As you might expect, there are numerous exceptions to the general rules given above. One *predictable* set of exceptions affects those nouns whose plurals are formed with **–ья.** The genitive plural of such nouns will end either with **–ев** or with **–ей.** The choice of ending depends on where the stress falls in the nominative plural form. If the stress is on the stem, the genitive plural ending is **–ев.** If the stress is on the ending, the genitive plural ending is **–ей.** Notice that the **–ь** is retained before the ending **–ев** but dropped before **–ей.**

брáтья	брáтьев
стýлья	стýльев
пéрья	пéрьев
друзья́	друзéй
сыновья́	сыновéй

Since these forms are entirely predictable, they will not be provided in the glossary.

Девочка подаёт чай

Quantifying

Quantifying frequently requires the use of the genitive case. The decision to use the genitive singular or the genitive plural of any given noun depends on whether the item in question can be counted or not. If it *can* be counted, as can the cigarettes in *a pack of cigarettes,* the genitive plural will be used: **пачка сигарет.** If it *cannot* be counted, as the wine in *a bottle of wine* cannot, the genitive singular will be used: **бутылка вина.**

In many instances, such as the ones cited above, the possibility of counting a particular item is the same in English and in Russian. There are times, however, when items that are generally regarded as noncount nouns by English speakers may be count nouns in Russian. For example, the words *fruit* and *candy* are noncount nouns in English but in Russian they are count nouns and are generally used in the plural: **фрукты, конфеты.** The singular of these words (**фрукт, конфета**) is used when speaking of a single piece of fruit or candy. There are even more instances when items that are count nouns in English are noncount nouns in Russian and so are used only in the singular: **картофель, свёкла, морковь, горо-шек, лук, виноград.** These items are all labeled "singular only" (*тк. ед.*) in the glossary.

The genitive case is used in quantifying when one speaks of a container of something.

стакан **молока**	*a glass of milk*
банка **свёклы**	*a can of beets*

Notice, however, that if you want to say *a plate of butter,* you must use **с** and the instrumental case because the plate does not actually contain the butter: **тарелка с маслом.**

The genitive case is used when speaking of specific quantities and with adverbs of quantity. It is also used alone to convey the sense of *some.*

сто грамм **масла**	*100 grams of butter*
десяток **яиц**	*a "ten" of eggs*
немного **хлеба**	*a little bread*
много **горчицы**	*a lot of mustard*
Дайте мне, пожалуйста, **хлеба.**	*Give me some bread, please.*
Положи мне в суп **сметаны.**	*Put some sour cream in my soup.*

In all of these constructions the genitive is used to refer to some part of the whole. Many masculine nouns have a second genitive singular form ending in **–у/–ю,** which may be used optionally when the genitive is used in this partitive sense.

килограмм **сахару**	*a kilogram of sugar*
Хотите **чаю**?	*Would you like some tea?*

If a noun has a second genitive form, it is given for reference in the glossary, but it is not a form that you need to practice since its use is declining in contemporary Russian. Note that the second genitive ending is generally not used when the genitive is used for any reason other than to express a partitive and that it is not used when the noun is modified by an adjective.

вкус **мёда**	*the taste of honey*
стакан крепкого **чая**	*a glass of strong tea*

Adverbs of quantity, such as **мно́го** (*many, a lot*), **немно́го** (*a few*) **ма́ло** (*few*), **ско́лько?** (*how many?*), **не́сколько** (*several*), **сто́лько** (*so many*) and **доста́точно** (*enough*), are used with a genitive complement. Phrases formed with these adverbs may be used in nominative and accusative positions. Notice that when such a phrase is the subject of a sentence, as in the first example below, the verb accompanying it is typically neuter singular.

На столе стояло **много** стаканов.	*A lot of glasses were on the table.*
Я купила **много** новых стаканов.	*I bought a lot of new glasses.*

If a phrase of the type *a lot of glasses* is used in a case other than the nominative or the accusative, the adjectival counterparts of the quantifying words **много, немного, сколько, несколько,** and **столько** are used. These adjectival forms agree with the nouns they modify in gender, number, and case.

Зимой в магазинах нет **многих** фруктов.	*In the winter the stores don't have many kinds of fruit.*
В **нескольких** бутылках ещё оставалось пиво.	*There still was beer left in several of the bottles.*

Expressions of this type may be used in the oblique cases only when speaking of count nouns. When speaking of noncount nouns, some kind of paraphrase must be used.

немного масла	*a little butter*
в **небольшом количестве** масла	*in a little butter*
столько сахара	*so much sugar*
Что нам делать с **таким количеством** сахара?	*What are we going to do with so much sugar?*

In addition to the adjectival forms used in the oblique cases, there are three adjectival forms, **мно́гие, немно́гие,** and **не́которые** (*several*), that are used in the nominative case. These forms are used when one is speaking not of the total set of items but of some subset of items within it.

Я купил **несколько** яиц, но **некоторые** из них разбились по дороге из магазина.	*I bought some eggs, but several of them got broken on the way from the store.*
У Марика появилось **много** новых друзей. **Многие** из них тоже любят готовить.	*Marik has made a lot of new friends. Many of them also like to cook.*

Упражнение 1. *Working with a partner, determine how much or how many of the items on the following list each of you has. Use* **много, немного, несколько,** *or* **мало** *in your answers.*

Образец: Ты купил салат?

Да, я купил много салата.

сок, мороженое, рис, хлеб, говядина, баранина, курица, ветчина, колбаса, сосиски, рыба, молоко, сливки, яйца, картошка, капуста, грибы, помидоры, огурцы, свёкла, морковь, горошек, груши, апельсины, персики, сливы, виноград, арбуз, соль, перец, горчица, уксус, сахар, минеральная вода, пиво, вино, шампанское

Упражнение 2. *The following items might be found in a well-stocked kitchen. Go through the list and explain whether you personally do or do not have each of the items in question and, for those items that you do have, whether you have enough (**достаточно**) or not enough (**недостаточно, мало**) of each item.*

Образцы: **У меня есть солонка.**

У меня нет салфеток.

У меня достаточно тарелок.

У меня мало вилок.

Скатерти	3	Ложки, вилки, ножи	по 12
Салфетки	24	Кастрюли	4
Мелкие тарелки	12	Сковороды	2
Глубокие тарелки	12	Солонка	1
Блюда	2	Перечница	1
Чашки с блюдцами	12	Чайник	1
Рюмки	24	Кофейник	1
Стаканы	18		

Упражнение 3. *Fill in the blanks as in the model.*

Образец: У меня было <u>много стаканов</u>, а сейчас осталось так мало.

Многие из них разбились.

Я вчера испекла <u>несколько пирогов</u>.

Некоторые из них получились невкусные.

У меня довольно <u>много друзей</u>. _____ любят приходить ко мне в гости, потому что я всегда стараюсь их хорошо угостить. Я всегда готовлю <u>несколько блюд</u>. _____ особенно нравятся моим американским друзьям, а _____ больше любят мои друзья, приехавшие к нам учиться из других стран. В этом году у меня появилось <u>много знакомых из СССР</u>. _____ любят приходить ко мне, чтобы поговорить по-русски. <u>Несколько советских девушек</u> захотели научить меня готовить блюда русской кухни. _____ очень хорошо готовят. Я уже научился

готовить довольно <u>много русских закусок</u>. _____
понравились всем моим друзьям. Кроме того, я выучил очень <u>много</u>
<u>русских слов</u>, связанных с кухней. _____ мне
пригодятся, когда я летом поеду в Советский Союз.

Упражнение 4. *Fill in the blanks with the best translation of the English expressions.*

В Москву на колхозные рынки обычно приезжает много
колхозников со своими продуктами. _____ (*Many of them*)
приезжают в Москву из пригородов, а _____ (*some of them*)
приезжают издалека. Они привозят в столицу _____ (*a lot of
different products*): молоко, масло, сливки, сметану, творог, сыры,
яйца, говядину, свинину, баранину, кур, уток и т. д. _____
(*Many of these products*) можно купить и в магазинах, но они обычно
худшего качества, а _____ (*some of them*) в магазинах
практически не продаются.

Летом на рынках бывает _____ (*a lot of fresh berries, fruits,
and vegetables*). _____ (*Many of them*) выращиваются в местных
колхозах, а _____ (*some of them*), такие, как виноград,
персики, абрикосы, апельсины, дыни и арбузы, приходится привозить
из республик Закавка́зья, с Украи́ны и из городов на Во́лге.

Words of Placement and Position

In English, we frequently use the verb *to be* to describe the position of objects and
the verb *to put* to describe how they got there. In Russian, one tends to be more
specific.

класть/положить

ставить/поставить

вешать/повесить

где?	куда?
лежать	класть/положить
стоять	ставить/поставить
висеть	вешать/повесить

Я **положу** ножи на стол.   *I'll put the knives on the table.*

Я **поставила** тарелки в шкаф.   *I put the plates in the cupboard.*

Ножи **лежат** на столе.   *The knives are on the table.*

Тарелки **стоят** в шкафу.   *The plates are in the cupboard.*

Notice that when the verbs **сидеть** (*to sit*) and **сажать/посадить** (*to seat*) are used in this way, they are reserved for animate beings.

Нас **посадили** в первый ряд.   *They put us in the first row.*

Гости **сидели** за столом и разговаривали.   *The guests were sitting at the table talking.*

Prepositional phrases are frequently used to describe spatial relationships. Prepositions used in this way include:

	где?	куда?	откуда?
in	в *чём?*	во *что?*	из *чего?*
on	на *чём?*	на *что?*	с *чего?*
by	у *чего?*	к *чему?*	от *чего?*
behind	за *чем?*	за *что?*	из–за *чего?*
in front of	пе́ред *чем?*	пе́ред *чем?*	
under	под *чем?*	подо *что?*	из–под *чего?*
over	над *чем?*	над *чем?*	
between	ме́жду *чем?*	ме́жду *чем?*	
next to	ря́дом с *чем?*	ря́дом с *чем?*	

	где?	куда?	откуда?
beside, by	вóзле *чего?*	вóзле *чего?*	
around	вокрýг *чего?*	вокрýг *чего?*	
close to	óколо *чего?*	óколо *чего?*	
opposite	напрóтив *чего?*	напрóтив *чего?*	

Other prepositional phrases used to describe placement and position include **в середи́ну**/**в середи́не** (*in the middle*) *and* **на край**/**на краю́** (*on the edge or end*).

В середи́не стола стояла тарелка с фруктами, а **на край** стола поставили вино и сыр.	A *plate of fruit was in the middle of the table, and on the edge of the table they had placed the wine and the cheese.*

Adverbs also are used to describe spatial relationships. Some of them are similar both in form and in meaning to prepositions. You should make a practice of using the prepositions with an accompanying noun or pronoun and the adverbs with no complement.

Передо мной стояла высокая женщина в чёрном платье.	*In front of me stood a tall woman in a black dress.* [Preposition]
Самые большие проблемы ещё **впереди.**	*The biggest problems still lie ahead.* [Adverb]
Дети побежали **вперёд.**	*The children ran ahead.* [Adverb]

Adverbs used to describe spatial relations include:

	где?	куда?	откуда?
here	тут, здесь	сюдá	отсю́да
there	там	тудá	оттýда
everywhere	везде́, всю́ду	~~везде́, всю́ду~~	отовсю́ду
right	спрáва	напрáво	спрáва
left	слéва	налéво	слéва
ahead	впереди́	вперёд	спéреди
behind	позади́, сзáди	назáд	сзáди
above	наверхý	навéрх	свéрху
below	внизý	вниз	сни́зу
inside	внутри́	внýтрь	изнутри́
outside	снарýжи	нарýжу	снарýжи

Везде and **всюду** are synonymous.

В кухне **везде** стояла грязная посуда. На полу **всюду** лежали бутылки из–под лимонада.	*There were dirty dishes all over the kitchen. Pop bottles were lying all over the floor.*

Направо and **налево** mean *to* the right or the left, while **справа** and **слева** suggest *from* the right or the left. **Направо** and **налево** describe direction, while

справа and **слева** describe relative position. Remember that if you wish to specify to the right or to the left *of* something, you must use the preposition **от.**

Я повернул **налево.**	*I turned left.*
Я посмотрела **направо.**	*I looked to the right.*
Стакан ставят (на стол) **справа** от тарелки.	*The glass is placed (on the table) to the right of the plate.*
Я положила вилку (на стол) **справа** (от тарелки).	*I put the fork (on the table) to the right (of the plate).*
Я шёл **справа** (от другого человека).	*I was walking to the right (of another person).*

Упражнение 5.   *Answer the questions as in the model.*

Образец: — Ты поставил пиво в холодильник?
                — **Да, оно стоит в холодильнике.**

1. Ты положила хлеб в сумку?
2. Ты поставил рюмки в буфет?
3. Ты поставил мороженое в морозильник?
4. Ты положила рыбу на блюдо?
5. Ты положил салфетки на стол?
6. Ты повесила платье в шкаф?
7. Ты положил скатерть в ящик?
8. Ты поставила кастрюлю с кашей на плиту?
9. Ты положил колбасу на тарелку?

Упражнение 6.   *Answer the questions as in the model.*

Образец: — Почему рюмки стоят на столе?
                — **Я всегда ставлю их на стол.**

1. Почему кофейник стоит на плите?
2. Почему твои брюки висят здесь?
3. Почему салфетки лежат на столе?
4. Почему чашки стоят там?
5. Почему бутылки стоят в холодильнике?
6. Почему тарелки стоят в буфете?
7. Почему эта скатерть лежит в ящике?
8. Почему сковородка стоит в духовке?
9. Почему мёд и варенье стоят на полке?
10. Почему банки стоят наверху?

Упражнение 7. *Fill in the blanks with the best translation of the English word or phrase.*

Сын помогал папе накрывать на стол. Ждали гостей к обеду. Папа вышел _____ (*out of*) кухни и сказал сыну: «Сейчас я тебе покажу, что делать. Сначала поставь _____ (*here*) бутылку вина, а _____ (*there*) бутылку минеральной воды. _____ (*Next to*) вином поставь салат, а _____ (*in the center*) стола поставим блюдо с мясом. _____ (*Beside*) блюда поставим солонку и перечницу, а _____ (*between*) салатом и мясом поставим масло. Так, теперь поставим тарелки. _____ (*To the right of*) них положим ножи, а _____ (*to the left*) — вилки. _____ (*In front*) каждой тарелкой поставим рюмку и стакан для минеральной воды. _____ (*On*) тарелки положим салфетки. Я совсем забыл. Принеси _____ (*from*) холодильника сметану и поставь её _____ (*to the left of*) бутылки с водой, а хлеб будет стоять _____ (*on the edge*) стола. Так, всё выглядит прекрасно. Теперь нужно решить, кто где будет сидеть _____ (*at*) столом. Я буду сидеть _____ (*here*). Мама, как всегда, _____ (*next to*) мной. _____ (*To the left of*) меня сядешь ты, _____ (*to the right of*) мамы будет сидеть Иван Петрович, а _____ (*beside*) него Марина Сергеевна».

Assuming a position

Russian also uses a special set of verbs to describe how animate beings get into lying, sitting, and standing positions.

где?	куда?
лежать	ложиться/лечь
сидеть	садиться/сесть
стоять	становиться/стать
	вставать/встать

Он лёг на диван.

Она села за стол.

Он встаёт со стула.

Notice that the verb **становиться/стать** is used to describe motion from one standing position to another, while **вставать/встать** shows motion from a sitting or lying position to an upright one.

Я **сяду** на диван.	*I'll sit down on the couch.*
Я вчера поздно **легла** и сегодня поздно **встала.**	*I went to bed late last night and got up late this morning.*
Я **стану** в очередь.	*I'll get in line.*

Упражнение 8. *Fill in the blanks with an appropriate form of* **лежать, класть/положить, ложиться/лечь, стоять, ставить/поставить, вставать/встать, сидеть, садиться/сесть.**

Когда Оля приехала в Ленинград, было уже поздно. Она вошла в комнату общежития, сняла пальто, _____ (*put*) свой чемодан в угол и _____ (*sat down*) на стул. Ей было грустно и одиноко.

Вдруг открылась дверь и в комнату быстро вошла девушка. Оля _____ (*got up*) со стула и посмотрела на неё.

—Здравствуй, —сказала девушка. —Меня зовут Катя. Я твоя соседка по комнате. Ты, наверно, устала? Вот твоя кровать, но по-моему, ещё рано _____ (*to lie down*) спать. Давай сначала поужинаем.

Оля всё ещё _____ (*stood*) рядом со стулом, с которого она _____ (*got up*), когда вошла Катя.

—Давай накрывать на стол. _____ (*put*) тарелки и чашки, —они _____ (*are standing*) в шкафу на верхней полке, и _____ (*put*) ножи и вилки, —они _____ (*are lying*) в ящике. А я принесу еду из кухни.

Оля начала _____ (*put*) посуду на стол, а Катя вышла из комнаты и вернулась через две минуты, неся блюдо пирожков и чайник.

—Ну, _____ (*sit down*) за стол, а то пирожки остынут, — пригласила Олю к столу Катя.

Оля _____ (*sat*) за столом с новой подругой и ей уже не было грустно.

Вкусно поужинав и убрав со стола, они _____ (*lay down*) спать. Так началась Олина новая жизнь в университетском общежитии.

Упражнение 9.   *Translate into idiomatic Russian.*

Yesterday when I got home from school, Mother and Grandfather were in the kitchen. Mother was making soup, and Grandfather was baking cookies. I was hungry, so I put on the kettle, and then I warmed up the potatoes that were in the refrigerator. Then I sat down at the table and started looking at Mother and Grandfather. Mother was putting carrots into the soup, and Grandfather was putting the cookies into the oven. The kitchen smelled of soup, and I thought, "How nice it is to be home."

На кухне

Discuss the following picture with your classmates, making sure that you can identify all the objects in the picture and accurately describe their locations. Then write a one-paragraph description of the picture using vocabulary introduced in this chapter.

Задания

1. *Read the following instructions for setting a table. On a piece of paper, sketch the table as it is described.*

В середину стола поставьте большое блюдо с пирожками, справа от него—блюдо с колбасой и ветчиной, а слева—тарелку с сыром. Перед пирожками поставьте салат из овощей, а рядом с колбасой должна стоять горчица. Вино поставьте на край стола рядом с хлебом. Бутылку минеральной воды поставьте слева от тарелки с сыром. За блюдо с пирожками хорошо поставить масло. На другой край стола поставьте торт, печенье и пирожные, а справа от них сахар, мёд, варенье и сладкий пирог.

Кажется, мы ничего не забыли. Приятного аппетита!

2. *The following instructions come from the magazine «Здоровье». Fill in the blanks with any appropriate word or phrase. After you have finished, compare your text with the original in Appendix B.*

Вы помните, ребята, как Миша и Маша учились вести себя за столом, правильно держать ложку и _____. А когда мама попросила их _____, сделали всё как надо: поставили мелкие _____ для второго, на них—_____ тарелки для первого, ложки _____ перед тарелками,_____—справа,вилки—_____ и возле каждой тарелки—_____.

3. *Describe the table shown below. What meal do you think it is set for?*

На кухне

4. *Below are three pictures of breakfast, dinner and supper. Describe each of them.*

завтрак

обед

ужин

5. *The items in the following picture were purchased on Monday by two students who have very little time and therefore try to go to the store only once a week. Describe what they have bought in general terms using the words* **много, несколько,** *and* **немного.**

Образец: **Они купили много яиц.**

6. *Using the following vocabulary, write ten sentences about the other things that you imagine the students in activity 5 would need in order to complete their week's shopping.*

Образец: **Им нужно будет купить ещё пачку соли и 200 грамм колбасы.**

Quantities	Items
грамм	кефир
килограмм	творог
литр	рис
много	сок
немного	макароны
несколько	чёрный хлеб
буханка	курица
бутылка	сосиски
банка	масло
пачка	помидоры
	огурцы
	картошка
	пиво

7. *Describe the scene.*

В гостях хорошо,
а дома лучше

Словарь

дом (*мн.* **дома́**) house, building[1]
    жило́й ~ apartment house
зда́ние building[1]
а́дрес (*мн.* **адреса́**) address
сдава́ть (**сдаю́, сдаёшь**) *несов.*
    to rent; *сов.* **сдать** (**сдам,
    сдашь, сдаст, сдади́м,
    сдади́те, сдаду́т; сдал, сдала́**)[2]
снима́ть *несов.* to rent; *сов.*
    снять (**сниму́, сни́мешь; снял,
    сняла́**)[2]
обме́нивать *несов., на что?*
    to exchange; *сов.* **обменя́ть**[2]
обме́н exchange
сосе́д (*мн.* **сосе́ди, сосе́дей,
    сосе́дях**); **сосе́дка** (*р. мн.*
    сосе́док) neighbor

сосе́дний neighboring
хозя́ин (*мн.* **хозя́ева,
    хозя́ев**); **хозя́йка** (*р. мн.*
    хозя́ек**) host/hostess
гость *м.* guest
    приходи́ть в го́сти
    (**прихожу́, прихо́дишь**)
    несов. to visit, call on; *сов.*
    прийти́ в го́сти (**приду́,
    придёшь; пришёл,
    пришла́**)
    быть в гостя́х *несов.* to
    visit, be a guest
приглаше́ние invitation
приглаша́ть *несов.* to invite;
    сов. **пригласи́ть** (**приглашу́,
    пригласи́шь**)

принима́ть *несов.* to receive;
  сов. приня́ть (приму́, при́мешь;
  при́нял, приняла́)
гостеприи́мство hospitality
гостеприи́мный hospitable
новосе́лье (на) housewarming

кры́ша roof
черда́к (*р.* чердака́) (на) attic[3]
подва́л basement[3]
ле́стница stairs
лифт elevator
эта́ж (*р.* этажа́) floor, story
дверь *ж.* door
балко́н (на) balcony

кварти́ра apartment
  отде́льная ~ separate
    apartment
  коммуна́льная ~ communal
    apartment
ко́мната room
столо́вая (*р.* столо́вой) dining
  room
гости́ная (*р.* гости́ной) living
  room
кабине́т study
спа́льня (*р. мн.* спа́лен)
  bedroom
де́тская (*р.* де́тской) nursery
прихо́жая (*р.* прихо́жей)
  entrance hall
пере́дняя (*р.* пере́дней)
  entrance hall
коридо́р hall

ва́нная (*р.* ва́нной) bathroom[4]
ва́нна bathtub[4]
ра́ковина sink
туале́т bathroom, toilet[4]
убо́рная (*р.* убо́рной)
  bathroom, toilet[4]
унита́з toilet (fixture)[4]

стена́ (*вн.* сте́ну, *мн.* сте́ны,
  стен, стена́х) wall

у́гол (*р.* угла́, в/на углу́)
  corner
пол (на полу́, *мн.* полы́) floor
потоло́к (*р.* потолка́) ceiling
окно́ (*мн.* о́кна, о́кон) window
подоко́нник (на) windowsill
фо́рточка (*р. мн.* фо́рточек)
  ventilation window

форточка

ками́н fireplace

удо́бства (*р.* удо́бств)
  conveniences[5]
газ natural gas
га́зовый gas
электри́чество electricity
электри́ческий electric
телефо́н telephone

свет light
ла́мпа lamp
  насто́льная ~ table lamp
торше́р floor lamp
стира́льная маши́на washing
  machine
включа́ть *несов.* to turn on;
  сов. включи́ть
выключа́ть *несов.* to turn off;
  сов. вы́ключить

ме́бель *ж., тк. ед.* furniture
обставля́ть *несов., чем?* to furnish; *сов.* **обста́вить (обста́влю, обста́вишь)**
дива́н couch
кре́сло (*р. мн.* **кре́сел**) armchair
стул (*мн.* **сту́лья**) chair
стол (*р.* **стола́**) table
   обе́денный ~ dinner table
   пи́сьменный ~ desk
журна́льный сто́лик coffee table
туале́тный сто́лик vanity table
ту́мбочка (*р. мн.* **ту́мбочек**) nightstand
комо́д dresser, chest of drawers
крова́ть *ж.* bed
   односпа́льная ~ single bed
   двухспа́льная ~ double bed
буфе́т buffet
серва́нт sideboard
шкаф (**в шкафу́**, *мн.* **шкафы́**) wardrobe
   платяно́й ~ closet, wardrobe
   кни́жный ~ bookcase
   посу́дный ~ cupboard
я́щик drawer
по́лка (*р. мн.* **по́лок**) shelf

шкаф

ве́шалка (*р. мн.* **ве́шалок**) coat rack
зе́ркало (*мн.* **зеркала́**) mirror
ковёр (*р.* **ковра́**) carpet
ко́врик rug
занаве́ски (*р.* **занаве́сок**) curtains, drapes

со́лнце sun, sunlight
со́лнечный sunny
све́тлый (**светло́**) light, bright[6]
темнота́ darkness
тёмный (**темно́**) dark

цвет (*мн.* **цвета́**) color
цветно́й colored
бе́лый white
чёрный black
се́рый gray
бе́жевый beige
кра́сный red
ро́зовый pink
ора́нжевый orange
жёлтый yellow
зелёный green
голубо́й light blue
си́ний dark blue
фиоле́товый violet
кори́чневый brown
я́ркий (*ср.* **я́рче**) bright[6]
пёстрый multicolored
кра́ска (*р. мн.* **кра́сок**) paint
кра́сить (**кра́шу, кра́сишь**) *несов.* to paint; *сов.* **покра́сить**[7]

стекло́ glass
стекля́нный glass
де́рево wood
деревя́нный wooden
кирпи́ч (*р.* **кирпича́**) brick
кирпи́чный brick
ка́мень *м.* (*р.* **ка́мня**) stone
ка́менный stone

ле́вый left
пра́вый right
бли́зкий (*ср.* **бли́же**) close, near

далёкий (далеко; *ср.* дальше)
  far
передний front
задний back
верхний upper
нижний lower
сторона (*вн.* сторону, *мн.*
  стороны, сторон,
  сторонах) side, direction

измерение measurement
измерять *несов.* to measure;
  сов. измерить
квадратный square
миллиметр millimeter
сантиметр centimeter
метр meter
километр kilometer
размер size, dimensions
площадь *ж.* area
объём volume, capacity

большой (*ср.* больше) big
огромный huge
громадный enormous
просторный spacious
маленький (*ср.* меньше) little
средний average

длина length
длинный long
короткий (*ср.* короче) short
ширина width
широкий (широко; *ср.*
  шире) wide

узкий (*ср.* уже) narrow
высота height
высокий (высоко; *ср.* выше) tall
низкий (*ср.* ниже) short, low
глубина depth
глубокий (глубоко; *ср.*
  глубже) deep
мелкий (*ср.* мельче) shallow
толщина thickness
толстый (толще) thick
тонкий (*ср.* тоньше) thin
вес weight
тяжёлый (тяжело) heavy
лёгкий (легко; *ср.* легче) light

бывать *несов.* to be[8]
являться *несов., кем, чем?* to
  be; to appear; *сов.* явиться
  (явлюсь, явишься)[8,9]
становиться (становлюсь,
  становишься) *несов., кем, чем?*
  to become; *сов.* стать (стану,
  станешь)
казаться (кажусь, кажешься)
  несов., кем, чем? to seem; *сов.*
  показаться
оказываться *несов., кем, чем?*
  to prove (to be); *сов.* оказаться
  (окажусь, окажешься)
оставаться (остаюсь,
  остаёшься) *несов., кем, чем?*
  to be; to remain; *сов.* остаться
  (останусь, останешься)[9]

Vocabulary Notes

[1]Although in colloquial Russian the word **дом** may be used in reference to any building, you should use it to refer to buildings in which people live and use the word **здание** when describing other kinds of buildings. If you need to make it clear that you are talking about an apartment building, you may specify **жилой дом.**

[2]**Сдавать/сдать** is the action performed by the landlord; **снимать/снять** is the action performed by the tenant. In the Soviet Union one is more likely to speak of *getting* (**получать/получить**) or *exchanging* (**обменивать/ обменять**) an apartment than of renting.

[3]In the Soviet Union **чердак** and **подвал** are not generally thought of as habitable parts of the house.

[4]In most Soviet apartments the bathtub (**ванна**) is in one room (**ванная**), and the toilet (**унитаз**) is in another (**туалет** or **уборная**).

[5]The plural word **удобства** refers to what we generally think of as utilities. One typically talks about an apartment **со всеми удобствами** (with all the conveniences).

[6]**Светлый** means *bright* in the sense of having a lot of light, while **яркий** refers to intensity.

Мы вошли в большую, **светлую** комнату.	*We entered a large, bright room.*
Яркие занавески висели на окнах.	*Bright curtains were hanging on the windows.*
В комнате горел **яркий** свет.	*A bright light was burning in the room.*

[7]Use the verb **красить/покрасить** with **в** and the accusative when specifying color.

Мы **покрасили** дом в голубой цвет.	*We painted the house light blue.*

[8]Because the present tense of **быть** is not generally used in contemporary Russian, one frequently uses synonyms. You may use **бывать** as a synonym for **быть** when talking about situations that recur at intervals.

Мы часто **бываем** в гостях у Изюмовых.	*We frequently visit the Izyumovs.*
Здесь **бывает** особенно красиво осенью.	*It's particularly beautiful here in the fall.*

Являться/явиться is used as a synonym for **быть** in formal speech.

Причиной задержки самолёта **явилась** погода.	*The weather was the reason for the plane's delay.*

[9]Some of the verbs that function as synonyms for *to be* also have literal meanings. The verb **являться/явиться** literally means *to appear,* and the verb **оставаться/остаться** literally means *to remain.* Sometimes when deciding which of the synonyms to choose, it helps to have a sense of the underlying literal meaning.

Иван Петрович должен **явиться** в суд в 10.00.	*Ivan Petrovich must appear before the court at ten o'clock.*
Фруктовые соки **являются** прекрасным источником витаминов.	*Fruit juice is an excellent source of vitamins.*

На тарелке **остался** только горошек.

Only peas were left on the plate.

Мы **остались** довольны своим путешествием.

We were pleased with our trip.

Подготовительные упражнения

Adjectives

Russian adjectives provide information about the qualities or properties of the nouns they modify. Adjectives answer the question **какой**? and agree with the nouns that they modify in gender, number, and case. Adjectives may be used in attributive position, in which case they modify the noun directly, or in predicative position, in which case they are separated from the noun they modify either by a form of **быть** or by another linking verb. Adjectives occur in attributive position in all six cases. Adjectives in predicative position are always either nominative or instrumental. The predicate nominative may be used in all sentences in which the linking verb is a form of **быть**. It is always used in present-tense sentences, and it is also used following past and future forms of **быть**, generally when referring to permanent attributes. The predicate instrumental must be used with such linking verbs as **являться/явиться, становиться/стать, казаться, оказываться/оказаться,** and **оставаться/остаться.** It may also be used following past and future forms of **быть**, generally when referring to temporary attributes. The use of nominative and instrumental forms to distinguish between permanent and temporary attributes is not consistent, however, and one finds the predicate instrumental following past and future forms of **быть** used with increasing frequency in contemporary Russian.

ATTRIBUTIVE
Мы живём в двухэтажном доме.

We live in a two-story house.

В нашей старой квартире был длинный, узкий, тёмный коридор.

There was a long, narrow, dark hall in our old apartment.

PREDICATIVE
Этот дом двухэтажный.

That house is two-storied.

Занавески в кухне были ярко-голубыми.

The curtains in the kitchen were bright blue.

Спальни в новой квартире казались громадными.

The bedrooms in the new apartment seemed enormous.

Compound adjectives are formed from two words, the first of which does not decline, and are written with a hyphen: **ру́сско–англи́йский** (*Russian-English*), **све́тло–зелёный** (*light green*), **тёмно–кра́сный** (*dark red*),

я́рко–голубо́й (*bright blue*). Numbers may be included in adjectives without hyphenation. The number *one* is written as **одно–,** and all other numbers are written in their genitive forms: **одноко́мнатный** (*one-room*), **четырёхэта́жный** (*four-storied*), **пятиле́тний** (*five-year-old*).

Adjectives are like nouns in that they have both hard and soft declensional patterns (Appendix A). Adjectives such as **тяжёлый** or **зелёный** are examples of adjectives that consistently take hard endings. Adjectives such as **си́ний** and **ве́рхний** are examples of adjectives that consistently take soft endings. As a mnemonic strategy, you should note that all soft-stem adjectives except **ка́рий** (*hazel*) have stems ending in the letter **–н–.** Adjectives such as **хоро́ший** or **глубо́кий,** which appear to belong to a mixed declension, are in fact regular hard-stem adjectives whose spelling has been altered because of spelling rules (Appendix A).

There is a small group of adjectives whose masculine singular form appears to be soft but which in fact belong to a separate paradigm. Adjectives of this type generally refer to animals: **коро́вий** (*cow's*), **во́лчий** (*wolf's*). You need to know this pattern for the ordinal number **тре́тий** (*third*) and for the interrogative pronoun **чей**? (*whose*).

	M	N	F	Pl
N	тре́тий/чей	тре́тье/чьё	тре́тья/чья	тре́тьи/чьи
A	N or G		тре́тью/чью	N or G
G	тре́тьего/чьего́		тре́тьей/чьей	тре́тьих/чьих
P	тре́тьем/чьём		тре́тьей/чьей	тре́тьих/чьих
D	тре́тьему/чьему́		тре́тьей/чьей	тре́тьим/чьим
I	тре́тьим/чьим		тре́тьей/чьей	тре́тьими/чьи́ми

Short-Form Adjectives

Many adjectives have, in addition to their complete forms, short forms, which may be used only in predicative position and which have only masculine, neuter, feminine and plural nominative forms.

Он остался **споко́ен.**	*He remained calm.*
Мо́ре бы́ло **споко́йно.**	*The sea was calm.*
Она́ никогда́ не быва́ет **споко́йна** за своего́ сы́на.	*She is never at ease about her son.*
Мы **споко́йны** за своё бу́дущее.	*We feel at ease about our future.*

Short-form adjectives should be used sparingly because their use is declining in modern spoken Russian. There are times, however, when the use of a short-form adjective is preferable or even obligatory. Sometimes the use of a short-form adjective implies a temporary quality as opposed to a permanent one.

Я слы́шал, что Огурцо́вы не о́чень **гостеприи́мные.** Но вчера́ на	*I heard that the Ogurtsovs are not very hospitable. But yesterday at the*

новоселье они были на редкость **гостеприимны.**	*housewarming they were exceptionally hospitable.*
Я не думаю, что Олег такой **занятой** человек, но каждый раз, когда я звоню, мне отвечают, что он **занят.**	*I don't think that Oleg's such a busy person, but every time I call, they tell me he's busy.*

In other instances, the use of a short-form adjective implies a relative quality as opposed to an absolute one. This distinction is frequently observed with adjectives describing size: **дли́нный** (**дли́нен, длинно́, длинна́, длинны́**), **коро́ткий** (**ко́роток, ко́ротко, коротка́, коротки́**), **у́зкий** (**у́зок, у́зко, узка́, узки́**), **широ́кий** (**широ́к, широко́, широка́, широки́**). Notice that **большо́й** and **ма́ленький**, two of the most common adjectives used to describe size, do not have short forms but substitute instead forms of **вели́кий** (**вели́к, велико́, велика́, велики́**) and **ма́лый** (**мал, мало́, мала́, малы́**).

Река в этом месте **широка.**	*The river is wide at this point.*
Даже трёхкомнатная квартира для них **мала.**	*Even a three-room apartment is too small for them.*

There are some grammatical constructions that require the use of short-form adjectives. You must use short-form adjectives in the predicative position in sentences whose subject is **это, всё,** or **что.**

Вам это будет **легко.**	*That'll be easy for you.*
В комнате всё было **красиво.**	*Everything in the room was pretty.*

You must always use a short-form adjective when the adjective governs another word or phrase. Long-form adjectives cannot govern other words.

Оба её брата очень **способные.** Старший брат особенно **способен** к музыке.	*Both of her brothers are very talented. The older brother has a talent for music.*
Мы уже давно переехали в новую квартиру, но ещё не были **готовы** к новоселью.	*We had moved into the new apartment a long time ago, but still were not ready for the housewarming.*
На прошлой неделе я был **болен** гриппом и не мог прийти к ним в гости.	*I had the flu last week and couldn't visit them.*

If the short form of an adjective tends to predominate in the predicative position, that form will be included as part of the vocabulary entry.

There is one special group of possessive adjectives that are used in attributive position but whose declensional patterns nevertheless mix long and short forms.

А это **мамина** комната.	*And this is Mom's room.*

These adjectives, which are quite common in colloquial Russian, are formed from masculine and feminine nouns whose nominative singular forms end in −а/−я. These adjectives are formed only from nouns denoting living beings. They are most commonly formed from words denoting relatives and from the diminutive forms of names: **дéдушкин, дя́дин, пáпин, бáбушкин, тётин, мáмин, Вáнин, Кáтин, Пéтин, Серёжин.** To form possessive adjectives of this type, replace the ending of the nominative singular form with the suffix −ин− and add appropriate endings. The stress is generally as in the nominative singular form of the word.

	M	N	F	Pl
N	мáмин	мáмино	мáмина	мáмины
A	N or G		мáмину	N or G
G	мáмин**ого**		мáмин**ой**	мáмин**ых**
P	мáмин**ом**		мáмин**ой**	мáмин**ых**
D	мáмин**ому**		мáмин**ой**	мáмин**ым**
I	мáмин**ым**		мáмин**ой**	мáмин**ыми**

Note that Russian surnames that end in −ын/−ин and −ов/−ёв/−ев exhibit a similarly mixed declension.

	M	F	Pl
N	Кузнецóв	Кузнецóва	Кузнецóвы
A	Кузнецóва	Кузнецóву	Кузнецóв**ых**
G	Кузнецóва	Кузнецóв**ой**	Кузнецóв**ых**
P	Кузнецóве	Кузнецóв**ой**	Кузнецóв**ых**
D	Кузнецóву	Кузнецóв**ой**	Кузнецóв**ым**
I	Кузнецóв**ым**	Кузнецóв**ой**	Кузнецóв**ыми**

Упражнение 1. *Working with a partner, determine how much or how many of the items on the following list each of you has.*

Образец: Сколько у вас комнат в квартире?

У нас в квартире три комнаты.

спальня, раковина, окно, камин, лампа, мебель, тумбочка, кровать, шкаф, зеркало, кресло, стул

Упражнение 2. *Fill in the blanks with the correct forms of the words in parentheses.*

1. Я увидела перед собой _____ (старый двухэтажный дом). Я пошла вперёд и по _____ (узкая, каменная лестница) быстро поднялась на _____ (верхний этаж).

2. Дети любили играть в _____ (тёмный, холодный подвал) — там им никто не мешал.

3. В _____ (солнечная, светлая детская) висели яркие занавески, а на _____ (деревянный пол) перед _____ (белая маленькая кровать) лежал цветной коврик.

4. _____ (любимое мамино кресло) поставили в гостиной между _____ (широкий коричневый диван) и _____ (современный торшер).

5. Машина остановилась возле _____ (громадное, серое каменное здание).

6. Видите _____ (этот старый пятиэтажный дом)? Мы там снимаем _____ (маленькая, тёмная комната) на _____ (нижний этаж).

7. Перед _____ (соседний дом) всегда стоит много машин.

Упражнение 3. *Fill in the blanks with the correct forms of the given words.*

_____ (Владимир Александрович Ло́гинов) дали, наконец, _____ (отдельная двухкомнатная квартира). Квартира была в самом центре города, в _____ (новый пятиэтажный кирпичный дом) с _____ (лифт), на _____ (третий этаж). Логиновы решили устроить новоселье и пригласили в гости несколько _____ (близкие друзья): _____ (Александр Васильевич Огурцо́в) с женой и _____ (Вера Николаевна Сне́гова).

Первыми к _____ (Логиновы) пришли Огурцовы. Пока они раздевались в _____ (передняя) и вешали пальто на _____ (вешалка), Елена Михайловна Логинова объясняла, что, хотя они вот уже два месяца живут в _____ (новая квартира), она сначала хотела её обставить, а потом уже приглашать _____ (гости). Тут раздался звонок в дверь — и в _____ (передняя) вошла Снегова. Хозяйка немедленно пригласила всех осмотреть квартиру — в её голосе звучала гордость. Осмотр начали с кухни. Она была огромная, метров 15, и солнечная. На _____ (широкое окно) висели пёстрые занавески. В середине кухни стоял круглый стол, вокруг которого стояли жёлтые стулья. Кухня произвела большое впечатление и на _____ (Огурцовы) и на _____ (Снегова).

Из _____ (кухня) все прошли в _____ (маленькая, но уютная спальня) _____ (Логиновы), где стояла двухспальная кровать, комод и две тумбочки, — на _____ (подоконник) стояла ваза с цветами. Елена Михайловна открыла дверь _____ (платяной шкаф) и показала его _____ (гости).

В _____ (передняя часть) _____ (следующая комната) была гостиная, а в _____ (задняя) — столовая. В _____ (гостиная) стояла современная мебель: диван, кресло и журнальный столик.

Все сели за стол, накрытый к _____ (ужин). За столом все выпили за здоровье _____ (хозяева) и весь вечер гости только и говорили об обмене _____ (квартиры) и о покупке _____ (мебель).

Городская квартира

Adverbs

Adverbs are used in Russian to provide more information about verbs, adjectives, or other adverbs. They are unchanging in form. Many adverbs describe the manner in which an action is performed. Such adverbs answer the question **как?** Many adverbs are derived from adjectives. Adverbs of this type end in **–o/–e** and are identical in form with neuter short-form adjectives.

Он **хорошо** готовит.	*He cooks well.*
Она говорит **искренне.**	*She is speaking frankly.*

There are also many adverbs derived from adjectives ending in **–ский.** Adverbs of this type end in **–ски** and are formed both with and without the prefix **по–.**

Мой сосед хорошо говорит **по–русски.**	*My neighbor speaks Russian well.*
Она говорит обо мне **критически.**	*She speaks critically of me.*

Some adverbs, in addition to providing information about verbs, adjectives, and other adverbs, are also used as predicates. Predicate adverbs are used in sentences that have no subject. (The English equivalents of these sentences use an impersonal *it* as subject.) The verbs in these sentences are always neuter singular.

У меня в комнате **светло, тепло** и **уютно.**	*It is light, warm, and cozy in my room.*
На улице уже было **темно.**	*It was already dark outside.*

The primary use of the interrogatives **какой?** and **как?** is to ask questions, but they may also be used to intensify statements. When used in this way, **какой** modifies nouns and long-form adjectives, and **как** modifies verbs, adverbs, and short-form adjectives.

Какое яркое солнце!	*What bright sun!*
Как я хочу есть!	*How hungry I am!*
Как хорошо он готовит!	*How well he cooks!*
Как они гостеприимны!	*How hospitable they are!*

Такой and **так** are used similarly, with **такой** modifying nouns and long-form adjectives and **так** modifying verbs, adverbs, and short-form adjectives.

Такая квартира мне нравится.	*I like that kind of apartment.*
Квартира **такая** солнечная!	*The apartment is so sunny!*
Я **так** и думаю.	*I think so, too.*
Она **так** хорошо печёт!	*She bakes so well!*
Он **так** голоден!	*He's so hungry!*

Упражнение 4. *Fill in the blanks with the best translation of the English word. You may use long- or short-form adjectives or adverbs in your answers.*

Мы переехали в _____ (*new*) дом. _____ (*Broad*) бульвар, на котором мы теперь живём, очень _____ (*beautiful*). В этом районе всё для меня _Ново_ (*new*): и магазины и кинотеатры. Здесь очень _красиво_ (*pretty*) и _____ (*clean*): _____ (*clean*) дворы и тротуары, _____ (*bright*) здания. Наш дом находится на _солнечной_ (*sunny*) стороне улицы, и у нас в квартире всегда _светло_ (*bright*). На бульваре _шумно_ (*noisy*), но в нашей квартире довольно _тихо_ (*quiet*), потому что мы живём на _____ (*tenth*) этаже.

Упражнение 5. *Write pairs of sentences that describe the various rooms of an apartment. In each pair, first use the given word in attributive position and then use it as a predicate adverb.*

Образец: **У нас солнечная гостиная.**

У нас в гостиной солнечно.

све́тлый, светло́; тёмный, темно́; тёплый, тепло́; холо́дный,
хо́лодно; жа́ркий, жа́рко; прохла́дный, прохла́дно;
со́лнечный, со́лнечно; просто́рный, просто́рно; ти́хий, ти́хо;
шу́мный, шу́мно; ую́тный, ую́тно

Nouns as Modifiers

The question **како́й**? may be answered in Russian by an adjective, but there are other possible answers as well. A noun may be used in the genitive case, for example, to provide information about another noun.

уро́к **му́зыки**	*a music lesson*
учи́тель **фи́зики**	*a physics teacher*

This construction is frequently used in descriptions containing such nouns as **рост** (*stature*), **во́зраст** (*age*), **цвет** (*color*), and **разме́р** (*size*). The genitive may also be used with specific ages.

Она́ купи́ла пла́тье **си́него цве́та.**	*She bought a blue dress.*
Моя́ сестра́ **высо́кого ро́ста.**	*My sister is tall.*

Prepositional phrases are also frequently used in description. If you want to explain *from what* something is made, you may use **из** plus the genitive.

Он пригото́вил для нас сала́т **из** све́жих огурцо́в и помидо́ров.	*He made us a fresh cucumber and tomato salad.*
Тре́тий поросёнок постро́ил дом **из** кирпиче́й.	*The third little pig built a house of bricks.*

Prepositional phrases containing **для** and the genitive case are used to describe the intended purpose of an object.

Дай мне рю́мку **для** вина́.	*Give me a wine glass.*
Па́па постро́ил мне по́лки **для** книг.	*Dad built me some bookshelves.*

Finally, you may use the preposition **из-под** followed by the genitive case to describe the former contents of a container.

На столе́ стоя́ла пуста́я буты́лка **из-под** молока́.	*An empty milk bottle was standing on the table.*

Упражне́ние 6. *Fill in the blanks with the best translation of the English phrases.*

1. Мари́на научи́лась вари́ть о́чень вку́сный _____ (*mushroom soup*).

2. На новоселье нам подарили много ＿＿＿＿＿＿ (*wine glasses*).

3. В подвале всюду стояли пустые ＿＿＿＿＿＿ (*beer bottles*).

4. Достань мне, пожалуйста, ＿＿＿＿＿＿ (*the turkey platter*).

5. Я больше люблю ＿＿＿＿＿＿ (*berry jam*), чем ＿＿＿＿＿＿ (*fruit jam*).

Measurement

There are numerous ways to express measurement in Russian. One possibility, which is frequently used in questions, is to use the word that expresses the type of measurement (**длина, ширина, высота, глубина, толщина, вес, размер, объём**) in the genitive case.

Какой высоты потолки в этой квартире?　　*How high are the ceilings in this apartment?*

Other possibilities include using the word that expresses measurement in the instrumental case followed by the preposition **в** and the accusative of the actual measurement. Some speakers omit the preposition in this construction.

Коридор был **длиной (в) десять метров.**　　*The hall was ten meters long.*

Мебельный магазин

It is also possible to use the preposition **в** followed by the accusative of the type of measurement.

Раньше это озеро было **тридцать метров в глубину.** *That lake used to be thirty meters in depth.*

Finally, in a construction that is very similar to English usage, one may use the type of measurement in the nominative followed by the genitive of the object measured and the nominative of the actual measurement.

Толщина этой стены **десять сантиметров.** *The width of that wall is ten centimeters.*

It is common to discuss the area of living quarters in terms of square meters.

Площадь этой комнаты **пятнадцать квадратных метров.** *The area of this room is fifteen square meters.*

When talking about more than one dimension, translate the English word *by* with the preposition **на** followed by the accusative case.

Я хочу купить ковёр **три метра на четыре.** *I want to buy a rug three meters by four.*

If you want to say that one object is located a certain distance *from* another, use **в** plus the prepositional of the distance followed by **от** and the genitive of the reference point.

Наш дом стоит **в пятидесяти метрах от** берега моря. *Our house is fifty meters from the beach.*

Упражнение 7. *Ask and answer questions about the dimensions of the objects listed below. Try to vary your sentence structure.*

Образец: балкон: ширина — 2 м

Какой ширины у вас балкон?

Балкон у нас два метра в ширину.

Балкон у нас шириной в два метра.

1. комната: длина — 4 м, ширина — 5 м
2. коридор: длина — 3 м
3. прихожая: длина — 1 м, высота потолка — 3 м
4. кухня: длина — 3 м, ширина — 3 м
5. столовая: длина — 4 м, ширина — 5 м
6. потолок: высота — 4 м

Упражнение 8. *Translate into idiomatic Russian.*

Dear Aunt Vera,

I am writing to you because I have such interesting news. Alla and I have just bought an enormous two-story house in a very nice part of town.

The house is very spacious. Next to the entrance hall there is a huge living room approximately ten meters long, and it has a gray brick fireplace. We will put a dark blue couch opposite the fireplace by the window. I think that it will be particularly warm and cozy there in the winter.

Next to the living room there's a dining room where we have put the old dining room table and the buffet, and the kitchen is behind the dining room. The kitchen is also very big — 25 square meters. In the kitchen our new refrigerator is in one corner, and to the right of it is an electric stove. It will be convenient both to cook and to receive guests there!

We are planning to invite guests to a housewarming at the end of the month. Come see us and we will show you everything.

Yours,
Kolya

Квартира для семьи из четырёх человек

Imagine that you have just acquired this two-room apartment in a new housing development outside of Kiev. Write a letter to a friend in which you describe both the apartment and the way that you have furnished it.

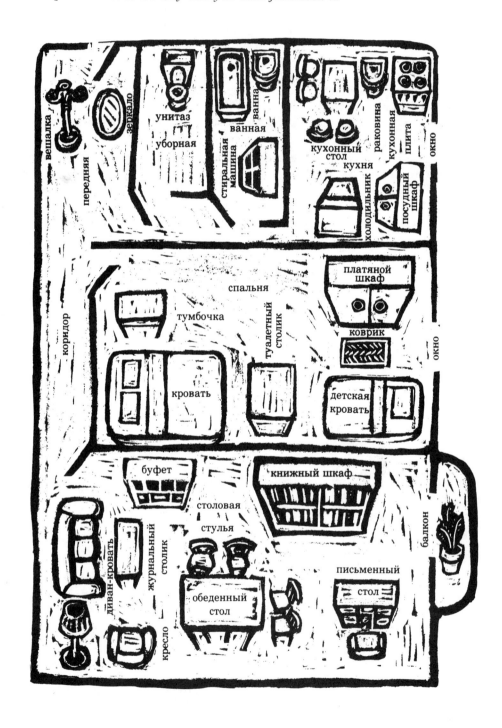

Задания

1. *The following advertisements have been adapted from* «Справочник по обмену жилой площади». *The advertisers would like to exchange their rooms or apartments. First, try to match each advertiser with an appropriate ad. Then write a similar advertisement for the apartment you described in your composition. For which of these apartments might you reasonably hope to exchange your apartment?*

Комнаты

1. 19 метров, горячая вода, 3-й этаж, Свечной переулок, телефон 292-42-60, Багрицкий. На комнату от 10-16 метров, удобства.

2. 15 метров, ванна, лифт, 6-й этаж, Лиговский проспект, телефон 168-46-71, Извёкова. На комнату большей площади.

3. 14 метров, ванна, 4-й этаж, Суворовский проспект, телефон 274-86-22, Анисимова и 18 метров, горячая вода, 5-й этаж, проспект Огородникова. На однокомнатную квартиру от 18 метров.

Квартиры

4. 13 и 17 метров, кухня 6 метров, ванна, 1-й этаж, улица Тёльмана, телефон 263-26-89. На однокомнатную квартиру от 15 метров и комнату от 10 метров.

5. 17 + 11 + 12 метров, кухня 6 метров, ванна, лифт, балкон, 8-й этаж, улица Есёнина, телефон 296-91-65. На две однокомнатные квартиры или двухкомнатную квартиру и комнату.

6. 18 метров, кухня 7 метров, ванна, балкон, 3-й этаж, Октябрьская набережная, телефон 248-75-40 до 17 часов, Соколов. На две комнаты в разных местах, не 1-й, не последний этаж.

7. 28 метров, кухня 6 метров, ванна, 3-й этаж, Колпино, проспект Ленина, телефон 252-08-37, и 13 метров, ванна, 2-й этаж, улица Ломоносова, телефон 314-23-42, Наумова. На три комнаты, не 1-й этаж.

8. 30 метров, кухня 14 метров, ванна, 4-й этаж, улица Бармалеева, телефон 233-48-60, и 10 метров, ванна, лифт, 4-й этаж, улица Рылеева. На двух-трёх-комнатную квартиру.

2. *This reading passage has been adapted from Nikolay Nosov's* ‹‹Приключения Незнайки и его друзей››. Незна́йка, *the hero of the work, is a* **коротъ́шка,** *a creature about the size of a cucumber. Since, as his name suggests, he knows absolutely nothing, many of his adventures concern things that other people take for granted. Fill in the blanks in this excerpt with any logical word and then compare your choices with the original in Appendix B.*

На новом месте

Незнайка проснулся в совсем незнакомом месте. Он лежал на _____. Незнайку разбудили какие-то голоса. Открыв глаза, он завертел ими   **заверте́ть** *to turn* в разные стороны и увидел, что лежит в чужой комнате. По углам стояли _____. На стенах висели _____ и _____ с изображением разных цветов. У окна стоял   **изображе́ние** *depiction* _____ на одной ножке. Неподалеку   **но́жка** нога был _____ с принадлежностями для   **принадле́жность** *necessity* письма. Рядом стоял _____. У самой дальней стены, возле дверей, было большое   **да́льний** *far* _____. Перед _____ стояли две девочки и разговаривали.

3. *Write a letter to your pen pal in the Soviet Union describing your living conditions. Remember that uniquely American phenomena, such as the trash compactor and the hot tub, can only be conveyed through elaborate paraphrase and mention of them should probably be avoided at this stage.*

4. *Describe the two rooms depicted below.*

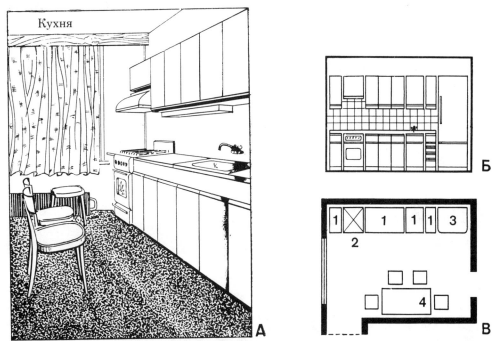

А — общий вид; Б — фасад; В — план; 1 — шкаф; 2 — газовая плита; 3 — холодильник; 4 — обеденный стол на четырёх человек

А, В — общий вид; Б — план; 1 — стиральная машина; 2 — ванна; 3 — раковина; 4 — унитаз; 5 — шкаф

Не место красит человека, а человек место

Словарь

описа́ние description *кого? род пад.*
опи́сывать *несов.* to describe;
  сов. описа́ть (опишу́,
  опи́шешь) *кого, что вин.*

вне́шность *ж.* appearance
рост height
фигу́ра figure
сложе́ние build
вы́глядеть (вы́гляжу,
  вы́глядишь) *несов.* to look,
  appear[1]

краси́вый beautiful, handsome
  некраси́вый ugly
краса́вец (*р.* краса́вца);
  краса́вица good-looking person
прия́тный pleasant

ми́лый nice, sweet
привлека́тельный attractive
симпати́чный nice, likeable
обая́тельный charming
обая́ние charm
уро́дливый ugly, hideous

сла́бый weak
кре́пкий (*ср.* кре́пче) strong
мускули́стый brawny, muscular
широкопле́чий broad-shouldered

худо́й; *уменьш.* ху́денький
  skinny[2]
худе́ть (I) *несов.* to lose weight;
  сов. похуде́ть
стро́йный slender[2]
по́лный plump[2]

Саша блондинка

полнéть (I) *несов.* to gain weight; *сов.* **пополнéть**[2]
тóлстый (*ср.* тóлще) fat[2]
толстéть (I) *несов.* to gain weight[2]

лицó (*мн.* лúца) face
  крýглое ~ round face
  скулáстое ~ face with high cheek bones
  блéдное ~ pale face
  румя́ное ~ rosy face
  загорéлое ~ tanned face
веснýшки (*р.* веснýшек) freckles
веснýшчатый freckled
морщúна wrinkle
морщúнистый wrinkled

у него есть   *лицó*
мятая рубашка   *кожа руки*

лоб (*р.* лба) forehead
ýхо (*мн.* ýши, ушéй) ear
глаз (*мн.* глазá, глаз) eye
  кáрие глазá light brown, hazel eyes
  чёрные глазá dark brown eyes
бровь *ж.* eyebrow
ресни́ца eyelash
нос (*мн.* носы́) nose
курнóсый snub-nosed
рот (*р.* рта, во рту) mouth
губá (*мн.* гýбы) lip
зуб (*мн.* зýбы, зубóв) tooth
  рóвные зýбы even teeth
  кривы́е зýбы crooked teeth
щекá (*вн.* щёку, *мн.* щёки, щёк, щекáх) cheek
подборóдок (*р.* подборóдка) chin
носи́ **бородá (*вн.* бóроду, *мн.* бóроды, борóд)** beard
у него есть
усы́ (*р.* усóв) mustache

вóлосы (*р.* волóс, волосáх) hair
тёмные **рýсые ~** brown hair
  каштáновые ~ chestnut hair
  ры́жие ~ red hair

седы́е ~ gray hair
глáдкие ~ straight hair
вью́щиеся ~ wavy hair
кудря́вые ~ curly hair
густы́е ~ thick hair
рéдкие ~ thin hair
брюнéт; брюнéтка (*р. мн.* брюнéток) dark-haired person
шатéн; шатéнка (*р. мн.* шатéнок) brown-haired person
блондúн; блондúнка (*р. мн.* блондúнок) fair-haired person
лы́сый bald
лысéть (I) *несов.* to grow bald; *сов.* **облысéть** *Я начал лысеть*

одéжда *тк. ед.* clothes, clothing
фóрма uniform
  воéнная ~ military uniform
  шкóльная ~ school uniform
мóда fashion, style
мóдный fashionable *Он модно одевается*
к лицý *кому?* becoming[3]

костю́м suit
пиджáк (*р.* пиджакá) suit jacket, blazer[4]
брю́ки (*р.* брюк) trousers
джúнсы (*р.* джúнсов) jeans
шóрты (*р.* шорт) shorts
рубáшка (*р. мн.* рубáшек) shirt
свúтер (*мн.* свитерá) sweater[4]
turtleneck — водолазка *свитер*
плáтье (*р. мн.* плáтьев) dress
жакéт jacket[4]
ю́бка (*р. мн.* ю́бок) skirt
блýзка (*р. мн.* блýзок) blouse
кóфта; уменьш. кóфточка (*р. мн.* кóфточек) sweater, blouse[4]
пальтó *нескл. ср.* overcoat
плащ (*р.* плащá) raincoat
шýба fur coat
кýртка (*р. мн.* кýрток) jacket[4]

шля́па hat[4]
шáпка (*р. мн.* шáпок) hat[4]

до ниже колен — shorts to the knee *эта рубашка вам к лицу.*
линзн *идёт.*

шапка-ушанка

уша́нка (*р. мн.* **уша́нок**) hat with
ear flaps

ке́пка (*р. мн.* **ке́пок**) cap

плато́к (*р.* **платка́**) head scarf

валенки - mittens

перча́тки (*р.* **перча́ток**) gloves

шарф muffler

зонт (*р.* **зонта́**); *уменьш.*
   зо́нтик umbrella

су́мка (*р. мн.* **су́мок**) purse

босоножки (ж) ← шлёпанцы
flip flops

о́бувь *ж.* footwear

ту́фли (*р.* **ту́фель**) woman's shoes
   ~ **на каблуке́** highheeled
      shoes
   ~ **без каблука́** flats

боти́нки (*р.* **боти́нок**) man's
   shoes

сапоги́ (*р.* **сапо́г**) boots *в сапогах*

кроссо́вки (*р.* **кроссо́вок**)
   tennis shoes

санда́лии (*р.* **санда́лий**) sandals

та́почки (*р.* **та́почек**) slippers

бельё *тк. ед.* underwear

колго́тки (*р.* **колго́ток**) panty
   hose, tights

носо́к (*р.* **носка́**) sock

ночна́я руба́шка (*р. мн.*
   руба́шек) nightgown

пижа́ма pajamas

хала́т bathrobe

Насить
гашу

га́лстук tie

жилет - vest

ле́нта ribbon

реме́нь (*р.* **ремня́**) man's belt

по́яс (*мн.* **пояса́**) woman's belt

драгоце́нности (*р.*
   драгоце́нностей)
   valuables, jewelry

украше́ния (*р.* **украше́ний**)
   decorations, costume jewelry

кольцо́ (*мн.* **ко́льца, коле́ц,**
   ко́льцах) ring

ожере́лье necklace

брасле́т bracelet

се́рьги (*р.* **серёг, серьга́х**);
   уменьш. **серёжки** (*р.*
   серёжек) earrings

у меня оторвались пуговица

пу́говица button *рубашка на пуговицах*

кно́пка (*р. мн.* **кно́пок**) snap

мо́лния zipper
   ку́ртка на мо́лнии zippered
      jacket

воротни́к (*р.* **воротника́**) collar

карма́н pocket

рука́в (*р.* **рукава́,** *мн.*
   рукава́) sleeve   *кофта - sweat shirt*
манжет(ы) cuff

ткань *ж.* fabric, material

хло́пок (*р.* **хло́пка**) cotton

шерсть *ж.* wool

шерстяно́й wool

мех fur

мехово́й fur

шёлк silk

шёлковый silk

синте́тика synthetic material

синтети́ческий synthetic

ко́жа leather

ко́жаный leather

зо́лото gold

золото́й gold

серебро́ silver

сере́бряный silver

кле́тка (*р. мн.* **кле́ток**) check

рубашка в кле́тку checkered, plaid

кле́тчатый checkered, plaid

поло́ска (*р. мн.* **поло́сок**) stripe
   в поло́ску striped

безрукавка - sleeveless vest
заколка для волос
украшение - necklace

полоса́тый   striped

в горо́шек   dotted

носи́ть (ношу́, но́сишь)
    несов.   to wear[5]

надева́ть *несов., на кого, на
    что?*   to put on; *сов.* **наде́ть**
    (наде́ну, наде́нешь)[5]

одева́ть *несов., во что?*   to dress;
    сов. **оде́ть (оде́ну, оде́нешь);**
    возвр. **одева́ться/оде́ться**[5]

оде́тый (оде́т) *во что?*   dressed[5]

снима́ть *несов., с кого, с чего?*
    to take off; *сов.* **снять (сниму́,**
    сни́мешь; снял, сняла́,
    сня́ли)[5]

раздева́ть *несов.*   to undress;
    сов. **разде́ть (разде́ну,**

разде́нешь); *возвр.*
    раздева́ться/разде́ться[5]

разде́тый (разде́т)   undressed

переодева́ться *несов., во что?*
    to change clothes; *сов.*
    переоде́ться (переоде́нусь,
    переоде́нешься)[5]

застёгивать *несов.*   to button,
    zip; *сов.* **застегну́ть**
    (застегну́, застегнёшь),
    возвр. **застёгиваться/**
    застегну́ться

расстёгивать *несов.*   to
    unbutton, unzip; *сов.*
    расстегну́ть (расстегну́,
    расстегнёшь); *возвр.*
    расстёгиваться/
    расстегну́ться

Vocabulary Notes

[1]The verb **вы́глядеть** may be used both with adverbs and with predicate instrumentals.

Ты сегодня плохо **вы́глядишь.**	*You look bad today.*
Ты **вы́глядишь** усталым.	*You look tired.*

[2]The verbs and adjectives associated with weight gain and loss frequently have emotional connotations. The word **худо́й** is negative. If you want to express the concept of *thin* without the negative connotations, you must use either the diminutive **худе́нький** or another word, such as **стро́йный** or **то́нкий.** The words **по́лный** and **полне́ть** have positive connotations. They are used in contexts where an English speaker might say that someone has "filled out." The words **то́лстый** and **толсте́ть** are negative.

[3]The various expressions that mean that something is *becoming* tend to be idiomatic. One may use either **к лицу́** with the nominative of the article of clothing and the dative of the person, or an appropriate form of **идти́,** again with the nominative of the article of clothing and the dative of the person.

Эта клетчатая рубашка тебе очень **к лицу́.**	*That plaid shirt really becomes you.*
Тебе очень **идёт** эта клетчатая рубашка.	*That plaid shirt really becomes you.*

[4]Clothing terminology can be confusing. There are three different ways of saying *jacket:* **куртка** is an outdoors jacket, something you wear over other clothing; **пиджак** is a man's suit or sport jacket, and **жакет** is the kind of jacket a woman wears with a suit or a dress. Hats come in several varieties: **шляпа** is a dress hat, and **шапка** is everything else. *Sweater* may be translated by the all-purpose word **свитер,** but the kind of sweater that a woman might wear instead of a blouse is always **кофта.** The word **кофта** may also refer to a blouse.

[5]It is sometimes difficult to discriminate among the various words associated with the wearing of clothing. The verb **носить** refers to habitual action. If you want to describe what a person is wearing at any particular time, use the person in the nominative with **в** and the prepositional of the article of clothing, or use the nominative of the article of clothing with **на** and the prepositional of the person.

Она всегда **носила** тёмную одежду.	*She always wore dark clothes.*
Дина вчера была **в полосатой юбке.**	*Dina was wearing a striped skirt yesterday.*
На нём был тёплый свитер.	*He was wearing a warm sweater.*

The verb **надевать/надеть** means *to put on* an article of clothing. The opposite of **надевать/надеть** is **снимать/снять.** You may use both of these verbs with prepositional phrases if you wish to be specific about where the article was placed or taken from.

Маленькая девочка **надела** (на себя) мамину шляпу.	*The little girl put her mother's hat on.*
Мне стало жарко, и я **снял** (с себя) куртку.	*I got hot, and I took off my jacket.*

The verbs **одевать/одеть** and **раздевать/раздеть** mean *to dress* or *to undress* someone else. The reflexive forms **одеваться/одеться** and **раздеваться/раздеться** mean *to dress* or *to undress oneself.* The adjective **одетый,** like the verb from which it is derived, is used with **в** and the accusative of the article of clothing. The verb **переодеваться/переодеться** is also used with the preposition **в** and the accusative of the article of clothing.

Рита **одела** младшего брата в пижаму.	*Rita got her little brother dressed in his pajamas.*
Оденься тепло, сегодня очень холодно.	*Dress warmly. It's very cold today.*
Он **разделся** и лёг спать.	*He got undressed and went to bed.*
Шура сегодня **одета** в новый костюм.	*Shura is wearing a new suit today.*
Я сейчас **переоденусь** в джинсы, и потом мы пойдём в парк.	*I'll just change into my jeans, and then we'll go to the park.*

Подготовительные упражнения

Pronouns

Interrogative pronouns

Interrogative pronouns ask questions. The declension of the interrogative pronouns **кто?** (*who?*) and **что?** (*what?*) is given in Appendix A. Notice that Russian uses **кто?** when referring to animate beings even in situations where English usage requires *what?*

Кто он по профессии?	*What is he?*
Кто тебя укусил, комар?	*What bit you, a mosquito?*

Remember that **кто?** is always masculine singular and **что?** is always neuter singular.

Кто из девочек догадался?	*Which one of the girls guessed?*

The interrogative pronoun **чей?** (*whose?*) has a regular but slightly uncommon declensional pattern (see Lesson 2). Other interrogative pronouns such as **какой?** decline as regular adjectives.

Московские школьницы

Personal pronouns

The personal pronouns **я, ты, он, оно, она, мы, вы,** and **они** (Appendix A) answer the questions **кто?** and **что?** The decision to use **он, оно,** or **она** when referring to inanimate objects depends on the grammatical gender of the noun being replaced.

| Женя снял пиджак и повесил **его** в шкаф. | *Zhenya took off his jacket and hung it in the closet.* |
| Я вчера потеряла одну золотую серёжку, но, к счастью, я **её** нашла. | *I lost one of my gold earrings yesterday, but fortunately I found it.* |

When the third-person pronouns (**он, оно, она, они**) are governed by a preposition, they are separated from that preposition by the letter **н-**. This convention prevents ambiguity in situations where the genitive forms of the personal pronouns are also used to indicate possession.

| У **него** карие глаза, а у **его** брата голубые. | *He has brown eyes, but his brother has blue eyes.* |

Себя

The personal pronouns may be replaced by the reflexive pronoun **себя.** This pronoun declines the same as the pronoun **ты.** The pronoun **себя** always refers to the performer of the action, in most cases the grammatical subject of the clause. **Себя** has no nominative form.

Я купила **себе** плащ.	*I bought myself a raincoat.*
Он застегнул на **себе** плащ.	*He buttoned up his raincoat.*
На всякий случай он взял с **собой** зонтик.	*He took an umbrella with him just in case.*

Possessive pronouns

The possessive pronouns are **мой, твой, наш,** and **ваш.** They answer the question **чей?** These pronouns agree with the nouns they modify in gender, number, and case, and they may be used in both attributive and predicative positions.

| Он потерял **мой** зонтик. | *He lost my umbrella.* |
| Сумка, которую нашли в автобусе, была **моя.** | *The purse that they found in the bus was mine.* |

The third-person pronouns **он, оно, она,** and **они** do not have these adjectival forms. Instead, they use the genitive forms of the personal pronouns: **его, её,** and **их.** These forms may be used in any position without modification.

| Мы говорили о нём и о **его** брате. | *We were talking about him and about his brother.* |

Свой

Just as there is a reflexive personal pronoun, there is also a reflexive possessive pronoun: **свой.** The possessive pronoun **свой** declines the same as **твой.** Like **себя, свой** refers to the performer of the action, in most cases the grammatical subject of the clause. In sentences with first- and second-person subjects, forms of

мой, твой, наш, and **ваш** may be used interchangeably with forms of **свой. Свой** must be used in sentences with third-person subjects in order to avoid ambiguity.

Лиза потеряла **свои** серьги. [**Свой** refers to Lisa.]	*Lisa lost her earrings.*
Она не знает, где её серьги. [**Свой** cannot be used here because the grammatical subject of the clause is **серьги.**]	*She doesn't know where her earrings are.*
Ей необходимо найти **свои** серьги. [Even though this is a subjectless sentence, it is appropriate to use **свой** because the action of **найти** will be performed by Lisa.]	*She must find her earrings.*

There is one sentence pattern in which **свой** actually modifies the subject of the sentence. In the following example and in sentences like it, **свой** does not so much function as a possessive pronoun, but rather conveys the sense of *one's own.*

> У Пети есть **своя** машина.   *Petya has his own car.*

Сам

The emphatic pronoun **сам** means *oneself.* It is used, as are its English equivalents, either to mean that someone has performed an action unassisted or to emphasize that one is talking about a particular person or object. **Сам** tends to be used following pronouns and preceding nouns, but other positions are possible as well.

Он **сам** ко мне подошёл и поздоровался.	*He himself came up to me and said hello.*
К нам в гости пришли **сами** Огурцовы.	*The Ogurtsovs themselves came to see us.*
Она спекла пирог **сама.**	*She baked a pie by herself.*

Сам may be used in all genders, numbers and cases. It declines as follows.

	M	N	F	Pl
N	сам	самó	самá	сáми
A	N or G		самý	N or G
G	самогó		самóй	самúх
P	самóм		самóй	самúх
D	самомý		самóй	самúм
I	самúм		самóй	самúми

The pronoun **сам** must not be confused with **себя,** although they both are translated as *oneself.* In fact, the two may be combined, as in the following sentence.

Ты плохо знаешь **самого себя.** *You don't know yourself very well.*

Упражнение 1. *Working with a partner, determine how much or how many of the items listed below each of you has. Remember that with some of the items you will need to use the word* pair (**пара**).

Образец: У тебя есть свитер?

Да, у меня пять свитеров.

пальто, плащ, куртка, ушанка, перчатки, шарф, зонт, костюм, брюки, джинсы, шорты, носки, кроссовки

Упражнение 2. *Fill in the blanks with possessive pronouns. Use* **свой** *whenever possible.*

Я люблю смотреть старые фотографии ___своих___ (*my*) родственников. ___моя___ (*My*) бабушка подарила мне ___свой___ (*her*) альбом и теперь я смотрю фотографии почти каждый день. Вот ___моя___ (*my*) мама сидит со ___своей___ (*her*) бабушкой в большом кресле. А вот ___её___ (*her*) дедушка, о котором мне столько рассказывала ___моя___ (*my*) бабушка, ___его___ (*his*) жена. А на этой фотографии все сёстры ___моей___ (*my*) бабушки со ___своими___ (*their*) детьми. Теперь у ___их___ (*their*) детей уже есть ___свой___ (*their own*) дети. У ___моей___ (*my*) бабушки и дедушки был ___свой___ (*their own*) дом под Москвой, и все ___их___ (*their*) дети всегда приезжали туда на лето со ___своими___ (*their*) детьми. У нас много фотографий ___их___ (*their*) дома, он был огромный и красивый.

Упражнение 3. *Fill in the blanks with the appropriate form of* **себя.**

1. Он не хотел готовить для ___себя___ и поэтому всегда обедал в соседней столовой.

2. Рыжая девушка налила ___себе___ стакан сока и поставила его на стол.

3. Она надела на ___себя___ ожерелье, но оно ей не шло.

4. Он снял с ___себя___ пальто и остался в спортивном костюме.

5. Петя надел новую рубашку, посмотрел на ___себя___ в зеркало и остался доволен.

6. Весь вечер он говорил только о ___себе___.

Упражнение 4. *Fill in the blanks with the best translation of the English word or phrase.*

1. Он взял _с собой_ (*with him*) в поход свитер и тёплую шапку.

2. Я всегда стараюсь думать о других, а потом _о себе_ (*of myself*).

3. Она _сама_ (*herself*) не знала, какое платье ей больше идёт.

4. Я открыла дверь и увидела перед _собой_ (*me*) человека в военной форме.

5. Все собрались в комнате. Ждали только _самого_ (*himself*) хозяина.

6. У меня болит голова и я боюсь, что мне _самому_ (*myself*) трудно готовить обед. Помоги мне, пожалуйста, или приготовь обед _сам_ (*yourself*).

7. Мальчику было трудно _самому_ (*himself*) расстегнуть пальто, но он всегда хотел всё делать _сам_ (*himself*).

Demonstrative pronouns

The demonstrative pronouns **этот** (*this*) and **тот** (*that*) are declined like the pronoun **сам**.

	M	N	F	Pl
N	э́тот/тот	э́то/то	э́та/та	э́ти/те
A	N or G		э́ту/ту	N or G
G	э́того/того́		э́той/той	э́тих/тех
P	э́том/том		э́той/той	э́тих/тех
D	э́тому/тому́		э́той/той	э́тим/тем
I	э́тим/тем		э́той/той	э́тими/те́ми

When used to contrast two objects, **этот** signifies the object that is closer to the speaker and **тот** the one that is farther away.

Это платье тебе идёт, а **то** не идёт.   *This dress looks good on you, but that one doesn't.*

In situations where there is no such contrast, Russian has generalized the use of **этот** to mean *that*.

Ты не знаешь **этого** человека?   *Do you know that man?*

The neuter singular pronoun **это** can also be used as the subject of the sentence. In sentences of the type *It/That was my dog,* where the subject and the complement both refer to the same thing, the use of **это** is required. In the past and future tenses the verb agrees with the complement rather than with **это.** Questions beginning with the word **чей?** follow the same pattern.

Это была моя куртка, но я её подарил Вере.	*That used to be my jacket, but I gave it to Vera.*
Чья **это была** сумка?	*Whose purse was it?*

Это is also used as the subject of a sentence when it refers to an idea or a concept already mentioned. In such cases **это** is translated as *that* or *it*. Past and future tense verbs agree with **это** since there is no other word with which they can agree.

Он так долго переодевался. **Это** меня **раздражало.**	*He took such a long time changing clothes. It irritated me.*

The pronoun **тот** may also be used by itself to refer back to something previously mentioned. When used in this way, it corresponds to *the latter* in English.

Когда отец попросил Петю ему помочь, **тот** отказался.	*When Father asked Petya to help him, the latter declined.*

Indefinite pronouns and adverbs

Indefinite pronouns and adverbs are formed by adding the particles **кое-** or **-то, -нибудь, -либо** to interrogative pronouns and adverbs. The most common ones are formed with **-то** and **-нибудь,** which are distinguished by the degree of indefiniteness that they convey.

The particle **-нибудь** (and its more literary synonym **-либо**) convey complete indefiniteness. The items referred to have not yet been selected and may not even exist. Because it expresses complete indefiniteness, **-нибудь** tends to be used in future tense narrations when talking about events that have not yet occurred. It is also frequently used in commands, questions, and hypothetical constructions.

Кто-нибудь поможет нам.	*Someone will help us.* (*We don't know who.*)
Вечером я **куда-нибудь** пойду.	*I may go somewhere this evening.* (*I haven't decided where.*)
Расскажи мне **что-нибудь.**	*Tell me something.* (*The choice is yours.*)

The particle **-то** reflects incomplete indefiniteness. The items referred to have been selected but are not being named. Because it is associated with items that already exist, **-то** tends to be used when narrating in the present and past tenses about events that are happening or that already have happened.

Что-то упало на пол.	*Something* (*a specific object*) *fell on the floor.*
На вешалке висит **чья-то** шляпа.	*Someone's* (*a specific person's*) *hat is hanging on the rack.*

Мой товарищ **куда-то** пошёл. *My friend went somewhere (a specific place).*

The particle **кое-** also reflects incomplete indefiniteness. This particle suggests that the items in question are limited in number.

Поверь мне, я **кое-что** понимаю в современной моде. *Believe me, I understand a thing or two about contemporary fashion.*

Мне нужно **кое с кем** поговорить об этом. *I need to talk to a couple of people about that.*

Упражнение 5. *Fill in the blanks with an appropriate form of* **кто-то, кто-нибудь, что-то,** *or* **что-нибудь.**

1. _____ позвонил мне рано утром и разбудил меня.

2. Петя спросил друзей, пойдёт ли _____ из них с ним в кино.

3. Обаятельный молодой актёр разговаривал с _____ по телефону.

4. Нам нужно купить _____ на ужин.

5. _____ шёл мне навстречу по коридору. Он нёс коробку с _____ тяжёлым.

6. Ты _____ слышал о фильме «Маленькая Вера»?

7. С ней _____ происходило. Она сильно похудела.

8. _____ сказал, что Маша потолстела. Это неправда!

9. В столовой _____ упало, и _____ громко заплакал.

10. Я хочу купить в подарок родителям _____ красивое из посуды.

11. К тебе вечером _кто-нибудь_ придёт?

Упражнение 6. *Fill in the blanks with an appropriate form of* **какой-то, какой-нибудь, чей-то,** *or* **чей-нибудь.**

1. Здесь лежит _чей-то_ клетчатый шарф. Он не ваш?

2. Пока тебя не было дома, приходил _какой-то_ красивый молодой человек в военной форме.

3. Ты не поможешь мне купить _какой-нибудь_ модную кофточку? Я не знаю, что сейчас модно.

4. Звонила _какая-то_ девушка и сказала, что позвонит позже.

5. Надень _какое-нибудь_ красивое платье сегодня вечером. У нас будут гости.

6. _Чей-то_ плащ висел в передней на вешалке, и я сразу понял, что у нас гости.

7. Можно мне взять _чё~~й~~-нибудь_ машину, чтобы съездить в магазин?

8. — Вы знаете _какой-нибудь_ иностранный язык? — спросил меня корреспондент газеты.

Упражнение 7. *Fill in the blanks with* **куда-то, когда-то, куда-нибудь,** *or* **когда-нибудь.**

1. Я _куда-то_ положила своё кольцо и не могу его теперь найти.

2. Я её _когда-то_ раньше видел, но забыл как её зовут.

3. Мы _куда-нибудь_ поедем сегодня? Я бы очень хотела сходить в обувной магазин.

4. Нам надо _когда-то_ съездить в этот магазин. Говорят, там продаётся хорошая одежда.

5. У меня _когда-то_ были такие же вьющиеся волосы, как у тебя.

Упражнение 8. *Fill in the blanks with the best translation of the English word*

Шофёр такси открыл багажник и увидел, что там лежат _чьи-то_ (*someone's*) чемоданы. Он вспомнил, что совсем недавно _какая-то_ (*some*) девушка очень торопилась и, видимо, забыла свои чемоданы в такси. Шофёр открыл один чемодан и увидел там одежду. «Может быть, я найду _какие-нибудь_ (*some*) вещи, которые помогут мне узнать имя и адрес пассажирки», — подумал он. Шофёр открыл второй чемодан. «Может быть здесь _что-нибудь (-то)_ (*something*) будет», — сказал он. Он стал вынимать всё из чемодана. Внизу лежало пальто. В кармане _что-то_ (*something*) было. Шофёр посмотрел и увидел _какую-то_ (*some*) бумажку с адресом. Он положил всю одежду в чемодан, сел в машину и тут он увидел, что _кто-то_ (*someone*) быстро бежит к машине и _что-то_ (*something*) кричит. Конечно, это была его пассажирка. «Вы _куда-нибудь_ (*somewhere*) едете сейчас?», — спросила она. «Я еду к вам», — засмеялся шофёр и показал ей адрес на бумажке.

Negative pronouns and adverbs

Interrogative pronouns and adverbs may be transformed into negative pronouns and adverbs by adding the prefix **ни-.** It is useful to think of negative sentences in terms of the questions that they answer.

— **Кому** ты сдал свою квартиру?	*Who did you rent your apartment to?*
— Я **никому** её не сдал. Там сейчас живёт мой брат.	*I didn't rent it to anyone. My brother's living there now.*

—С **кем** вы ходили к ним в гости?	*Who did you go with to visit them?*
—Я **ни с кем** не ходил в гости. Я был там один.	*I didn't go with anyone. I was there by myself.*

This exercise helps us remember to negate the verb as well as the pronoun and to locate the preposition correctly. Remember that if the verb of the sentence is a present-tense form of *to be,* its negative counterpart is **нет.**

—Кто сейчас на кухне? Вася?	*Who's in the kitchen? Vasya?*
—Нет, там **никого нет.**	*No, there's no one there.*
—У Марины есть семья?	*Does Marina have a family?*
—Нет, у неё **никого нет.**	*No, she doesn't have anyone.*

The negative pronouns **ничто** and **никто** may be used in all six cases. When **ничто** is the object of a negated verb, however, it will always be **ничего.** The relationship between negation and this genitive form is so strong that you will also find **ничего** used as the subject of negated sentences, as in the second example below.

—Что ты купила?	*What did you buy?*
—Я **ничего** не купила.	*I didn't buy anything.*
—Что упало?	*What fell?*
—**Ничего** не упало.	*Nothing fell.*

It is possible to form another kind of negative sentence by prefixing interrogative words with the prefix **не-,** which is always stressed. Sentences of this type, which are quite common, do not have subjects. The positive counterparts of these sentences are extremely emphatic and not frequently used, but it is, nevertheless, useful to compare positive and negative versions of the same sentence to see how the latter is formed. The positive sentences are formed by using **есть,** an interrogative word, and an infinitive. The performer of the action, if any, is in the dative case. To form a negative impersonal sentence of this type, eliminate **есть** (or replace it with a neuter singular form of **быть** in the past or future tense) and prefix the interrogative (with accompanying preposition, if any) with **не-.**

—Я вижу, что нам ещё есть о чём подумать!	*I see that we still have something to think about.*
—Нам **не о чем** думать. Мы уже всё решили.	*We have nothing to think about. We've already decided everything.*
Как хорошо, что мне есть кого спросить, если мне что-нибудь непонятно. А ей **некого** спросить.	*It's a good thing that I have someone to ask if I don't understand something. There's no one for her to ask.*

У меня была отдельная комната, и мне было где заниматься. А Петровы жили в маленькой квартире, и Максиму **нéгде** было заниматься.

I had a separate room, and there was a place for me to study. The Petrovs lived in a tiny apartment, and Maxim didn't have anyplace to study.

Коля будет жить в общежитии. Когда ему будет скучно, ему всегда будет с кем поговорить. А Катя будет снимать комнату. Когда ей будет скучно, ей **нé с кем** будет поговорить.

Kolya is going to live in a dormitory. When he's lonesome, he'll always have someone to talk to. But Katya is going to rent a room. When she's lonesome, she won't have anyone to talk to.

Когда он жил с мамой, ему было о ком заботиться. Ему **нé о ком** больше заботиться после смерти мамы.

When he lived with his mother, he had someone to care for. He no longer has anyone to care for since his mother's death.

If there is *no one* to perform the action expressed by the infinitive, *no one* will appear in the dative case (**нéкому**).

У нас в доме все больны. **Нéкому** сходить в магазин.

Everyone at our place is sick. There's no one to go to the store.

If you wish to say you have *no time* for something, use **нéкогда.**

Я так занята, что мне **нéкогда** купить себе новые сапоги.

I'm so busy that I don't have any time to buy myself some new boots.

Упражнение 9. *Fill in the blanks with the appropriate form of* **никто** *or* **ничто.** *Add prepositions as needed.*

1. _Никого_ не было в квартире и было тихо.
2. Я только с тобой говорю об этом. Я _ни с кем_ ещё не говорил.
3. Я уже давно _ни чего_ себе не покупала из одежды.
4. Этот свитер _ни кому_ не нравится.
5. Женя вчера весь день _ни с кем_ не разговаривал.
6. В нашей семье _ни у кого_ нет веснушек.

Упражнение 10. *Fill in the blanks with an appropriate* **не-** *word or phrase.*

Образец: Он всегда обедает один.

Ему **не с кем** обедать. Он живёт один.

1. Я никому не могу открыть свою тайну. Мне _не кому_ её открыть. Меня никто не понимает.

2. Маша ничего не делает уже два дня. Ей ___нечего___ делать, потому что у неё каникулы.

3. Сегодня Лена ни с кем не разговаривала по телефону. Ей ___не с кем___ разговаривать, потому что все уехали на дачу.

4. —Вы придёте вечером?
   —Нет, бабушка заболела, и нам ___не с кем___ оставить ребёнка.

5. —Почему вы не садитесь?
   —Мне ___некуда___ сесть. Все стулья заняты.

Упражнение 11. *Fill in the blanks with appropriate forms of* **кто-то, что-то, какой-то, ничего, никто, нечего, некогда.**

Я увидел её в гостях у своих знакомых. Там было очень много людей и я почти ___никто___ не знал. _____ молодые люди подошли ко мне, и мы немного поговорили. И тут я увидел её. Она стояла в углу и о _____ разговаривала с молодым человеком невысокого роста. Я _____ не мог понять,—её стройная фигура, вьющиеся каштановые волосы и огромные карие глаза показались мне такими знакомыми! _____ люди входили и выходили из гостиной, а я смотрел только на неё. Мне очень хотелось подойти и заговорить с ней. Но мне _____ было сказать,—ведь я даже не знал, кто она. Но тут я увидел, как она подошла к хозяйке, которая с _____ разговаривала недалеко от меня, и сказала: «Простите, мне у вас было очень приятно, но мне очень _____, я опаздываю на киностудию. Спасибо!» И тут я понял, кто эта женщина. Это была знаменитая киноактриса Марина Вла́ди.

Translating *any*, *every*, and *each*

In certain contexts, indefinite and negative pronouns may be translated by the English word *any.*

> **Кто-нибудь** ко мне приходил? *Did anyone come to see me?*

> Я **никого** не видела. *I didn't see anyone.*

In other contexts *any* is best translated by one of the definitive pronouns **каждый, всякий,** or **любой.** These pronouns are declined as adjectives. They may be used with nouns or alone. When they modify nouns, they must agree with them in gender, number, and case. In many contexts they are synonymous.

> **Любой (каждый, всякий)** *Anyone can do that.*
> может это сделать.

Each of these words has its own connotation, however. When **каждый** is used in the sense of *each/every,* it cannot be replaced by **любой** or **всякий.**

Каждое утро я встаю в семь часов.

I get up every morning at seven o'clock.

Любой has the connotation of *any at all.* In this sense, it cannot be replaced by **каждый** or **всякий.**

У меня три пары перчаток, ты можешь взять **любую.**

I have three pairs of gloves. You may take any one.

Заходите к нам в **любое** время.

Drop by and see us any time.

Всякий conveys the sense of *all sorts of.* In this sense, it cannot be replaced by **каждый** or **любой.**

На столе стояли **всякие** закуски.

All sorts of appetizers were on the table.

Another definitive pronoun, **весь,** also conveys the sense of *each/every one of* or *all.* **Весь** may be used with nouns or alone. When used with a noun, it must agree with it in gender, number, and case. When used in the singular, it means *whole* or *entire.* In the plural, it means *all (of).*

Он убрал **всю** квартиру.

He cleaned the whole apartment.

Все мои подруги пошли в гости, а я осталась дома одна.

All my friends went visiting, but I stayed home alone.

When this pronoun is used without a noun, it is used in the neuter singular to mean *everything* and in the plural to mean *everyone.*

Спасибо за **всё.**

Thanks for everything.

Он сказал это при **всех.**

He said it in front of everyone.

Весь is declined as follows.

	M	N	F	Pl
N	весь	всё	вся	все
A	N or G		всю	N or G
G	всего́		всей	всех
P	всём		всей	всех
D	всему́		всей	всем
I	всем		всей	все́ми

The English expression *each other* is rendered in Russian by an appropriate form of **друг друга.** You should remember that only the last word of the expression is declined, that the expression is used in *all* cases except the nominative, and that the preposition, if any, is placed between the two elements of the expression.

Мы иногда обедаем **друг у друга.**	*We sometimes have dinner at each other's house.*
Друзья всегда заботятся **друг о друге.**	*Friends always take care of each other.*
Сёстры часто ходили **друг к другу.**	*The sisters frequently visited each other.*
Они всегда были довольны **друг другом.**	*They were always pleased with each other.*

Упражнение 12. *Translate the letter into idiomatic Russian. Be particularly cautious when translating* it *and* any.

Dear Lena,

Thank you for the long letter in which you ask about the children and about our new apartment. I will immediately answer all of your questions.

As you know, last month we received a new three-room apartment. Now the children have their own room, and they are delighted about that! It is a bright, comfortable room, and they are very pleased with it.

Sveta is 17 now. She is a slender blonde with large blue eyes. She dresses beautifully. (Yesterday I bought her a green top, but she didn't like it at all, and she has told me that in the future she will be buying all of her clothes herself.)

Our Nadya is a snub-nosed brunette. She is not interested in anything but her books. She sometimes says that she doesn't have any friends, but it is clear to us that everyone loves her and that she and her friends can't live without each other.

That's all. I have nothing more to write about, but I await your letters with impatience. Have you heard anything about your vacation?

Yours,
Ira

Упражнение 13. *Fill in the blanks with the appropriate form of the expression in parentheses. When you have finished, describe each of the people discussed in the text in your own words.*

С фотографии на меня смотрит семья Па́вловых. Вот Павел Сергеевич. Он _высокого роста_ (высокий рост), в _летнем костюме_ (летний костюм), в _очках_ (очки), с _молодой живой_ (молодые живые глаза) и с _русыми волосами_ (русые волосы). Рядом с ним улыбается с фотографии его жена Виктория Николаевна. Она _маленького роста_ (маленький рост), в _____ (полосатое, бежевое платье), тоже, как и муж, в _очках_ (очки). Справа от него стоит их младший сын Илья. Он очень похож на мать: с _____ (такие же карие глаза, тонкие губы) и тоже в _очках_ (очки). Слева от Павла Сергеевича сидит в кресле его мать, Мария Фёдоровна, — очень пожилая женщина в _____ (пёстрое шёлковое платье), с

_____ (седые волосы) и с _____ (светло-голубые глаза). Впереди на стуле сидит дочь Павловых — Аня. Она старше Ильи на два года, — ей двадцать лет. Она в _____ (модный, клетчатый, шерстяной свитер), в _____ (узкие джинсы) и _____ (высокие сапоги).

Не место красит человека, а человек место

Working with other students, see how many words you can think of that describe this woman at the marketplace. When you have finished, divide your list into those words that describe the woman objectively and those that reflect your subjective opinion.

Образец:

Сама женщина	Наше мнение о ней
сидит	устала
немолодая	добрая

Write a two-paragraph description of the woman. In the first paragraph, describe her physical appearance. In the second, speculate about the circumstances of her life. Use words from your objective list to support the opinions that you express in your second paragraph: **Я думаю, что она устала, потому что она сидит.**

Задания

1. *Memoirs frequently contain physical descriptions of famous people the author has known. Below are four contemporary descriptions of nineteenth-century Russian writers. If the descriptions are accurate, you should be able to match them with the writers' portraits. Be prepared to defend your decisions.*

Александр Сергеевич
ПУШКИН
(1799–1837)

Михаил Юрьевич
ЛЕРМОНТОВ
(1814–1841)

Николай Васильевич
ГОГОЛЬ
(1809–1852)

Федор Михайлович
ДОСТОЕВСКИЙ
(1821–1881)

1. . . . был невысок ростом, шатен с сильно
вьющимися волосами, с голубыми глазами
необыкновенной привлекательности. Я видела
много его портретов, но с грустью должна   **грусть** *sadness*

сознаться, что ни один из них не передал и
сотой доли духовной красоты его облика —
особенно его удивительных глаз.

созна́ться *to confess*
до́ля *part*
духо́вный *spiritual* /
о́блик *countenance*

(В. А. Нащокина)

2. Среднего роста, плотный и с совершенно
здоровым цветом лица. Его длинные каштановые
волосы прямыми космами спадали ниже ушей,
слегка загибаясь над ними. Тонкие, тёмные,
шелковистые усики чуть прикрывали полные,
красивые губы. Небольшие карие глаза глядели
ласково, но осторожно и не улыбаясь даже
тогда, когда он говорил что-либо весёлое и
смешное. Длинный, сухой нос придавал этому
лицу и этим, сидевшим по его сторонам,
осторожным глазам что-то птичье,
наблюдающее и вместе добродушно-
горделивое.

пло́тный *thickset*

ко́смы *mane*
загиба́ться *to curve*
шелкови́стый *cf.* **шёлк** /
у́сики усы
гляде́ть смотреть
ла́сково *affectionately*

пти́чье *birdlike*
наблюда́ть *to observe*
гордели́вый *haughty*

(Г. П. Данилевский)

3. Передо мною был человек небольшого
роста, худощавый, но довольно широкоплечий,
казавшийся гораздо моложе своих пятидесяти
двух лет, с негустой бородою, высоким лбом,
у которого поредели, но не поседели мягкие,
тонкие волосы, с маленькими, светлыми карими
глазами, с некрасивым и на первый взгляд
простым лицом.

худоща́вый *lean*

взгляд *glance*

(Вс. С. Соловьёв)

4. Огромная голова, широкий, но невысокий
лоб, выдающиеся скулы, лицо коротенькое,
оканчивающееся узким подбородком, нос
вздёрнутый, реденькие усики и волосы на
голове, коротко остриженные. Но зато
глаза!.. я таких глаз никогда после не
видал.

выдаю́щийся *prominent*

вздёрнутый курносый /
ре́денький редкий /
у́сики усы
остри́женный *cut*

(И. П. Забелла)

2. *During your last visit to the Soviet Union, you met the following people. Describe
them to your interested classmates.*

3. *In this excerpt from* ‹‹Приключения Незнайки и его друзей›› *Nosov describes how* Незнайка *and his friends dressed themselves for a journey. First read the passage and describe the characters mentioned in it. Then add a fourth paragraph in which you name and describe one additional character.*

Подготовка к путешествию

На следующее утро Зна́йка разбудил своих друзей пораньше. Все проснулись и стали готовиться в путь. Ви́нтик и Шпу́нтик надели свои ко́жаные ку́ртки. Охо́тник Пу́лька обу́лся в свои любимые ко́жаные сапоги. Такие сапоги были очень удобны для путешествия.

охо́тник *hunter* / обу́ться наде́ть о́бувь

Торопы́жка надел свой костюм—‹‹молнию››. Об этом костюме следует рассказать подробно. Торопыжка, который всегда торопился и не любил тратить время попусту, придумал для себя специальный костюм, в котором не было ни одной пуговицы. Известно, что при одевании и раздевании больше всего времени тратится на застёгивание и расстёгивание пуговиц. В костюме Торопыжки не было отдельных рубашки и брюк: они были соединены в одно целое на манер комбинезона.

Толстенький По́нчик надел свой самый лучший костюм. В костюмах Пончик ценил главным образом карманы. Чем больше было карманов, тем лучше считался костюм. Самый лучший его костюм состоял из семнадцати карманов. Куртка состояла из десяти карманов: два кармана на груди, два косых кармана на животе, два кармана по бокам, три кармана внутри и один потайной карман на спине. На брюках было: два кармана спереди, два кармана сзади, два кармана по бокам и один карман внизу, на колене. В обычной жизни такие семнадцатикарманные костюмы с карманом на колене можно встретить только у кинооператоров.

Сиро́пчик нарядился в клетчатый костюм. Он всегда ходил в клетчатых костюмах. И брюки у него были клетчатые, и пиджак клетчатый, и кепка клетчатая. Увидев его издали, дети всегда говорили: ‹‹Глядите, глядите, вон идёт шахматная доска››. Аво́ська нарядился в лыжный костюм, который считал очень удобным для путешествия. Небо́ська надел полосатую фуфайку, полосатые гетры, а шею обмотал полосатым шарфом. В этом костюме он был весь полосатый, а издали казалось, что это вовсе не Небоська, а обыкновенный полосатый матрас. В общем, все оделись кто во что мог, только Растеря́йка, у которого была привычка бросать свои вещи куда попало, никак не мог отыскать свою куртку. Кепку свою он тоже куда-то сунул и, сколько ни искал, нигде не мог найти. В конце концов он нашёл под кроватью свою зимнюю шапку с ушами.

подро́бно *in detail*

торопи́ться *to hurry*

тра́тить *to waste* / по́пусту *in vain*

соедини́ть *to combine*

комбинезо́н *overalls*

то́лстенький толстый

цени́ть *to value*

состоя́ть *to consist*

грудь *breast* / косо́й *slanting*

бок *side*

потайно́й *secret*

наряди́ться одеться

гляде́ть смотреть

лы́жный *ski*

фуфа́йка свитер / гётры *spats* / обмота́ть *to wrap*

привы́чка *habit*

куда́ попа́ло *anywhere* / отыска́ть найти

су́нуть *to stuff*

4. *You have just attended a family reunion. Describe the family members who were present to your distant cousin in Vladivostok. Don't forget to send photographs.*

Урок № 4

По одежде встречают, по уму провожают

Словарь

сравне́ние comparison

сра́внивать *несов., с кем, с чем?* *вин.* ^*кого*
  to compare; *сов.* **сравни́ть**

похо́ж, похо́жа, похо́жи *на кого, на что?* resembling, like

ра́зный different

ра́зница *в чём?* difference[1]

чем? ра́зница ме́жду чем и кем? кем и кем?

человек (*мн.* лю́ди, люде́й, лю́дях, лю́дям, людьми́)
  person

челове́ческий human

мужчи́на *м.* man

мужско́й male, masculine *вещи*

же́нщина woman

же́нский female, feminine

жизнь *ж.* life

живо́й (жив, жива́, жи́вы)
  alive, living

жить (живу́, живёшь; жил, жила́, жи́ли) *несов.* to live

*авто*биогра́фия biography *род. п кого ´ц я*

судьба́ (*мн.* су́дьбы, су́деб) fate, destiny

person write about themselves

во́зраст age

рове́сник; рове́сница a person of the same age

рожда́ться *несов.* to be born; *сов.* **роди́ться (рожу́сь, роди́шься; роди́лся, родила́сь)**

он ровесник

она мне ровесница

рожде́ние   birth
  день рожде́ния (*р.* дня)   birthday
расти́ (расту́, растёшь; рос, росла́) *несов.*   to grow; *сов.* вы́расти
исполня́ться *несов., кому?*   to turn (an age); *сов.* испо́лниться[2]
де́тство   childhood
де́тский   children's, child's
ребёнок (*р.* ребёнка, *мн.* де́ти, дете́й, де́тях, де́тям, детьми́)   infant, child
ма́льчик   boy
де́вочка (*р. мн.* де́вочек)   girl
подро́сток (*р.* подро́стка)   teenager
ю́ноша *м.* (*р. мн.* ю́ношей)   young man
де́вушка (*р. мн.* де́вушек)   young woman
мо́лодость *ж.*   youth
молодо́й (*ср.* моло́же)   young
молодёжь *ж., тк. ед.*   young people
молодёжный   youth
взро́слый (*р.* взро́слого)   adult, grown-up
взросле́ть (I) *несов.*   to grow up; *сов.* повзросле́ть
пожило́й   elderly
ста́рость *ж.*   old age
ста́рый (*ср.* ста́рше)   old
старе́ть (I) *несов.*   to age, grow old; *сов.* постаре́ть
стари́к (*р.* старика́); стару́ха   old person

смерть *ж.*   death
мёртвый   dead[3]
умира́ть *несов.*   to die; *сов.* умере́ть (умру́, умрёшь; у́мер, умерла́, у́мерли)[3]
ги́бнуть (ги́бну, ги́бнешь; гиб, ги́бла) *несов.*   to die; *сов.* поги́бнуть[3]

по́хороны (*р.* похоро́н, похорона́х) (на)   funeral
хара́ктер   personality, disposition
  мя́гкий ~   (*ср.* мя́гче)   gentle disposition
  лёгкий ~   (*ср.* ле́гче)   easy-going disposition
  тру́дный ~   difficult personality
  тяжёлый ~   difficult personality

споко́йный   calm, relaxed
успока́ивать *несов.*   to calm, reassure; *сов.* успоко́ить; *возвр.* успока́иваться/успоко́иться
беспоко́ить *несов.*   to worry; *возвр.* беспоко́иться о ком, о чём?
волнова́ть (волну́ю, волну́ешь) *несов.*   to agitate, upset; *возвр.* волнова́ться[4]
не́рвный   nervous[4]
не́рвничать   to be nervous[4]
просто́й (*ср.* про́ще)   simple
простота́   simplicity
хи́трый   clever, cunning
хи́трость *ж.*   cleverness, cunning

до́брый (добр, добра́, добры́)   kind
доброта́   kindness
ла́сковый   affectionate
внима́тельный   considerate, courteous
  невнима́тельный   discourteous
раздражи́тельный   irritable
раздража́ть *несов.*   to irritate; *сов.* раздражи́ть; *возвр.* раздража́ться/раздражи́ться
стро́гий (*ср.* стро́же)   strict
злой   mean
жесто́кий   cruel

живо́й   lively
ску́чный   boring
угрю́мый   gloomy
мра́чный   gloomy

разгово́рчивый talkative
разгова́ривать *несов.* to converse
общи́тельный sociable
  необщи́тельный unsociable
обща́ться *несов. с кем?* to socialize, associate with
весёлый (ве́село) cheerful, fun[5]
весели́ться *несов.* to have fun[5]
развлека́ть *несов.* to entertain, amuse; *сов.* развле́чь (развлеку́, развлечёшь, развлеку́т; развлёк, развлекла́); *возвр.* развлека́ться/развле́чься *чем?*[5]
развлече́ние entertainment, amusement[5]
удово́льствие satisfaction, pleasure[5]
смешно́й funny
смея́ться (смею́сь, смеёшься) *несов. над кем, над чем?* to laugh
шути́ть (шучу́, шу́тишь) *несов.* to joke

скро́мный modest
  нескро́мный immodest
дово́льный (дово́лен, дово́льна) *кем, чем?* satisfied, pleased
  недово́льный (недово́лен, недово́льна) dissatisfied, displeased
самоуве́ренный (самоуве́рен) self-confident
го́рдый proud
горди́ться (горжу́сь, горди́шься) *несов. кем, чем?* to be proud
самолюби́вый proud, vain
хвастли́вый boastful
хва́статься *несов. кем, чем?* to brag
хвасту́н braggart
эгоисти́чный selfish

эгои́зм selfishness
эгои́ст selfish person

приле́жный diligent
трудолюби́вый industrious
энерги́чный energetic
акти́вный active
делово́й practical, businesslike
лени́вый lazy
лень *ж.* laziness[6]

щёдрый generous
эконо́мный economical
жа́дный greedy
скупо́й miserly
серьёзный serious
отве́тственный responsible
  безотве́тственный irresponsible
добросо́вестный conscientious
  недобросо́вестный unconscientious
аккура́тный punctual, neat
  неаккура́тный unpunctual, careless
аккура́тность *ж.* punctuality, neatness
  неаккура́тность *ж.* unpunctuality, carelessness
легкомы́сленный frivolous

интеллиге́нтный cultured
поря́дочный decent
справедли́вый just, fair
  несправедли́вый unjust, unfair
справедли́вость *ж.* justice, fairness
терпели́вый tolerant, patient
терпе́ние tolerance, patience
терпе́ть (терплю́, те́рпишь) *несов.* to tolerate
равноду́шный indifferent
равноду́шие indifference
наха́льный impudent
наха́льство impudence
че́стный honest
  нече́стный dishonest
че́стность *ж.* honesty
и́скренний sincere
  неи́скренний insincere
и́скренность *ж.* sincerity

откров́енный frank
откров́енность *ж.* frankness
лжи́вый deceitful
ложь *ж.* lie
врать (вру, врёшь; врал,
    врал́а, вр́али) *несов.* to lie;
    сов. совр́ать

дов́ерчивый trusting
  недов́ерчивый distrustful
дов́ерие trust
довер́ять *несов., кому?* to trust;
    сов. дов́ерить
остор́ожный cautious
  неостор́ожный incautious
остор́ожность *ж.* cautiousness
подозри́тельный suspicious

насто́йчивый insistent
наст́аивать *несов., на чём?* to
    insist; *сов.* насто́ять (II)
упр́ямый stubborn, obstinate
упр́ямство stubbornness

см́елый bold
  несм́елый timid
см́елость *ж.* boldness
хр́абрый brave
хр́абрость *ж.* bravery
р́обкий (*ср.* р́обче) timid
р́обость *ж.* timidity
трусли́вый cowardly
тр́усость *ж.* cowardice
трус coward

Vocabulary Notes

[1]The word **разница** is used with **в** and the prepositional case when talking about the quality or trait in which the difference lies and with **между** and the instrumental case of the items compared.

Между ними большая **разница в возрасте.**	*There's a big difference in their ages.*
Когда я познакомился с Павлом Петровичем и его женой, я сразу заметил **разницу в их характерах.**	*When I met Pavel Petrovich and his wife, I immediately noticed the difference in their personalities.*
Какая **разница между этими курткми?** Почему одна из них настолько дороже?	*What's the difference in these jackets? Why is one of them so much more expensive?*

[2]The verb **исполняться/исполниться** is used with the dative of the person when speaking of age. The verb will always be neuter singular except when it agrees with the number **один.**

Отцу сегодня **исполнилось** сорок лет.	*Father turned forty today.*
Марине **исполнился** двадцать один год.	*Marina turned twenty-one.*

[3]The verbs **умирать/умереть** and **гибнуть/погибнуть** are synonymous. **Умирать/умереть,** however, is the more general of the two, while **гибнуть/погибнуть** is associated with violent death.

Мой знакомый **погиб** в автомобильной аварии.   *My friend died in an automobile accident.*

If you want to say that someone is dead, use the past tense of the perfective verb **умереть,** which focuses on the result of the action, rather than **мёртвый.**

—Ваши родители живы?   *Are your parents living?*
—Нет, они **умерли.**   *No, they're dead.*

На берегу лежала **мёртвая** птица.   *A dead bird lay on the shore.*

[4]The adjective **нервный** and the verb **нервничать** both refer to a general condition. The kind of nervousness that you experience before a test is best described with **волноваться.**

Иван Ильич такой **нервный!** Он всегда **нервничает.**   *Ivan Ilich is such a nervous person! He's always nervous.*

Я всегда **волнуюсь,** когда ко мне приходят гости.   *I'm always nervous when I have company.*

[5]There is no single way to express the idea of "fun" in Russian. Instead, one uses a variety of paraphrases. One possibility is to use an adverb, such as **весело,** with

Витрина

the dative of the person. The verb **веселиться** suggests an active involvement on the part of the speaker.

Мне было очень **весело** (**приятно, интересно**) вчера вечером.	*I really had fun last night.*
Мы **веселились** до утра.	*We partied until morning.*

Another possibility is to use the verb **развлекаться/развлечься,** which literally means to entertain oneself, or the corresponding noun **развлечение.**

Я люблю всякие **развлечения.**	*I like all sorts of fun things.*
Я люблю **развлекаться.**	*I like to have fun.*
Давай **развлечёмся.**	*Let's have some fun.*

Finally, one commonly talks about "deriving pleasure from something" (**получать/ получить удовольствие** *от чего?*).

Я **получил** большое **удовольствие** от вчерашнего концерта.	*I had a lot of fun at yesterday's concert.*

[6]The word **лень** is used colloquially with the dative of the person and an infinitive to mean that one is "too lazy" to do something.

Мне **лень** готовить обед сегодня. Давай пойдём в ресторан.	*I'm too lazy to fix dinner today. Let's go to a restaurant.*

Подготовительные упражнения

Comparatives

In description, it is common both to compare different objects and to talk about the varying degrees to which one object possesses a quality. In both instances, one needs to use the comparative and sometimes the superlative degrees of adjectives and adverbs.

Adjectives have both compound and simple comparative forms. The compound comparative form is created by using **более** before the positive degree of the adjective: **более интересный.** This form may be used in both attributive and predicative positions and agrees with the noun that it modifies in number, gender, and case.

Я считала, что у тебя **более пожилые** родители.	*I thought that you had older parents.*
Мы мечтали о **более счастливой** судьбе для наших детей.	*We dreamed about a happier fate for our children.*

It is also possible to use **ме́нее** and the positive degree of the adjective to create a compound comparative that expresses the idea of "less."

Эта работа **менее интересная.** *This work is less interesting.*

The simple comparative form of adjectives is indeclinable. Use of this form is generally limited to predicative position, where it is the preferred form.

Вторая задача была **проще.** *The second problem was simpler.*

Many adjectives create simple comparatives by adding **-ee** to the stem of the adjective: **си́льный – сильне́е, интере́сный – интере́снее.** Notice that the stress tends to shift to the ending in shorter words but to remain on the stem in words of three or more syllables.

Other adjectives form simple comparatives by modifying the last letter of the stem and adding unstressed **-e.** This group includes all adjectives with stems ending in **г, к, х** and a number of others as well: **дорого́й– доро́же, стро́гий–стро́же, кре́пкий–кре́пче, гро́мкий–гро́мче, я́ркий– я́рче, мя́гкий–мя́гче, лёгкий–ле́гче, ти́хий–ти́ше, сухо́й–су́ше.** Comparatives of this type will be cited in the vocabulary entries.

Simple comparatives may be used with the prefix **по-,** which adds the connotation of "a little" to the comparison: **побо́льше** (*a little more*), **повы́ше** (*a little higher*), **подоро́же** (*a little more expensive*). In colloquial speech these forms may be used in the attributive as well as the predicative position. Notice that even in the attributive position they follow the nouns they modify.

Дайте мне задачу **попроще.**   *Give me something a little easier to do.*

Я бы хотела купить лампу **подешевле.**   *I'd like to buy a slightly cheaper lamp.*

The comparative degree of adverbs is identical in form to the simple comparative of adjectives.

Говорите, пожалуйста, **громче.**   *Please speak more loudly.*

Подвиньтесь, пожалуйста, **ближе.**   *Move closer, please.*

Бо́льше, the comparative of **большо́й,** serves as the comparative of **много,** and **ме́ньше,** the comparative of **ма́ленький,** serves as the comparative of **немного** and **мало.** These forms, which are translated by *more* and *less,* are followed by the genitive of the nouns they quantify just as their positive counterparts are. They must not be confused with the **более** and **менее** of the compound comparative.

Сегодня я купил **больше** молока, чем вчера, потому что я хочу печь пирог.   *I bought more milk today than I did yesterday because I want to bake a pie.*

Это тёплое молоко. Я люблю **более холодное** молоко.	*This is warm milk. I like colder milk.*

Notice, however, that when the English *more* means *additional,* you will not use either of the above constructions but rather **ещё.**

Дайте мне **ещё** молока, пожалуйста.	*Give me some more milk, please.*

There are two ways to complete a comparison in Russian. The first is by using **чем** (*than*). The second is by using the genitive case. Either of these constructions is possible with the simple comparative, but only **чем** is used with the compound comparative.

Сестра **прилежнее брата.** Сестра **прилежнее, чем брат.**	*The sister is more diligent than the brother.*
Брат **менее прилежный, чем сестра.**	*The brother is less diligent than the sister.*

Ideally, the genitive construction is used in sentences in which the grammatical subject is compared with something else.

Саша был **выше своей сестры.**	*Sasha was taller than his sister.*

In colloquial speech you will also find the genitive used in sentences in which the direct object is compared with something else.

Я люблю красные розы **больше белых.**	*I like red roses better than white ones.*

Be cautious with sentences of this type, however, since they may result in the type of ambiguity produced by the English sentence "Susan likes John more than Mark." (More than she likes Mark? More than Mark likes John?)

When parts of the sentence other than the subject or occasionally the direct object are compared, one must use **чем.** The same constraint applies when comparing verbs or adverbs.

В прошлом году он выступал смелее, **чем** сейчас.	*Last year he acted more boldly than he does now.*
Я лучше хожу на лыжах, **чем** катаюсь на коньках.	*I ski better than I skate.*
В нашем доме наверху всегда жарче, **чем** внизу.	*In our house it is always warmer upstairs than it is downstairs.*

The amount by which objects under comparison differ is generally expressed by the preposition **на** followed by the accusative case.

—**На** сколько ваша сестра моложе вас?	*By how much is your sister younger than you?*
—**На** семь лет.	*By seven years.*
Товарищ **на́** голову выше меня.	*My friend is a head taller than me.*
Он приехал **на** неделю раньше, чем я.	*He came a week earlier than I.*

Notice, however, that the preposition **в** is used with the word **раз** (*time*): **во сколько раз** (*by how many times*), **в два раза** (*two times, twice*), **в пять раз** (*five times*), **во много раз** (*many times*).

There are a number of words that may be used to intensify comparisons. They include **намного** (*by far*), **гораздо** (*much*), **ещё** (*still, even*), **как можно** (*as... as possible*), and **значительно** (*significantly*).

Эта дорога **гораздо** длиннее, чем та.	*This road is much longer than that one.*
Мы побежали **ещё** быстрее.	*We started running even faster.*
Мы должны прийти туда **как можно** быстрее.	*We need to get there as quickly as possible.*
Решить эту задачу **значительно** труднее.	*Solving this problem is significantly more difficult.*

Всё plus the simple comparative and an imperfective verb expresses the idea of an increasing degree of comparison.

Мальчик плакал **всё** громче и громче.	*The boy kept on crying louder and louder.*

The English construction *the . . . the . . .* is conveyed in Russian by **чем ... тем ....**

Чем раньше ты придёшь, **тем** лучше.	*The sooner you come the better.*

The simple comparative and the genitive of **все** (*everyone*) or **всё** (*everything*) creates a comparative phrase which may be translated in English by the superlative *most of all.* For practical purposes, you may usually assume that **все** refers to people and **всё** to things.

В детстве я больше **всех** любила своего отца.	*In my childhood I loved my father most of all (more than anyone else).*
Когда-то я больше **всего** любила читать.	*At one time I liked to read most of all (more than anything else).*

You will use **все** to refer to things, however, in sentences where you are comparing one object with other objects of the same kind.

Его последняя статья была интереснее **всех** (его статей).	*His last article was the most interesting (article).*

Упражнение 1. *Complete the comparison using the given words. Use the genitive whenever possible. Add other words as needed.*

1. Обменять квартиру труднее ___чем___ (купить новую).
2. Не всегда молодые люди энергичнее ___чем___ (пожилые).
3. Пополнеть легче ___чем___ (похудеть).
4. Мои братья прилежнее ___чем___ (другие дети).
5. Характер моей сестры лучше ___чем___ (мой).
6. Во фруктах больше витаминов ___чем___ (мясо).

Упражнение 2. *First write a sentence using the simple comparative of the given adjective. Then write a sentence in which the nouns being compared are reversed.*

Образец: Оля любит заботиться о людях, а Петя не любит. (добрый)
Оля добрее Пети. Петя менее добрый, чем Оля.

1. Костя всегда волнуется перед экзаменами, а Катя нет. (спокойный)
2. Верочка всегда всем верит, а Антон не верит. (доверчивый)
3. Один наш преподаватель русского языка очень любит разговаривать, а другой не любит. (разговорчивый)
4. Мой брат всегда спрашивает бабушку, как она себя чувствует, а я забываю. (внимательный)
5. Павлик всегда уходит гулять с товарищами перед экзаменами, а я остаюсь заниматься. (легкомысленный)
6. Оля занимается весь день, а Лена практически ничего не делает. (прилежный)
7. Характер моих братьев Саши и Димы трудно сравнивать — они очень похожи. Саша, правда, часто раздражается, а Дима нет. (раздражительный)

Упражнение 3. *Fill in the blanks with the best translation of the given English. Use simple comparatives whenever possible.*

1. Я никогда не видела ___скучнее___ (*a more boring*) фильма.
2. Мне нравятся ___скромнее___ (*more modest*) люди.
3. Я ___младше___ (*younger*) своего брата на десять лет.
4. У моего приятеля гораздо ___более строгие___ (*stricter*) родители, чем у меня.
5. Когда я живу в общежитии, я мечтаю о ___более вкусной___ (*tastier*) пище.

6. Саша гораздо _аккуратнее_ (*neater*) всех в своей семье.

7. Мои сёстры _легкомысленнее_ (*more frivolous*) и _ленивее_ (*lazier*) всех, кого я знаю.

8. Он намного _умнее_ (*smarter*) и _порядочнее_ (*decenter*) своей сестры.

✗ **Упражнение 4.** *Make comparisons from each pair of words.*

Образец: молодой — год
Мой брат моложе меня на год.

1. молодой — 3 года _моложе_
2. старый — 5 лет _старше_
3. длинный — 1 метр _длиннее_
4. высокий — 4 метра _выше_
5. короткий — 6 метров _короче_
6. низкий — 5 сантиметров _ниже_
7. дешёвый — 2 рубля _дешёвле_
8. дорогой — 6 рублей _дороже_
9. рано — 2 месяца _раньше_
10. поздно — 7 месяцев _позднее_

Это комната короче / чем та / той комнаты

✗ **Упражнение 5.** *Write sentences comparing the following pairs of objects.*

1. золото и серебро _дороже_
2. подросток и взрослый _зрелее_
3. солнце и луна _больше_
4. юг и север _теплее_
5. день и ночь _длиннее_
6. зима и лето _темнее_
7. яблоко и апельсин _слаще_
8. кот и собака _изящнее_
9. хлопок и синтетика _пушистее_   _полезнее_

Superlatives

Adjectives also have simple and compound superlative forms. The simple form, which is formed by adding **-ейш-** or **-айш-** to the stem of the adjective, does not express a true comparison so much as it does an emotional involvement on the part of the speaker. Adjectives which are typically used in this way include: **ближайший, величайший, глубочайший, добрейший, интереснейший, милейший, простейший, труднейший, умнейший,** and **широчайший.**

аккуратнее всех

Моя подруга Люда **милейший** человек!	*My friend Lyuda is the nicest person!*

The compound superlative, which expresses a true comparison and which you will, therefore, have much more occasion to use, is formed simply by using **са́мый** with the positive degree of the adjective. Both words agree with their nouns in gender, number, and case. The compound superlative may be used in either the attributive or the predicative position.

У меня **самая ласковая** собака на свете.	*I have the most affectionate dog in the world.*
Мой брат **самый скромный** в нашей семье.	*My brother is the most modest person in our family.*

A few adjectives by way of exception have a declinable simple form which, depending on the context, is either comparative or superlative in meaning.

хороший	лу́чший
плохой	ху́дший
старый	ста́рший
молодой	мла́дший
высокий	вы́сший
маленький	ме́ньший
большой	бо́льший

Some of these adjectives have special connotations. The pair **старший** and **младший** refer not so much to chronological age as they do to position in a hierarchy.

Иван Борисович работает **младшим** научным сотрудником.	*Ivan Borisovich is a junior research worker.*
Младшему брату вчера исполнилось пятьдесят лет.	*My younger brother turned fifty yesterday.*
У неё **более молодая** бабушка, чем у других.	*She has a younger grandmother than the others do.*

Similarly, the word **высший** also has abstract connotations.

Ирина получила **высшее** образование в Москве.	*Irene received her higher education in Moscow.*
Верховый Совет — **высший** орган власти.	*The Supreme Soviet is the highest political authority.*

These adjectives may also be intensified with **самый.**

Это мой **самый младший** брат.	*This is my youngest brother.*
Он мой **самый лучший** друг.	*He's my very best friend.*

Женские пальто

One may also intensify these simple forms by prefixing them with **наи-.** These forms are characteristic of formal speech.

Примите мои **наилучшие** пожелания. *Accept my best wishes.*

The superlative degree of adverbs, as we have already seen, can be expressed only by using the comparative degree followed by the genitive of **всё** or **все.**

Ваня любит читать **больше всего.** *Vanya likes to read most of all (more than anything else).*

Ваня любит читать **больше всех.** *Vanya likes to read most of all (more than anyone else).*

Упражнение 6.   *Fill in the blanks with the best translation of the given English.*

1. ___Самая большая___ *(The biggest)* в мире картинная галерея — музей Эрмитаж в Ленинграде.
2. Ирехóн является ___самым старым   старейшим___ *(the oldest)* городом в мире.
3. ___Самая высокая   высочайшая___ *(The highest)* гора в мире — Эверéст.
4. Родители всегда ___больше всего___ *(most of all)* беспокоились о своей ___младшей___ *(youngest)* дочери.

самые хорошие

5. В концерте участвовали ___лучшие___ (*the best*) исполнители
    русских народных песен.
6. Женя написал сочинение ___хуже всех___ (*worst of all*).

Translating *same, different,* and *also*

It sometimes happens that when we compare two objects we discover that they
are the same or that they are different. Unfortunately, there is no single word that
conveys either of these ideas in Russian. Sometimes, when you are establishing that
two objects are in fact identical, it is best conveyed by **один.**

> Мы с ним из **одного** города.   *He and I are from the same town.*
>
> Мы учимся в **одном**   *We go to the same university.*
> университете.

You may also establish the identity of two objects by using the demonstrative
pronoun **тот** and the intensifying particle **же.**

> Виктор работает в мебельном   *Victor works at a furniture store, and*
> магазине, и я работаю в **том же**   *I work at the same store.*
> магазине.

If you wish to say that two things are not actually identical but merely alike, you
may use **такой же.**

> У Володи большие карие глаза, и   *Volodya has big brown eyes, and his*
> у его сына **такие же** глаза.   *son has the same eyes.*

It is also possible to use **же** following certain adverbs.

> Когда я учился в Ленинграде,   *When I was going to school in*
> я жил в общежитии на   *Leningrad, I lived in a dormitory on*
> Васильевском острове.   *Vasilevsky Island. It turned out that*
> Оказалось, что мой приятель   *my friend lived in the same place.*
> жил **там же.**

> В прошлом году мы отдыхали в   *Last summer we vacationed in a*
> прекрасном месте. Этим летом мы   *marvelous spot. This summer we want*
> хотим поехать **туда же.**   *to go to the same place.*

> Вы из Киева? И я **оттуда же.**   *Are you from Kiev? I'm from the*
>   *same place.*

> —Моему брату 18 лет. А твоему?   *My brother is 18. What about yours?*
> —Ему **столько же.**   *He's the same age.*

It is possible to combine the words **один** and **тот же** for emphasis. The result is
an expression very much like *one and the same* in English.

| Оказалось, что мы из **одного и того же** города! | *It turned out that we were from one and the same town!* |

The word **самый,** which is used in the superlative construction, may be used alone to mean *close to a limit,* in which case it is translated as *very.*

| Ваза стояла на **самом** краю стола. | *The vase stood on the very edge of the table.* |

It is also possible to combine **самый** and **тот же** for emphasis. The result is an expression similar to *the very same* in English. Under no circumstances may **самый** be used alone to mean *the same.*

| В комнату вошла **та же самая** девушка. | *The very same girl walked into the room.* |

You may also say that two things are the same by saying that one of them is *as . . . as* the other. In Russian, this idea is rendered by **такой (же)..., как (и)** and **так (же)..., как (и).** The use of **же** and **и** is optional. The decision to use the long form **такой** or the short form **так** is made as under other circumstances, that is, **такой** is used with nouns and long-form adjectives, and **так** is used with short-form adjectives, adverbs and verbs. It is also possible to negate this construction.

Он **такой же** умный, **как и** его отец.	*He is just as smart as his father.*
Вчера было **так же** холодно, **как** сегодня.	*It was as cold yesterday as it is today.*
Вчера было **не так** холодно, **как** сегодня.	*It wasn't as cold yesterday as it is today.*

Another type of comparison uses the word *also.* Again, there is no single way to translate this word, since the usage of the closest Russian equivalents **тоже** and **также** differs from English usage. In all of the examples below, the sentences with **тоже** introduce a new topic (as opposed to new information about an old topic.) The sentences with **также** offer new information about an old topic. In all of the sentences with **также** the English *too* or *also* may be replaced by *in addition.* This substitution is not possible in any of the sentences with **тоже.**

Володя очень весёлый и общительный. Его жена Марина **тоже** очень общительная женщина.	*Volodya is very cheerful and sociable. His wife Marina is also a very sociable woman.*
Володя не только трудолюбивый человек, он **также** энергичный и деловой.	*Volodya is not only an industrious person; he's also energetic and practical.*
Володя очень внимателен к людям, и Марина **тоже.**	*Volodya is very attentive to other people, and Marina is, too.*

У Петра Сергеевича есть своя квартира, и у Марины Алексеевны **тоже.**	*Pyotr Sergeevich has his own apartment, and Marina Alekseevna does, too.*
У Петра Сергеевича есть своя квартира. У Петра Сергеевича **также** есть своя дача под Ленинградом.	*Pyotr Sergeevich has his own apartment, and he has a dacha near Leningrad, too.*

The word **также** tends to be used in more formal speech. Another, more colloquial way to say *also* in the sense of *in addition* is to substitute **и ещё** for **также.**

У Петра Сергеевича есть своя квартира **и ещё** дача под Ленинградом.	*Pyotr Sergeevich has his own apartment and a dacha near Leningrad, too.*
Я люблю гулять, играть в теннис **и ещё** я люблю купаться.	*I like walking, playing tennis, and swimming as well.*
Я был в Киеве, Ленинграде, Москве **и ещё** я заехал в Уфу.	*I've been to Kiev, Leningrad and Moscow, and I went to Ufa, too.*

You may also preface an additional thought that you want to add to what you were just saying with **и ещё.** Remember that you *never* begin a sentence with **тоже.**

И ещё я хочу сказать, что...	*And I also want to say, that . . .*

The English word *different* is generally glossed as **другой** or as **разный.** Remember that **другой** means different in the sense of *other* or *another,* while **разный** means *various, different in kind.*

Эта блузка мне не нравится. Покажите мне, пожалуйста, **другую.**	*I don't like this blouse. Please show me a different one.*
На столе стояло много **разных** закусок.	*There were a lot of different appetizers on the table.*

Упражнение 7. *Translate into idiomatic Russian.*

Dear Parents,

I hope that you are less worried about me after our telephone conversation. As I told you, I already feel the difference between life at home and at the university. I have much less time for fun. At first that worried me a lot, but now I have gotten to know my neighbor Sasha a little better, and I have calmed down. Sasha is much more serious than I am. She is the most responsible, conscientious, and diligent of all the students I know. But she also likes to laugh and joke. She has already become my best friend, and I hope that I will also become less frivolous and lazy. You don't need to worry about me. When I come home for vacation, I will be a more grown-up and practical girl. I will probably be writing to you less often, but I promise to telephone more often.

Kisses,
Your Anya

Я друга жду

These advertisements are taken from the publication ‹‹Московские брачные объявления››. *Discuss them with your classmates and then write a letter in answer to one of them. Be sure to describe yourself and your interests in your letter!*

Объявления о женщинах

Высокая, стройная шатенка, привлекательная, 24 лет, рост 172, врач по профессии, родители — тоже врачи и доброжелательные, современные люди, создаст семью с серьёзным человеком до 35 лет.

доброжела́тельный *kind*
созда́ть *to establish*

Девушка 21 года, рост 168, привлекательная, средней комплекции, замужем не была, образование среднее, живёт с родителями, познакомится с положительным молодым человеком.

положи́тельный *decent*

Блондинка с красивыми голубыми глазами, 26 лет, рост 169, детей нет, образование высшее, хорошая хозяйка, создаст семью с добрым серьёзным человеком до 32 лет.

Молодая девушка 23 лет, рост 170, брюнетка с чёрными глазами, заканчивает институт, создаст семью с человеком от 25 до 30 лет.

Объявления о мужчинах

Привлекательный брюнет 26 лет, рост 172, у родителей — дом в Подмоско́вье, любит театр, создаст семью с блондинкой до 26 лет, можно с ребёнком.

Привлекательный брюнет 21 года, рост 180, очень необщителен, познакомится с девушкой соответствующего возраста.

соотве́тствующий *corresponding*

Молодой человек 26 лет со спокойным характером, рабочей профессии, очень простого образа жизни, любит птиц, природу, создаст семью со скромной, простой девушкой до 25 лет.

о́браз жи́зни *way of life*

Врач 25 лет, аспирант, рост 183, обычной внешности, много занимается наукой, познакомится с девушкой от 19 до 24 лет, желательно учительницей или из гуманитарной сферы.

жела́тельно *preferably*

Задания

1. *Try to match the people who submitted advertisements to* ‹‹Московские брачные объявления››. *Be prepared to discuss your choices.*

2. *After exchanging several letters with the person whose advertisement you answered, you have decided to meet. Explain where and when you wish to meet and describe yourself and what you will be wearing so that your friend can recognize you.*

3. *Write your own advertisement to submit to* ‹‹Московские брачные объявления››.

4. *In the following excerpt adapted from the short story* ‹‹В трамвае››, *Yury Nagibin describes two girls. After reading the excerpt, describe the girls in your own words. What do you think accounts for the difference in their appearance and behavior?*

Я возвращался трамваем из пригорода, куда меня привело случайное дело. Вагон был пуст, я прошёл к передней площадке и занял место у открытого окна.
У новых домов в вагон вошли две девушки. Девушки были примерно ровесницами, и всё же

приме́рно *approximately*

про одну из них хотелось сказать: старшая.
Не только потому, что в отличие от подруги,
носившей школьную форму, она была одета
‹‹по-взрослому›› — голубая кофточка, чёрная
плиссированная юбка, туфли на высоком
каблуке, — но и потому, что такой её делал
влюблённый, чуть снизу вверх, взгляд школьницы. Их отношения были отношениями
старшей и младшей: мягко покровительственные
с одной стороны и преданные с другой.

   Старшая была выше, стройнее,
темноволосая, со смугловатой кожей и тёмными
глазами. Она принадлежала к тому типу девушек,
что рано созревают и в десятом классе кажутся
переростками, несколько смешными и нелепыми.
Но, скинув с себя всё школьное, выходят в
широкий мир в новом, неузнаваемом,
пленительном образе, как бабочки из
куколок. В другой девушке, рыжеватой
блондинке, розовощёкой и зеленоглазой,
было много зыбкого.

в отли́чие *in contrast*

плиссиро́ванный *pleated*

взгляд *gaze*

покрови́тельственный *protective*
пре́данный *loyal*

смуглова́тый *swarthy*

созрева́ть *to mature*
перерóсток *overgrown* /
 нелéпый *awkward*
скúнуть *to throw off*
неузнава́емый *unrecognizable*
пленúтельный *captivating* /
 ба́бочка *butterfly*
кýколка *cocoon*

зы́бкий *fluctuating*

5. *A test like this appeared in* ‹‹Литературная газета››. *The object of the game is to describe the mood depicted in each face in a word or two.*

Тест на самопроверку

Понимаете ли вы язык мимики?

Перед вами двенадцать выражений лица, в которых художник закодировал двенадцать эмоциональных состояний человека. Попытайтесь их расшифровать.

6.   *Recommend one of your classmates for a study abroad program. You may use the following report as a model.*

ХАРАКТЕРИСТИКА
ученика 10 А класса средней школы № 4
с углублённым изучением французского языка
Василеостровского района Ленинграда
ЛОГИНОВА АЛЕКСЕЯ АЛЕКСАНДРОВИЧА
1972 года рождения

За годы обучения в школе № 4 Логинов Алексей показал себя как человек разносторонних интересов: ему хорошо давались и предметы политехнического цикла и французский язык. Он много читает, интересуется театром, хорошо поёт. Неоднократно играл в школьных спектаклях на русском и французском языках.

разносторо́ний *multifaceted*

неоднокра́тно *repeatedly*

Человек добрый, отзывчивый, преданный друг, Логинов Алексей пользуется уважением товарищей.

отзы́вчивый *responsive* / **пре́данный** *loyal*

7.   *Every student of Russian knows that Lake Baikal is the deepest lake in the world. Compile your own list of ten significant statistics. The first has been done for you.*

   1.   Озеро Байка́л — самое глубокое озеро в мире.

Полицейские и воры

В каких вы отношениях?
Как вы к нему относитесь? прислал фотографии.
Как ты относишься к тому, чтобы пойти сегодня на дискотеку?
В каких отношениях были преступник и жертва?

Словарь

отноше́ния (*р.* **отноше́ний**)
relationship

относи́ться (**отношу́сь,** *как*
отно́сишься) *несов.,* к кому, к
чему? to relate to; *сов.* *плохо*
отнести́сь (**отнесу́сь,** *хорошо*
отнесёшься; отнёсся, *с любовью*
отнесла́сь) *с уважением*

не
знако́мить (**знако́млю,** *вин. п.*
знако́мишь) *несов.,* с кем, с *кого*
чем? to introduce; *сов.* *кого? с кем?*
познако́мить; *возвр.* *3 человека*
знако́миться/ *человека с кем*
познако́миться to meet[1]

знако́мый (**знако́м**) familiar
незнако́мый (**незнако́м**)
unfamiliar

знако́мый (*р.* **знако́мого**)
acquaintance[2]

представля́ть *несов.,* кому? *кого? вин.*
to introduce; *сов.* **предста́вить** *кого?*
(**предста́влю, предста́вишь**);
возвр. **представля́ться/**
предста́виться[1] *кому*

встре́ча (**на**) meeting
встреча́ть *несов.* to meet; *сов.* *вин. падеж*
встре́тить (**встре́чу,** *кого?*
встре́тишь); *возвр.*
встреча́ться/встре́титься,
с кем?[1,2]

свида́ние (**на**) appointment, date
назнача́ть ~ *несов.,* с кем?
to make an appointment; *сов.*
назна́чить ~

расстава́ние parting

я вчера был на свидании

расстава́ться (расстаю́сь,
расстаёшься) *несов., с кем?*
to part; *сов.* **расста́ться**
(расста́нусь,
расста́нешься)
броса́ть *несов.* to abandon; *сов.*
бро́сить (бро́шу, бро́сишь)

дру́жба friendship
дру́жный friendly
друг (*мн.* **друзья́**) friend[2]
подру́га friend[2]
прия́тель *м.;* **прия́тельница**
friend[2]
сопе́рник rival
вражда́ hostility
враждебный hostile
враг (*р.* **врага́**) enemy
любо́вь (*р.* **любви́,** *тв.*
любо́вью) love
люби́ть (люблю́, лю́бишь)
несов. to like, love; *сов.*
полюби́ть[3]
влюбля́ться *несов., в кого?*
to fall in love; *сов.* **влюби́ться**
(влюблю́сь, влю́бишься)
влюблённый (влюблён,
влюблена́) *в кого?* infatuated,
in love
уха́живать *несов., за кем?* to
court
разлюби́ть (разлюблю́,
разлю́бишь) *сов.* to stop loving
не́нависть *ж.* hatred
ненави́деть (ненави́жу,
ненави́дишь) *несов.*
to hate

мир peace
ми́рный peaceful
мири́ть *несов.* to reconcile; *сов.*
помири́ть; *возвр.* **мири́ться/**
помири́ться с кем, с чем?
ссо́ра quarrel
ссо́риться *несов., с кем?* to
quarrel; *сов.* **поссо́риться**[4]

ве́рность *ж.* faithfulness
ве́рный faithful

изме́на treason, unfaithfulness
изменя́ть *несов., кому, с кем?*
to betray, be unfaithful to; *сов.*
измени́ть (изменю́,
изме́нишь)

спле́тни (*р.* **спле́тен**) gossip
спле́тничать *несов.* to gossip
ре́вность *ж.* jealousy
ревнова́ть (ревну́ю, ревну́ешь)
несов., к кому? to be jealous[5]

уваже́ние *к кому, к чему?* respect
уважа́ть *несов., за что?* to
respect
презре́ние *к кому, к чему?*
contempt
презира́ть *несов., за что?* to
despise

соглаша́ться *несов., с кем, с*
чем, на что? to agree; *сов.*
согласи́ться (соглашу́сь,
согласи́шься)
спор disagreement, argument
спо́рить *несов.* to disagree, argue;
сов. **поспо́рить**[4]
отка́з refusal
отка́зываться *несов., от чего?*
to refuse; **отказа́ться**
(откажу́сь, отка́жешься)

оби́да offense
обижа́ть *несов.* to offend; *сов.*
оби́деть (оби́жу, оби́дишь);
возвр. **обижа́ться/**
оби́деться *на кого, за*
что?
оби́дный offensive
оби́дчивый touchy
издева́ться *несов., над кем, за*
что? to mock

намёк hint
намека́ть *несов., на что?* to
hint; *сов.* **намекну́ть**
(намекну́, намекнёшь)
обвине́ние accusation

обвиня́ть *несов., в чём?* to accuse; *сов.* **обвини́ть**

упрёк reproach

упрека́ть *несов., в чём?* to reproach; *сов.* **упрекну́ть (упрекну́, упрекнёшь)**

оправда́ние justification, excuse

опра́вдывать *несов.* to justify, excuse; *сов.* **оправда́ть**; *возвр., перед кем, в чём?* **опра́вдываться/оправда́ться**

опа́сность *ж.* danger

опа́сный dangerous

пуга́ть *несов.* to frighten; *сов.* **испуга́ть**; *возвр.* **пуга́ться/испуга́ться** *кого, чего?*

боя́ться (II) *несов., кого, чего?* to fear, be afraid of

преступле́ние crime

престу́пный criminal

престу́пник criminal

мили́ция, *тк. ед.* Soviet police

милиционе́р Soviet policeman

поли́ция, *тк. ед.* police

полице́йский (*р.* **полице́йского**) policeman

сле́дователь *м.* inspector, investigator

свиде́тель *м.* witness

зако́н law
наруша́ть ~ *несов.* to break a law; *сов.* **нару́шить ~**

наблюда́ть *несов.* to observe

подозре́ние suspicion

подозрева́ть *несов., в чём?* to suspect

доказа́тельство evidence, proof

дока́зывать *несов.* to prove; *сов.* **доказа́ть (докажу́, дока́жешь)**

допра́шивать *несов.* to interrogate; *сов.* **допроси́ть (допрошу́, допро́сишь)**

признава́ться (признаю́сь, признаёшься) *несов., кому, в* чём? to admit, confess; *сов.* **призна́ться**

лови́ть (ловлю́, ло́вишь) *несов.* to catch; *сов.* **пойма́ть**

заде́рживать *несов.* to detain; *сов.* **задержа́ть (задержу́, заде́ржишь)**

аресто́вывать *несов., за что?* to arrest; *сов.* **арестова́ть (аресту́ю, аресту́ешь)**

аре́ст arrest

тюрьма́ (*мн.* **тю́рьмы, тю́рем**) prison
сажа́ть в тюрьму́ *несов.* to put in prison; *сов.* **посади́ть в тюрьму́ (посажу́, поса́дишь)**
сади́ться в тюрьму́ (сажу́сь, сади́шься) *несов.* to go to prison; *сов.* **сесть в тюрьму́ (ся́ду, ся́дешь; сел)**
сиде́ть в тюрьме́ (сижу́, сиди́шь) *несов.* to be in prison

борьба́ struggle, fight

боро́ться (борю́сь, бо́решься) *несов., с кем, против чего, за что?* to struggle, fight

напада́ть *несов., на кого, на что?* to attack; *сов.* **напа́сть (нападу́, нападёшь; напа́л)**

дра́ка fight, scuffle

дра́ться (деру́сь, дерёшься; дра́лся, драла́сь) *несов., с кем?* to fight; *сов.* **подра́ться**

уда́р blow

удара́ть *несов.* to strike; *сов.* **уда́рить**

бить (бью, бьёшь) *несов.* to hit, beat; *сов.* **поби́ть**

угрожа́ть *несов., кому, чем?* to threaten

защища́ть *несов.* to defend; *сов.* **защити́ть (защищу́,**

защити́шь); *возвр.*
защища́ться/защити́ться
спаса́ть *несов.* to save; *сов.*
спасти́ (спасу́, спасёшь;
спас, спасла́)

ограбле́ние robbery, burglary
гра́бить (гра́блю, гра́бишь)
несов. to rob; *сов.* огра́бить
граби́тель *м.* robber
воровство́ petty theft
ворова́ть (вору́ю, вору́ешь)
несов. to steal
вор (*мн.* во́ры, воро́в) thief
кра́жа theft
красть (краду́, крадёшь;
крал) *несов.* to steal; *сов.*
укра́сть

уби́йство murder

убива́ть *несов.* to kill, murder,
сов. уби́ть (убью́, убьёшь)
уби́йца *м. and ж.* murderer
стреля́ть *несов., в кого, во
что, из чего?* to shoot; *сов.*
вы́стрелить
ору́жие *тк. ед.* weapon
пистоле́т gun
души́ть (душу́, ду́шишь)
несов. to strangle; *сов.*
задуши́ть

случа́ться *несов.* to happen,
occur; *сов.* случи́ться
происходи́ть (происхо́дит,
происхо́дят) *несов.* to
happen, occur; *сов.* произойти́
(произойдёт, произойду́т;
произошёл, произошла́)

Vocabulary Notes

[1]The various verbs meaning *to introduce* and *to meet* are easily confused. The verbs **знакомить/познакомить** and **представлять/представить** are used to talk about introducing one person to another. Of them, **представлять/представить,** which literally means *to present,* is the more formal.

Я хочу вас **познакомить** со своим приятелем.	*I want to introduce you to my friend.*
Разрешите вам **представить** нашего преподавателя Ирину Михайловну.	*Permit me to present to you our teacher, Irina Mikhailovna.*

When these verbs are used reflexively, **знакомиться/познакомиться** means *to meet* in the sense of *to make someone's acquaintance,* and **представляться/представиться** means *to introduce oneself.*

Вчера я **познакомилась** с интереснейшим человеком.	*Yesterday I met a fascinating person.*
Следователь подошёл к Алексею и **представился.**	*The inspector walked up to Alexey and introduced himself.*

The verbs **встречать/встретить** and **встречаться/встретиться,** which are also translated as *to meet* in English, do not refer to making another person's acquaintance. When you use these verbs, remember that the verb **встречать/встретить** is transitive, that is, it takes a direct object, but that the verb **встречаться/встретиться** is used with **с** plus the instrumental case.

— Где ты был вчера?	*Where were you yesterday?*
— Я **встречал** знакомого на вокзале.	*I was meeting an acquaintance at the station.*
Я договорился **встретиться** с Игорем на углу.	*I agreed to meet Igor on the corner.*

[2]The various words for *friend* all have slightly different connotations. The most neutral of these words, **знакомый,** simply refers to someone you know. It corresponds to the English word *acquaintance.* The word **друг** always refers to a close friend, male or female. The word **подруга** means the female friend of another female. The words **приятель** and **приятельница** also mean *friend,* but the relationship is not as close as that implied by **друг.**

У него всегда было много **знакомых,** но мало **друзей.**	*He always had a lot of acquaintances but few friends.*
Три мушкетёра были настоящими **друзьями.**	*The three musketeers were real friends.*
Я вчера встретил на улице **приятеля,** с которым мы давно не виделись.	*Yesterday I ran into a friend whom we hadn't seen in a long time.*
Маша пойдёт вечером в гости к подруге.	*Masha is going to visit her girlfriend this evening.*

There is no single way to say *girlfriend* and *boyfriend* in Russian. These ideas are sometimes conveyed by the words **девушка** and **молодой человек** and sometimes by using the verb **встречаться** in the sense of *to date.*

У неё есть **молодой человек**?	*Does she have a boyfriend?*
У него есть **девушка**?	*Does he have a girlfriend?*
Она с кем-нибудь **встречается**?	*Is she dating anyone?*
Он с ней **встречается** два года.	*He's been going with her for two years.*

[3]The perfective verb **полюбить** describes the beginning of the emotion.

| Все сразу **полюбили** доброго и внимательного врача. | *Everyone took an instant liking to the kind and considerate doctor.* |

[4]The verbs **ссориться/поссориться** and **спорить/поспорить** are easily confused. **Ссориться/поссориться** is the more serious of the two. **Спорить/поспорить** is translated as *to argue,* but it can also be used to describe a friendly disagreement or discussion.

| Я с ним **поссорилась,** и мы перестали встречаться. | *He and I had a fight, and we stopped seeing each other.* |

Он всегда со мной несогласен; мы всегда **спорим.**	*He never agrees with me; we're always arguing.*

[5]When using the verb **ревновать,** use the accusative of the person about whom one is jealous and **к** and the dative of the person of whom one is jealous.

Коля **ревновал** Светлану ко всем мужчинам.	*Koyla was jealous of Svetlana and all men.*

Подготовительные упражнения

Adverbial Clauses

When narrating about events that occur in the past, present, or future times, one must pay particular attention to various means of expressing the relationship between them. One way to clarify the relationship between events is by specifying *when* they occur. The question **когда?** may be answered by an adverb of time in Russian.

— **Когда** ты будешь дома? — Я буду дома **сегодня вечером.**	*When will you be home?* *I'll be home this evening.*

Adverbs that answer the question **когда?** include **вчера́** (*yesterday*), **сего́дня** (*today*), **за́втра** (*tomorrow*), **позавчера́** (*the day before yesterday*), **послеза́втра** (*the day after tomorrow*), **одна́жды** (*once*), **давно́** (*a long time ago*), **неда́вно** (*recently*), **ра́ньше** (*previously*), **тепе́рь** (*now*), **сейча́с** (*right now*), **сра́зу** (*at once*), **снача́ла** (*first*), **пото́м** (*then, next*), **ра́но** (*early*), **по́здно** (*late*), **ско́ро** (*soon*), **во́время** (*on time*), **всегда́** (*always*), **обы́чно** (*usually*), **постоя́нно** (*constantly*), and **иногда́** (*sometimes*).

The question **когда?** may also be answered with an adverbial clause in Russian.

— **Когда** ты научился читать? — Я научился читать, **когда** мне было пять лет.	*When did you learn to read?* *I learned to read when I was five years old.*

Adverbial clauses may refer to the past, the present or the future.

Когда он был здесь, я была счастлива.	*When he was here, I was happy.*
Когда он здесь, я счастлива.	*When he is here, I am happy.*
Когда он будет здесь, я буду счастлива.	*When he is here, I will be happy.*

The fact that English uses a present tense verb in the last example and Russian does not sometimes creates translation problems. Remember that in adverbial clauses you must use the future tense to refer to the future time.

When using adverbial clauses, you must pay attention both to the tense and the aspect of the verbs you use. Typically, sentences that show sequential action use perfective verbs in both clauses, while sentences that show simultaneous action use imperfective verbs. It is also possible to show that an action in progress has been interrupted by a perfective action by using an imperfective verb in the adverbial clause and a perfective verb in the main clause.

Когда мы **съели** суп, Марина **поставила** на стол индейку.	*When we had eaten the soup, Marina put the turkey on the table.*

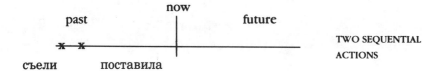

Когда мы **обедали,** Марина **рассказывала** о своей работе.

While we ate dinner, Marina told us about her work.

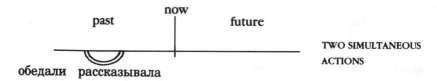

Папа **вошёл** в комнату, когда дети **дрались.**

Papa walked into the room when the kids were fighting.

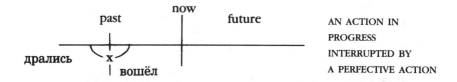

All of the examples that we have seen have shown single actions occurring either in sequence or simultaneously. Remember that repeated actions are also represented by imperfective verbs even though they may have occurred in sequence.

Когда друзья **встречались,** они всегда **шли** в своё любимое кафе.

Whenever the friends got together, they always went to their favorite cafe.

Московская милиция

Упражнение 1. *Combine the sentences by making one of them into an adverbial clause beginning with the word* **когда**. *Be careful when you decide which idea to subordinate.*

Образец: Митя пошёл на работу. Митя позавтракал.

Когда Митя позавтракал, он пошёл на работу.

1. Вера и Валерий назначили свидание на следующий вечер. Вера и Валерий познакомились.
2. Катя и Саня поссорились. Катя и Саня расстались.
3. Все на Костю начали нападать. Костя пришёл.
4. Хулиганы устроили драку. Милиция приехала и хулиганов арестовала.
5. В комнату вошли полицейские. Митя открыл дверь.

Упражнение 2. *Complete the sentences.*

1. Когда произошло убийство, ＿＿＿＿＿＿＿.
2. Когда надо мной смеются, ＿＿＿＿＿＿＿.
3. Когда Петю обидели, ＿＿＿＿＿＿＿.
4. Когда Саше угрожали пистолетом, ＿＿＿＿＿＿＿.
5. Когда сестра пришла домой, ＿＿＿＿＿＿＿.

6. Когда они кричат друг на друга, _____.

7. Когда дети спали, _____.

8. Когда мы спорим друг с другом, _____.

9. Когда Серёжу упрекнули во лжи, _____.

Упражнение 3.   *Fill in the blanks with the appropriate forms of the given verbs. Discuss possible variations.*

1. Когда мы *познакомились*   2 CB (знакомиться/познакомиться), она мне сразу понравилась.

2. Когда они *расстались* (расставаться/расстаться), Миша влюбился в другую девушку.

3. Когда мы случайно *встречались* (встречаться/встретиться), мы старались скрыть свою вражду.

4. Когда они *обычно ссорились поссорились* (ссориться/поссориться), они долго не разговаривали друг с другом.

5. Когда его *обвинили* (обвинять/обвинить) в краже, все друзья стали его презирать.

После аварии

Verbal Adverbs

Like adverbs of time and adverbial clauses, verbal adverbs may be used to answer the question **когда?**

Когда ты с ней споришь?	*When do you argue with her?*
Я **всегда** с ней спорю.	*I always argue with her.*
Когда я встречаюсь с ней, я с ней спорю.	*Whenever I see her, I argue with her.*
Встречаясь с ней, я с ней спорю.	*Whenever I see her, I argue with her.*

Imperfective verbal adverbs

If the action of an adverbial clause occurs simultaneously with the action of the main clause, and if the two actions are performed by the same subject, the adverbial clause may be replaced by an imperfective verbal adverb. Imperfective verbal adverbs may refer to the past, present, or future time.

Они **стояли** в аудитории, **представляя** членов Советской делегации.	*They were standing in the lecture hall, introducing members of the Soviet delegation.*
Они **стоят** в аудитории, **представляя** членов Советской делегации.	*They are standing in the lecture hall, introducing members of the Soviet delegation.*
Они **будут стоять** в аудитории, **представляя** членов Советской делегации.	*They will be standing in the lecture hall, introducing members of the Soviet delegation.*

Imperfective verbal adverbs are formed by replacing the last two letters of the third-person plural of an imperfective verb with **-я.** Stress is generally as in the first-person singular. All normal spelling conventions apply.

		читá-ют	**читáя**
		вúд-ят	**вúдя**
		мó-ют-ся	**мóясь**
	держý	дéрж-ат	**держá**
BUT	сижý	сид-я́т	**сúдя**

Imperfective verbs with conjugation patterns like that of **давáть** form verbal adverbs not from the third-person plural but from the infinitive: **давáть – давáя, вставáть – вставáя, узнавáть – узнавáя.**

The following types of verbs do not form imperfective verbal adverbs: (1) verbs with conjugation patterns like that of **пить** and **бить**; (2) verbs like **печь** and **мочь** whose infinitives end in **-чь**; (3) verbs like **гибнуть** whose infinitives end in **-нуть.** In addition, the following individual verbs do not have imperfective verbal adverbs: **писать, петь, звать, ждать, ехать, хотеть, бежать.** For some of these verbs there are acceptable substitutions, while for others the construction is simply avoided.

Я стоял внизу **и ждал** приятеля.	*I was standing downstairs waiting for my friend.*

Я стоял внизу, **ожидáя** приятеля.	*I was standing downstairs waiting for my friend.*
Я не хотел его ни в чём обвинять, и поэтому я молчал.	*I didn't want to accuse him of anything and therefore was silent.*
Не желáя его ни в чём обвинять, я молчал.	*Not wishing to accuse him of anything, I was silent.*

The verb **быть** has an irregular verbal adverb: **бýдучи.**

Упражнение 4. *Replace the verbal adverb constructions with adverbial clauses beginning with the word* **когда.** *Pay close attention to the tense of the verb of the main clause.*

Образец: Готовя обед, Женя слушает радио.

Когда Женя готовит обед, он слушает радио.

1. Представляясь, Иван Николаевич всегда называет своё имя и отчество.
2. Каждый раз влюбляясь, Саня говорит, что это — любовь навсегда.
3. Назначая Лене свидание, Костя был уверен, что она опоздает.
4. Подозревая преступника в краже, следователь старался найти доказательства преступления.
5. Расставаясь до завтра, мы всегда целый час прощаемся.
6. Живя в дружной семье, дети не знают, как ужасно, когда родители постоянно ссорятся.
7. Оправдываясь в убийстве мужа, Зина обвинила его в измене.

Perfective verbal adverbs

If the action of an adverbial clause has occurred (or will have occurred) before the action of the main clause and if the two actions are performed by the same subject, the adverbial clause may be replaced by a perfective verbal adverb. Perfective verbal adverbs may refer to the past or the future.

Арестовáв преступника, милиционер **отвёз** его в тюрьму.	*Having arrested the criminal, the militiaman took him to prison.*
Арестовáв преступника, милиционер **отвезёт** его в тюрьму.	*Having arrested the criminal, the militiaman will take him to prison.*

To form a perfective verbal adverb, replace the **-л** of the masculine past tense with **-в** for nonreflexive verbs and with **-вши-** for reflexive verbs.

прочита́-л	**прочита́в**
взя-л	**взяв**
верну́-л-ся	**верну́вшись**

Verbs whose past tenses do not end in **-л** add the suffix **-ши** directly to the masculine past tense. These forms, although theoretically possible, are seldom used.

испе́чь	испёк	**испёкши**
вы́сохнуть	вы́сох	**вы́сохши**
запере́ть	за́пер	**за́перши**

A number of perfective verbs including all of the prefixed forms of **идти, нести, вести,** and **везти** form verbal adverbs that look like those of imperfective verbs. These forms function, however, as do all other perfective verbal adverbs.

прийти́	прид-у́т	**придя́**
привести́	привед-у́т	**приведя́**
принести́	принес-у́т	**принеся́**

Упражнение 5. *Replace the verbal adverb constructions with adverbial clauses beginning with the word* **когда.** *Pay close attention to the tense of the main verb.*

Образец: Ограбив обувной магазин, воры быстро уехали с места преступления.

Когда воры ограбили обувной магазин, они быстро уехали с места преступления.

1. Подружившись с Аркадием, я стал часто бывать у него в гостях.
2. Обидевшись на отца, Нина выбежала из комнаты.
3. Вернувшись домой, Валя приготовит нам обед.
4. Застегнув пальто на все пуговицы, подняв воротник и надев перчатки, дедушка, наконец, вышел на улицу.
5. Начальник сказал майору Про́нину, что арестовав важного преступника, он сможет поехать отдыхать.
6. Выйдя из дома, я вспомнил, что забыл зонтик.

Упражнение 6. *Replace the underlined verbs with verbal adverbs.*

Образец: Отец увидел меня и подошёл ко мне.

Увидев меня, отец подошёл ко мне.

1. Мы посмотрели спектакль и пошли в кафе.
2. Они расстались, и каждый из них пошёл к себе домой.

3. Они поссорились и быстро помирились.

4. Она ему поверила и не ошиблась.

5. Он её бросил и начал встречаться с другими женщинами.

6. Я надел куртку и вышел на улицу.

7. Он её встретил и обрадовался.

8. Они помирились и вместе пошли в гости.

Other uses of verbal adverbs

In all the examples of adverbial clauses that we have seen, the clause has both answered the question **когда?** and begun with the word **когда.** Adverbial clauses of time may also begin with other conjunctions, such as **пока** (*while*), **в то время как** (*while*), **как только** (*as soon as*), **с тех пор как** (*since*), **после того как** (*after*), or **перед тем как** (*before*). Other types of adverbial clauses answer other questions and begin with other words. An adverbial clause, for example, could also answer the question **почему?** (*why*), in which case it would begin with **потому что** (*because*) or **так как** (*since*). All these types of adverbial clauses as well as those that begin with the word **если** may be replaced by verbal adverbs.

Я доверяла этому человеку,
потому что я его хорошо
знала.
Хорошо **зная** этого человека, я
ему доверяла.

I trusted that man because I knew him well.

Если вы **пройдёте** по конкурсу,
вы сможете поступить в
институт.
Пройдя по конкурсу, вы
сможете поступить в институт.

If you pass the entrance exams, you will be able to enroll in the institute.

Упражнение 7. *Replace the adverbial clauses with verbal adverbs.*

1. Когда я приглашаю гостей, я стараюсь, чтобы им было весело.

2. Когда мама обижается на меня, она перестаёт со мной разговаривать.

3. Мы спорили об этом фильме, когда возвращались домой.

4. Я не мог пригласить вас в гости, потому что не знал вашего телефона.

5. Когда мы расставались, мы всегда долго молчали.

6. Когда подруги встречались, они рассказывали друг другу все новости.

7. Мы спешили домой, потому что боялись опоздать к обеду.

8. Все смеялись, когда слушали его рассказ.

Упражнение 8.   *Replace the adverbial clauses with verbal adverbs.*

1. Как только я *рассталась* рассталась с приятелем, я поспешила в магазин за продуктами.

2. После того как я влюбился, я перестал заниматься.

3. Когда мой брат *ухаживал* ухаживал за Олей, он часто приглашал её в театр.

4. Как только Игорь со мной *подружился,* подружился, он познакомил меня со всеми своими приятелями.

5. Когда я *опоздав* опоздала на свидание, я долго извинялась.

6. Как только Марк узнал об их ссоре, он перестал им звонить.

7. Если вы с ней *познакомившись,* познакомитесь, вы сможете попросить её помочь вам устроиться на работу.

8. Так как Лена обиделась на Диму, она перестала с ним общаться.

9. После того как я *помир* помирюсь с братом, я перестану быть таким мрачным.

10. Я не могу хорошо относиться к Саше, так как я поссорилась с ним.

11. Если Слава упрекнёт его во лжи, он будет неправ.

12. Он не может купить себе новый телевизор, так как он потратил все деньги на путешествие в Европу.

Упражнение 9.   *Replace one of the verbs in each sentence with a verbal adverb. Be careful in deciding which verb you wish to subordinate.*

1. Я встретился с ним и посоветовал ему помочь Пете.

2. Она занимается русским языком, но одновременно интересуется международными отношениями и историей России.

3. Мы познакомились с Вавиловыми и пригласили их к себе в гости.

4. Я посмотрел на часы и понял, что нам пора расставаться.

5. Милиционеры осмотрели квартиру и уехали.

Упражнение 10.   *Complete the sentences.*

1. Уйдя в кино, _____.

2. Поверив ему, _____.

3. Поссорившись с родителями, _____.

4. Влюбившись в неё, _____.

5. Встретившись с друзьями, _____.

6. Разлюбив его, _____.

7. Согласившись со мной, _____.

Упражнение 11.   *Write a brief narrative paragraph using the following verbs. Pay particular attention to problems of tense and aspect.*

знакомиться/познакомиться, встречаться/встретиться, влюбляться/влюбиться, упрекать/упрекнуть, изменять/изменить, обижаться/обидеться, извиняться/извиниться, мириться/помириться

В будуаре

First, read the text on page 100 and answer the questions that follow on the basis of this drawing. After analyzing the situation, write a story in which you first describe the scene of the crime and then explain what, in your opinion, occurred.

Тело Маргариты Ку́рочкиной лежало на полу в её спальне. В сломанной клетке лежала убитая канарейка.

Полиция допросила следующих подозреваемых людей: двух молодых людей, ухаживавших за Маргаритой — Николая Петухо́ва и Юрия Уткина, её домработницу Светлану Гу́сину. Полицейские также задержали известного в городе грабителя Константина Пти́чкина, который в это время был случайно на свободе.

1. Как погибла Маргарита? Её задушили? Убили выстрелом? Зарезали?

2. Остались ли в комнате следы борьбы?

3. Был ли убийца сильным человеком?

4. Любила ли Маргарита драгоценности?

5. Ограбили ли её?

6. Был ли убийца знаком с Маргаритой?

7. Каковы могли быть мотивы убийства? Из мести? Из ревности? С целью ограбления?

8. Кто, по-вашему, убил Маргариту?

Словарь

месть *ж.* revenge
шкату́лка box

Задания

1. *As luck would have it, you saw all four suspects in the Kurochkina murder leaving the scene of the crime. Assist the police by describing each of the suspects. Don't forget to describe what they were wearing at the time you saw them.*

2. *Although you were never close friends, you have known Margarita Kurochkina for a number of years. Explain to the police what kind of a person she was and what you understood her relationship with the four suspects to have been.*

3. *The following description of a murder scene has been adapted from* «Я следователь», *a murder mystery by the popular Soviet crime writers Arkady and Georgy Vayner. Make a sketch of the scene of the crime on the basis of their description.*

На расстоянии 120 сантиметров от обочины шоссе трава хранит контуры человеческого тела. В двух метрах от контуров тела, в траве обнаружены три стреляные гильзы пистолетных патронов типа «ТТ». Здесь же находится обломок сигареты с фильтром, с надписью латинским шрифтом «Люкс». Прямо на обочине найден окурок такой же сигареты.

расстоя́ние *distance /*
обо́чина *side /*
храни́ть *to preserve*

обнару́жить *to discover /*
ги́льза *cartridge*

обло́мок *fragment*

на́дпись *inscription*

оку́рок *butt*

Непосредственно на обочине шоссе, в 25 сантиметрах от асфальтового покрытия, обнаружен след автомобильного протектора длиной 70 см, шириной 16 см. В тридцати шести метрах от этого места по шоссе, в сторону Судака́, на той же обочине обнаружены два следа автопротектора аналогичного вида длиной 62 и 20 см, шириной 16 см.

Осмотр окончен в 16 часов 50 минут.

непосре́дственно *directly*

след *print* / **проте́ктор** *tread*

4. *In* ‹‹Я следователь›› *the Vayner brothers also describe the results of a search of the apartment of one of the suspects. The object of this particular search was to link the suspect with the victim, who happened to be wearing imported clothing. Using the Vayners' description as a model, describe what you imagine the results of searches of the apartments of the four suspects in the Kurochkina murder might yield.*

Протокол обыска

При обыске обнаружено и изъято:

1. Импортного производства свитер новый, синтетический, белый, с ярко-красным прямоугольным рисунком, размер 52, фирмы ‹‹Текса де люкс››.

2. Импортного производства брюки новые, дакроновые, светло-серого цвета, размер 52, в импортном целлофановом пакете.

Других вещей импортного производства не обнаружено.

произво́дство *manufacture* **прямоуго́льный** *rectangular*

5. *You are also a suspect in the Kurochkina murder and have just been asked the fateful question* ‹‹Расскажите подробно, где вы были и что делали позавчера››. *Respond as fully as possible.*

Надо, надо умываться по утрам и вечерам

после завтрака

Словарь

ва́нна bath
принима́ть ва́нну *несов.* to take a bath; *сов.* **приня́ть ва́нну** (приму́, при́мешь; при́нял, приняла́)
душ shower
принима́ть ~ *несов.* to take a shower; *сов.* **приня́ть ~** (приму́, при́мешь; при́нял, приняла́)
умыва́ться *несов.* to wash (hands and face); *сов.* **умы́ться** (умо́юсь, умо́ешься)
мыть (мо́ю, мо́ешь) *несов.* to wash; *сов.* **вы́мыть** and **помы́ть ~ го́лову** to wash one's hair, shampoo
возвр. **мы́ться/вы́мыться** and **помы́ться**[1]

мы́ло soap
шампу́нь *м.* shampoo
полоте́нце (*р. мн.* **полоте́нец**) towel
вытира́ть *несов.* to wipe, dry; *сов.* **вы́тереть** (вы́тру, вы́трешь; вы́тер, вы́терла)
зубна́я щётка (*р. мн.* **щёток**) tooth brush
зубна́я па́ста tooth paste
чи́стить зу́бы (чи́щу, чи́стишь) *несов.* to brush one's teeth; *сов.* **почи́стить зу́бы**

весы́ (*р.* **весо́в**) scale
ве́сить (ве́шу, ве́сишь) *несов.* to weigh *v.i.*[2]
взве́шивать *несов.* to weigh *v.t.;* *сов.* **взве́сить** (взве́шу,

взве́сишь); *возвр.*
взве́шиваться/взве́ситься[2]

парикма́хер barber, hairdresser
парикма́херская (*р.*
  парикма́херской) barber
  shop, beauty parlor
причёсывать *несов.* to comb
  hair; *сов.* причеса́ть
  (причешу́, причёшешь); *возвр.*
  причёсываться/
  причеса́ться[1]
причёска (*р. мн.*
  причёсок) hairdo
  де́лать причёску *кому?*
    несов. to do someone's hair;
    сов. сде́лать причёску
стричь (стригу́, стрижёшь,
  стригу́т; стриг, стри́гла)
  несов. to cut, trim (hair, nails);
  сов. постри́чь; *возвр.*
  стри́чься/постри́чься[3]
стри́жка (*р. мн.* стри́жек) hair
  cut
расчёска (*р. мн.*
  расчёсок) comb
щётка (*р. мн.* щёток) brush

брить (бре́ю, бре́ешь)
  несов. to shave; *сов.* побри́ть;
  возвр. бри́ться/побри́ться[1]
бри́тва razor

губна́я пома́да lipstick
кра́сить (кра́шу, кра́сишь)
  несов. to paint, dye; *сов.*
  накра́сить
    ~ гу́бы to put on lipstick
    ~ но́гти to paint nails
  возвр. кра́ситься/
    накра́ситься to put on
    makeup
духи́ (*р.* духо́в) perfume
души́ться (душу́сь, ду́шишься)
  несов., чем? to put on perfume;
  сов. надуши́ться
устава́ть (устаю́, устаёшь)
  несов. to get tired; *сов.* уста́ть
  (уста́ну, уста́нешь)

зева́ть *несов.* to yawn; *сов.*
  зевну́ть (зевну́, зевнёшь)
засыпа́ть *несов.* to fall asleep;
  сов. засну́ть (засну́,
  заснёшь)
спать (сплю, спишь; спал,
  спала́) *несов.* to sleep
  ложи́ться ~ *несов.* to go to
    bed; *сов.* лечь ~ (ля́гу,
    ля́жешь, ля́гут; лёг,
    легла́; ляг, ля́гте)
сни́ться *несов., кому?* to dream;
  сов. присни́ться[4]
сон (*р.* сна) sleep, dream
  ви́деть сон (ви́жу, ви́дишь)
    несов. to have a dream[4]
кошма́р nightmare
буди́ть (бужу́, бу́дишь)
  несов. to awaken *v.t.; сов.*
  разбуди́ть[5]
буди́льник alarm clock
просыпа́ться *несов.* to awaken
  v.i.; сов. проснуться
  (проснусь, проснёшься)[5]
высыпа́ться *несов.* to get enough
  sleep; *сов.* вы́спаться
  (вы́сплюсь, вы́спишься)

посте́ль *ж.* bed[6]
  стели́ть ~ (стелю́,
    сте́лишь) *несов.* to make a
    bed; *сов.* постели́ть ~
постельное бельё bed linen
матра́с mattress
одея́ло blanket
пододея́льник comforter cover
простыня́ (*мн.* про́стыни,
  про́стынь, простыня́х)
  sheet
поду́шка (*р. мн.* поду́шек) pillow
на́волочка (*р. мн.*
  на́волочек) pillow case

заря́дка calisthenics
  де́лать заря́дку *несов.* to
    do calisthenics; *сов.* сде́лать
    заря́дку
движе́ние movement, motion

дви́гать *несов.* to move; *сов.*
  дви́нуть (дви́ну, дви́нешь);
  возвр. **дви́гаться/дви́нуться**
маха́ть (машу́, ма́шешь) *несов.,*
  кому, чем? to wave; *сов.*
  махну́ть (махну́, махнёшь)
тро́гать *несов.* to touch; *сов.*
  тро́нуть (тро́ну, тро́нешь)
повора́чивать *несов.* to turn;
  сов. **поверну́ть (поверну́,**
  повернёшь); *возвр.*
  повора́чиваться/
  поверну́ться[7]
наклоня́ться to bend over; *сов.*
  наклони́ться (наклоню́сь,
  накло́нишься)
пры́гать *несов.* to jump; *сов.*
  пры́гнуть (пры́гну,
  пры́гнешь)

протя́гивать *несов.* to extend,
  offer; *сов.* **протяну́ть**
  (протяну́, протя́нешь)
достава́ть (достаю́, достаёшь)
  несов. to reach, obtain; *сов.*
  доста́ть (доста́ну,
  доста́нешь)
вынима́ть *несов.* to take out;
  сов. **вы́нуть (вы́ну, вы́нешь)**
брать (беру́, берёшь;
  брал, брала́) *несов.* to
  take; *сов.* **взять (возьму́,**
  возьмёшь; взял, взяла́)
хвата́ть *несов.* to grab; *сов.*
  схвати́ть (схвачу́,
  схва́тишь)
держа́ть (держу́, де́ржишь)
  несов. to hold

убира́ть *несов.* to pick up, clean
  up; *сов.* **убра́ть (уберу́,**
  уберёшь; убра́л, убрала́)[8]
поднима́ть *несов.* to pick up;
  сов. **подня́ть (подни́мешь;**
  по́днял, подняла́)[8]
опуска́ть *несов.* to lower; *сов.*
  опусти́ть (опущу́, опу́стишь)
скрыва́ть *несов.* to hide; *сов.*
  скрыть (скро́ю, скро́ешь);
  возвр. **скрыва́ться/скры́ться**

броса́ть *несов.* to throw; *сов.*
  бро́сить (бро́шу, бро́сишь)
роня́ть *несов.* to drop; *сов.*
  урони́ть (уроню́, уро́нишь)
поскользну́ться
  (поскользну́сь,
  поскользнёшься) *сов.* to slip
  (and fall)
па́дать *несов.* to fall; *сов.* **упа́сть**
  (упаду́, упадёшь; упа́л)
разбива́ть *несов.* to break,
  shatter; *сов.* **разби́ть**
  (разобью́, разобьёшь);
  возвр. **разбива́ться/**
  разби́ться[9]
лома́ть *несов.* to break; *сов.*
  слома́ть; *возвр.* **лома́ться/**
  слома́ться[9]
рвать (рву, рвёшь; рвал,
  рвала́) *несов.* to tear; *сов.*
  порва́ть
испо́ртить (испо́рчу,
  испо́ртишь) *сов.* to ruin; *возвр.*
  испо́ртиться[9]
чини́ть (чиню́, чи́нишь)
  несов. to repair, mend; *сов.*
  почини́ть

Vocabulary Notes

[1]Be particularly careful to distinguish between verbs that have nonreflexive forms which must be used when the subject performs the action on someone or something other than himself, as well as reflexive forms which are used when the subject performs the action on himself.

Девочку взвешивают

Девочка **моет** куклу.	*The little girl is washing her doll.*
По утрам девочка долго **моется.**	*The little girl spends a long time washing in the mornings.*
Мать **причесала** мальчика, а девочка **причесалась** сама.	*Mother combed the boy's hair, and the girl combed her own hair.*

[2]The verbs that are translated as *to weigh* in English include a transitive verb, **взвешивать/взвесить,** which is used when the subject is weighing an object or another person, a reflexive verb, **взвешиваться/взвеситься,** which is used when the subject is weighing himself, and an intransitive verb, **весить,** which is used to indicate how much someone or something weighs. Although intransitive, the verb **весить** is used with the accusative of numbers.

В магазине мне **взвесили** 200 гр. сметаны.	*At the store they weighed out 200 grams of sour cream for me.*
Галя купила весы и теперь **взвешивается** на них каждый день.	*Galya bought a scale and now she weighs herself on it every day.*
Этот чемодан **весит** целую тонну.	*This suitcase weighs a ton.*

[3]The verb **стричь/постричь** may be used with the accusative either of the person or of the thing.

Детей пора **стричь.**	*It's time to give the kids a haircut.*
Маша **стрижёт** себе ногти на руках.	*Masha is cutting her fingernails.*

The reflexive forms **стричься/постричься** do not mean that you cut your own hair, but that you have it done.

Я **постриглась** в парикмахерской. Меня хорошо **постригли.**	*I had my hair cut at the beauty parlor. They did a good job.*

[4]The English verb *to dream* is translated with the verb **сниться/присниться.** Notice that when you use this verb the dream is the grammatical subject of the sentence while the person who has the dream is in the dative. It is also possible to *see a dream* (**видеть сон**) or to see someone or something *in a dream* (**во сне**).

Вчера мне **приснилась** моя мать.	*I dreamed about my mother yesterday.*
Мне **приснилось,** что все мои друзья уехали за границу.	*I dreamed that all my friends had gone abroad.*
Я вчера **видела** страшный **сон.**	*I had a terrible dream yesterday.*
Я видел тебя **во сне.**	*I dreamed about you.*

[5]When translating the English verb *to awaken,* it is necessary to distinguish between the transitive verb **будить/разбудить** and the intransitive **просыпаться/проснуться.**

Дети **разбудили** нас в 6 часов.	*The children woke us up at six o'clock.*
Лена обычно **просыпается** поздно.	*Lena usually wakes up late.*

[6]Although the words **кровать** and **постель** are frequently used synonymously, **кровать** technically refers to the piece of furniture, while **постель** refers to the bedding on it.

В углу стоит двухспальная **кровать.**	*A double bed stood in the corner.*
Я не люблю стелить **постель.**	*I don't like to make the bed.*

[7]The verb **поворачивать/повернуть** means *to turn* both in the sense of altering one's position and in the sense of altering one's direction. When using the verb in the first of these meanings, you should use the nonreflexive form when the subject is performing the action on an object or another person and the reflexive

form when the subject is performing the action on himself. The nonreflexive **поворачивать/повернуть** is used without a direct object, however, when used in the second sense and when a direction is specified.

Павел **повернул** стул к окну.	*Pavel turned the chair toward the window.*
Маша **повернулась** ко мне спиной.	*Masha turned her back on me.*
Машина **повернула** за угол.	*The car turned the corner.*

[8]The verb **убирать/убрать** means *to pick up* in the sense of *to take away*. Used figuratively, it can mean *to clean up* (a room, for example). **Поднимать/поднять** means *to pick up* in the sense of *to elevate*.

Убери со стола.	*Clear the table.*
Я сейчас **уберу** комнату.	*I'll clean my room right now.*
Я **поднял** с пола подушку и положил её на кровать.	*I picked up the pillow and put it on the bed.*
Старик с трудом **поднимался** по лестнице.	*The old man climbed the steps with difficulty.*

Notice that you cannot use the verb **чистить/почистить** (*to clean*) in the sense of *to clean a room*.

[9]Of the two verbs that mean *to break*, **разбивать/разбить** means *to break to pieces, to shatter,* while **ломать/сломать** has a broader meaning and can be used figuratively as well as literally. **Испортить,** which also may be used in the sense of *to break,* is used not only of objects but with abstract nouns as well. Use the reflexive forms when the broken item is the grammatical subject of the sentence.

Мальчик уронил стакан и **разбил** его.	*The boy dropped the glass and broke it.*
Я **разбил** свою машину.	*I totaled my car.*
Ваза упала с полки и **разбилась.**	*The vase fell off the shelf and broke.*
Мой внук упал и **сломал** себе руку.	*My grandson fell and broke his leg.*
У нас **сломался** телевизор.	*Our television is broken.*
У нас **испортилась** стиральная машина.	*Our washing machine is broken.*
У них **испортились** отношения, и они стали редко общаться.	*Their relationship was spoiled, and they began to see each other rarely.*

Подготовительные упражнения

Adjectival Clauses

In Lesson 5, we talked about three different ways to answer the question **когда?** — the adverb, the adverbial clause, and the verbal adverb. There are three comparable ways to answer the question **какой?** — the adjective, the adjectival clause, and the participle.

The question **какой?** elicits additional information about a noun. In Lesson 2, we discussed the use of adjectives to answer this question, but it is also possible to answer the question by providing additional information in an adjectival clause. In the English example below, the pronoun *her* refers to the word *woman* in the previous sentence. Because both words refer to the same person, it is possible to combine them into one sentence with a main clause and a subordinate adjectival clause. There are a number of ways to effect this combination in English, but only one way to do so in Russian.

That is the woman. I told you about her.		Это женщина. Я вам рассказывала о ней.

That is the woman about whom I told you.		
That is the woman who(m)	*I told you about.*	Это женщина, о которой я вам рассказывала.
That is the woman that	*I told you about.*	
That is the woman	*I told you about.*	

In both languages the speaker has made a decision about the main idea of the sentence (*That is the woman*) and is using the adjectival clause to clarify one of the words in the main clause (*I told you about her*).

Adjectives agree with the nouns they modify in gender, number, and case. The word **который,** which stands at the beginning of adjectival clauses in Russian, agrees with its antecedent in gender and number, but it derives its case from the way it is used within the adjectival clause. In the example above, **которой** is feminine singular because it refers to **женщина,** but it is in the prepositional case because it is the object of the preposition **о.** An easy test to determine whether you have selected the correct form of **который** is to compare it to the pronoun that you would use in a separate sentence. In the example that we have been discussing, **которой** must be feminine prepositional singular because it replaces the feminine prepositional singular pronoun in the phrase **о ней.**

Упражнение 1. *Combine the sentences below by replacing the pronoun in the second sentence with an appropriate form of* **который.**

1. Света сняла полотенце. Оно висело в ванной.

2. Мне понравилась Мишина стрижка. Её сделал его новый парикмахер.

3. В ГУМе продаются новые духи. О них мне рассказывала подруга.

4. Костя купил новую электрическую бритву. Она сразу испортилась. *которая*

5. Мне приснился сон. Я о нём никому не расскажу. *о котором я никому не расскажу*

6. Открылась дверь. Из неё вышли две девушки. *из которой*

7. Олег подал Наташе пальто. Она его надела. *gave* *которого put on она надела*

Упражнение 2. *Insert the word* **который** *in the required form. Add prepositions as needed.*

1. Я случайно разбила вазу, *в которую break* бабушка любила ставить цветы.

2. Я убрал комнату, *в которой* давно никто не жил.

3. Рая пошла в парикмахерскую, *которая barbershop cut hair* стрижётся её подруга.

4. Жанна выключила конфорку, *на которой boiled* кипел чайник.

5. Машина медленно двигалась по улице, *на которой crossed* мы жили.

6. Мальчик, *о котором laughed offended* смеялись дети, обиделся и ушёл домой.

7. Духи, *которые perfume hated* я так дорого заплатила, мне не понравились.

8. Я каждую неделю взвешиваюсь на весах, *которые weigh on the scale* стоят в ванной.

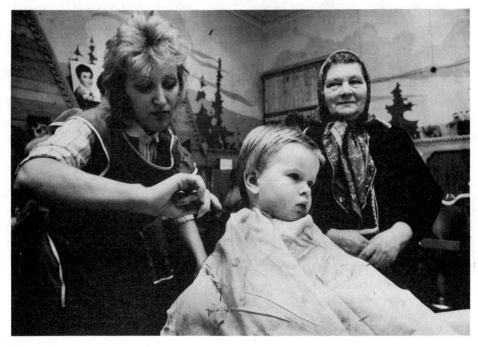

Мальчика стригут

Participles

Adjectival clauses are common in Russian. Some adjectival clauses may be replaced by participal constructions. A participle is an adjective derived from a verb. Like an adjective, it agrees with the noun that it modifies in gender, number, and case. There are four types of participles in Russian: present active, past active, present passive, and past passive. Each of them may be substituted for one particular type of adjectival clause. *Bear in mind that participles are not used as commonly in Russian as they are in English.* You should continue to use adjectival clauses in your spoken Russian and in your informal writing and save participles for formal compositions.

Present active participles

A present active participle may be used to replace an adjectival clause in which **который** is used in the nominative case and the verb is in the present tense. Present active participles are formed only from imperfective verbs.

В кровати лежит ребёнок, **который** крепко **спит.**	*In the bed there is a baby who is soundly sleeping.*
В кровати лежит крепко **спящий** ребёнок.	*In the bed there is a soundly sleeping baby.*
Мать смотрит на ребёнка, **который** крепко **спит** в детской кровати.	*The mother is looking at the baby who is soundly sleeping in its crib.*
Мать смотрит на ребёнка, **спящего** в детской кровати.	*The mother is looking at the baby soundly sleeping in its crib.*

Notice that the case of the participle is that of the noun that it modifies and that the phrase containing the participle is set off by commas when it follows that noun but not when it precedes it.

To form present active participles, replace the final **-т** of the third-person plural present-tense form with **-щ-** and add an adjectival ending in the proper gender, number, and case.

Сын помогает матери, **которая** **убирает** посуду со стола. Сын помогает матери, **убира́ющей** посуду со стола. (убира́ть, они убира́ют, убира́ющ-)	*The son is helping his mother, who is clearing the dishes from the table.*
Я попрощалась с приятелем, **который едет** в Москву. Я попрощалась с приятелем, **е́дущим** в Москву. (е́хать, они е́дут, е́дущ-)	*I said good-bye to my friend, who was going to Moscow.*

Я вижу в окне девушку, **которая**
улыбается прохожим.
Я вижу в окне девушку,
улыба́ющуюся прохожим.
(улыба́ться, они улыба́ются,
улыба́ющ- -ся)

I see a girl in the window who is
smiling at the people passing by.

The last sentence illustrates the rule that **-ся** is never contracted in participles.

In first-conjugation verbs, the stress of present active participles is the same as in the third-person plural, that is, **писа́ть, пи́шут, пи́шущий**. In second-conjugation verbs, the stress is generally as in the infinitive.

слы́шать	слы́шат	**слы́шащий**
боя́ться	боя́тся	**боя́щийся**
держа́ть	держу́, де́ржат	**держа́щий**
плати́ть	плачу́, пла́тят	**платя́щий**
проси́ть	прошу́, про́сят	**прося́щий**

Упражнение 3. *Insert the appropriate form of the participles given in parentheses.*

1. В машине, быстро _____ (повора́чивающий) на нашу улицу, сидят два полицейских.

2. Перед старушкой стоит мальчик, _____ (протя́гивающий) ей розы.

3. Маша любит смотреть на девочек, _____ (пры́гающий) в бассейн.

4. На вокзале я увидела свою подругу, _____ (ма́шущий) вслед поезду.

5. Я испугалась людей, _____ (дви́гающийся) мне навстречу.

6. Я люблю наблюдать за детьми, _____ (де́лающий) зарядку.

7. Люди, _____ (сидя́щий) на строгой диете, быстро худеют.

Упражнение 4. *Replace the participial constructions by adjectival clauses introduced by the word* **который**. *Remember that when you replace an active participial construction with an adjectival clause, you must use* **который** *in the nominative case.*

1. Иду́щий по лестнице мужчина — мой сосед.

2. По лестнице идёт женщина, поднима́ющаяся на третий этаж.

3. Женщина, убира́ющая нашу квартиру, приходит каждый понедельник.

4.   Шум разбудит ребёнка, спя́щего в соседней комнате.

5.   У моих друзей, живу́щих в Киеве, родился сын.

6.   Я с интересом наблюдаю за девочкой, бе́гающей вверх и вниз по лестнице.

Past active participles

Past active participles are used to replace adjectival clauses in which **который** is used in the nominative case and the verb is in the past tense.[1] Past active participles may be formed from verbs of either aspect.

Ребёнка, **который засну́л** на диване, отец положил в кровать.	*The father put the baby, who had fallen asleep on the couch, into its bed.*
Ребёнка, **засну́вшего** на диване, отец положил в кровать.	
Что случилось со старушкой, **которая жила́** на пятом этаже?	*What happened to the old woman who lived on the fifth floor?*
Что случилось со старушкой, **жи́вшей** на пятом этаже?	

To form past active participles, replace the final **-л** of the masculine past-tense form with **-вш-** and add adjectival endings in the proper gender, number, and case. Here too, **-ся** does not become **-сь**.

В 10 часов из спальни, наконец, вышла моя сестра, **которая** хорошо **выспалась.**	*At ten o'clock my sister, who had had a good night's sleep, finally came out of the bedroom.*
В 10 часов из спальни, наконец, вышла моя сестра, хорошо **вы́спавшаяся.**	
(вы́спаться, он вы́спался, вы́спавш- -ся)	

When the masculine past-tense form ends in a consonant other than **-л,** add **-ш-** and the proper adjectival endings.

расти́	он рос	**ро́сший**
умере́ть	он у́мер	**у́мерший**
стричь	он стриг	**стри́гший**

There are some irregular past active participles that have to be memorized.

---

[1] You will also find present active participles used in past-tense sentences when the speaker wishes to emphasize that the action of the participle is simultaneous with that of the main clause.

Мать смотрела на ребёнка, **спящего** в детской кровати.	*The mother looked at the baby soundly sleeping in its crib.*

идти́	он шёл	**ше́дший**
перевести́	он перевёл	**переве́дший**

The stress of past active participles is generally the same as that of the past tense of the verb.

Упражнение 5. *Insert the appropriate form of the participles given in parentheses.*

1. На коммунальной кухне у всех было хорошее настроение. Мария Ивановна мешала ложкой борщ, _____ (вари́вшийся) в большой кастрюле на плите, Пётр Тимофеевич жарил рыбу и разговаривал со своей женой, _____ (сиде́вший) на табуретке у кухонного стола. Леночка смотрела на котёнка, _____ (пи́вший) молоко из блюдца, а её мама Вера Николаевна рассказывала Варваре Семёновне о своей подруге, недавно _____ (вы́шедший) замуж и _____ (уе́хавший) с мужем на Ку́бу.

2. Огурцо́вы, _____ (уе́хавший) на неделю в отпуск, оставили своего шестнадцатилетнего сына Мишу одного в квартире. Когда они вернулись домой после отпуска, они вошли в свою квартиру и увидели, что старинного зеркала, _____ (висе́вший) в передней, нет, на пёстром персидском ковре, _____ (лежа́вший) на полу в гостиной, грязные пятна, под буфетом, _____ (стоя́вший) в столовой, грязная посуда. Зайдя в спальню сына, испуганные Огурцовы увидели Мишу, _____ (спа́вший) на своей кровати и двух его друзей, _____ (лежа́вший) на матрасе в углу. ‹‹Что случилось?›› — спросили Мишу _____ (разбуди́вший) его родители. ‹‹Вы не беспокойтесь, это мои друзья. Мы вчера устроили вечеринку и они остались у меня ночевать››.

Упражнение 6. *Replace the participial constructions by adjectival clauses introduced by* **который.** *Remember to maintain the distinction between past and present.*

1. Мальчик, пры́гнувший в воду, быстро поплыл.
2. Девочка, бро́сившая мяч, побежала за ним.
3. Мне интересно разговаривать с человеком, хорошо зна́ющим литературу.
4. Женщина, наклони́вшаяся над детской кроватью, где спал её сын, улыбнулась.
5. Я оглядываюсь и вдруг вижу ма́шущего мне рукой приятеля.
6. Улыба́ющийся ребёнок всегда красив.
7. Мать кричала на мальчика, порва́вшего брюки.

8. Людям, зна́ющим много языков, интереснее путешествовать по разным странам.

9. Спа́вший в кровати ребёнок проснулся, зевнул и засмеялся.

10. Механик чинит машину, слома́вшуюся сегодня утром.

11. Я сказала подруге, позвони́вшей мне по телефону, что я не выспалась и не пойду с ней в кино.

12. Человек, откры́вший дверь, пригласил меня войти.

13. Я не узнал своего приятеля, сильно похуде́вшего за лето.

Упражнение 7. *Replace the adjectival clauses introduced by* **который** *with participial constructions. Remember to maintain the distinction between past and present.*

1. Дети, которые ежедневно делают зарядку, мало болеют.

2. Студентам, которые приехали из Новосибирска, очень понравился наш университет.

3. Девочке, которая улыбалась во сне, наверно снился хороший сон.

4. Марина с большим уважением говорила о подруге, которая похудела на 5 кг.

5. Лена протягивает руку к будильнику, который стоит на подоконнике, и выключает его.

6. Гриша поспешил помочь девушке, которая поскользнулась на льду.

7. Дети помогают папе, который накрывает на стол.

8. Я вошёл в комнату и увидел Сашу, которая заснула в кресле перед телевизором.

9. В ресторане я попросил девушку, которая подавала нам еду, принести мне стакан молока.

10. На машине, которая стоит у нашего дома, нельзя ездить — она давно испортилась.

11. В парикмахерской работают два человека. За одним креслом стоит парикмахер, который красит клиентке волосы, за вторым — парикмахер, который стрижёт мою сестру.

12. Коля наклонился, поймал мяч и протянул его мальчику, который его бросил.

13. Кот заснул за креслом, которое стояло у окна.

Упражнение 8. *Combine each of these pairs of sentences by using participial constructions. Think carefully about which idea you wish to subordinate.*

1. Гена вышел из ванной. Гена только что принял душ.

2. Ко мне в гости приехала подруга. Подруга училась в прошлом году в Советском Союзе.

3. Соседка купила мне мыло и шампунь. Надо отдать деньги нашей соседке.

4. Бабушка убрала твою комнату. Не забудь поблагодарить бабушку.

5. Я смотрю из окна на девочку. Девочка держит на руках маленького котёнка.

6. Мальчик наблюдал за детьми. Дети прыгали в бассейн.

7. Машина поворачивала за угол. Машина неожиданно остановилась.

Present passive participles

A present passive participle may be used to replace an adjectival clause in which **который** is in the accusative case and the verb is in the present tense. Present passive participles are formed from imperfective transitive verbs only. They are uncommon and should be learned only for recognition.

Мы с интересом слушаем все новости, **которые передают** по радио.	*We listen with interest to all the news that they broadcast on the radio.*
Мы с интересом слушаем все новости, **передаваемые** по радио.	*We listen with interest to all the news broadcast on the radio.*

If the adjectival clause which is being converted contains a grammatical subject, it will appear in the instrumental case in the corresponding participial construction in order to show "by whom" the action was performed.

Проблемы, **которые решает** этот институт, играют важную роль в развитии физики.	*The problems which this institute is working on play an important role in the development of physics.*
Проблемы, **решаемые** этим институтом, играют важную роль в развитии физики.	*The problems worked on by this institute play an important role in the development of physics.*

Present passive participles look like the first-person plural present-tense form of the verb with an adjectival ending attached. The stress, however, will be as in the first-person singular.

читáть, читáю, читáем, **читáемый**
любúть, люблю́, лю́бим, **любúмый**

Verbs of the type **давать** are exceptional in that they form present passive participles from the infinitive: **узнавáть, узнавáемый.**

Упражнение 9. *Replace the participial constructions by adjectival clauses introduced by* **который.** *Remember that* **который** *will be in the accusative and that the subject of the clause, if stated, will be in the nominative.*

Каждую среду у нас проходят собрания, организуемые союзом студентов. Из всех вопросов, обсуждаемых на сегодняшнем собрании, меня интересует вопрос о субсидировании нашего клуба любителей русского языка.

Вечера, организуемые нашим клубом, пользуются большим успехом у студентов. Фильмы о Советском Союзе, демонстрируемые на этих вечерах, всегда интересны и информативны. Мы даже организовали свою собственную радиостанцию и все студенты слушают передачи, передаваемые по радио.

Past passive participles

Past passive participles are used to replace adjectival clauses in which **который** is in the accusative case and the verb is in the past tense. As a rule, they are formed from perfective verbs only. The agent of the action, if expressed, is in the instrumental.

Зоя отдала мне духи, **которые** ей **подарил** отец.	*Zoya gave me the perfume that her father had given her.*
Зоя отдала мне духи, **пода́ренные** ей отцом.	*Zoya gave me the perfume given to her by her father.*

The formation of past passive participles is somewhat more complicated than that of other participles. Infinitives of first-conjugation verbs that end in **-ать** (and in **-ять** if the **-я-** does not drop in the conjugated forms) replace the **-л** of the masculine past-tense form with **-нн-** and add the proper adjectival ending. The stress falls on the vowel preceding **-анн-/-янн-.**

сде́лать	сде́лал	**сде́ланный**
сыгра́ть	сыгра́л	**сы́гранный**
рассказа́ть	рассказа́л	**расска́занный**
потеря́ть	потеря́л	**поте́рянный**

Infinitives of first-conjugation verbs that end in **-ти** replace the ending of the first-person singular non-past form with **-ённ-** and add adjectival endings.

привести́	приведу́	**приведённый**
привезти́	привезу́	**привезённый**

The remaining first-conjugation infinitives replace the **-л** of the masculine past-tense form with **-т-** and add adjectival endings. Their stress is generally as in the masculine past tense.

поня́ть	по́нял	**по́нятый**
забы́ть	забы́л	**забы́тый**
оде́ть	оде́л	**оде́тый**
вы́пить	вы́пил	**вы́питый**
нача́ть	на́чал	**на́чатый**

Second-conjugation verbs whose infinitives end in **-ить** replace the ending of the first-person singular non-past form with **-енн-** if the verb is stem stressed or has a shifting stress pattern, or with **-ённ-** if the verb is always end stressed, and add appropriate adjectival endings.

пригото́вить	пригото́влю	**пригото́вленный**
встре́тить	встре́чу	**встре́ченный**
получи́ть	получу́, полу́чишь	**полу́ченный**
купи́ть	куплю́, ку́пишь	**ку́пленный**
реши́ть	решу́, реши́шь	**решённый**

Other second-conjugation verbs behave like first-conjugation verbs ending in **-ать/-ять.**

услы́шать	услы́шал	**услы́шанный**
уви́деть	уви́дел	**уви́денный**

There are numerous exceptions to these general guidelines. You should, therefore, limit your use of past passive participles to the forms that you have practiced.

Упражнение 10. *Form past passive participles from the following verbs. Mark stress.*

A. *First conjugation:* пойма́ть, слома́ть, порва́ть, описа́ть, убра́ть, назва́ть, принести́, спасти́, подня́ть, вы́мыть, разде́ть, разби́ть, скрыть, накры́ть

Б. *Second conjugation:* поджа́рить, бро́сить (бро́шу), испо́ртить (испо́рчу), покра́сить (покра́шу), почи́стить (почи́щу), оби́деть (оби́жу), огра́бить (огра́блю), обста́вить (обста́влю), урони́ть (уроню́, уро́нишь), постели́ть (постелю́, посте́лишь), опусти́ть (опущу́, опу́стишь), почини́ть (починю́, почи́нишь), схвати́ть (схвачу́, сва́тишь), обвини́ть, включи́ть, пригласи́ть (приглашу́)

Упражнение 11. *Complete each group of sentences with the given participial phrase.*

разби́тый накануне

1. Отец починил окно, _разбитое_ .
2. Мне пришлось выбросить чашку, _разбитую_ .
3. Мальчик рассказал родителям о рюмке, _разбитой_ .

бро́шенный девочкой

4. Мальчик поймал мяч, _брошенный_
5. Мама подняла с пола полотенце, _брошенное_
6. Я нашла щётку, _щую_ .

у́бранный сыном

7. Было приятно войти в спальню, _что_____.

8. В комнате, ___мой_____, стояли цветы.

9. Мама осталась довольна кухней, __мой_____.

Упражне́ние 12.   *Decide whether an active or a passive participle is needed in each of the following sentences. Insert the appropriate participle in the correct form.*

1. По лестнице спускались рабочие, __внес_____ (подня́вший, по́днятый) пианино в нашу квартиру.

2. Мы попросили женщину, __внес_____ (убра́вший, у́бранный) нашу квартиру, прийти ещё раз через две недели.

3. У мальчика, __внес_____ (откры́вший, откры́тый) дверь в комнату, был испуганный вид.

4. Женщина положила в сумку лук, __взвеш_____ (взве́сивший, взве́шенный) продавцом.

5. Он задумчиво взял письмо, __протянутое_____ (протя́нувший, протя́нутый) ему почтальоном.

6. В дверь, __открытую___ (откры́вший, откры́тый) девочкой, вошёл большой серый кот Васька.

7. В комнату, __убранную___ (убра́вший, у́бранный) мной к приходу гостей, мама внесла две вазы с цветами.

8. В Голливу́д приехал режиссёр, __снявший___ (сня́вший, сня́тый) новый советско-американский фильм.

9. У неё в руке была рюмка, _____ (подня́вший, по́днятый) для тоста.

10. Продавец, _____ (взве́сивший, взве́шенный) мне помидоры, сказал, что я должен платить в кассу три рубля.

11. Он посмотрел на девушку, _____ (протяну́вший, протя́нутый) ему персик.

12. Красиво _____ (причеса́вший, причёсанный) девушка вышла из парикмахерской.

13. Я очень благодарна подруге, _____ (купи́вший, ку́пленный) мне ко дню рождения мои любимые духи.

14. Мне нужно ехать на вокзал, чтобы отвезти сумку, _____ (забы́вший, забы́тый) другом у меня в квартире.

15. Парикмахер, _____ (причеса́вший, причёсанный) девочку, велел ей идти к маме и показать ей новую причёску.

16. Приятель, _____ (забы́вший, забы́тый) у меня свой пиджак, попросил меня принести его ему домой.

Упражне́ние 13.   *From each of the sentences below, form (1) an active participle that modifies the subject of the sentence and (2) a passive participle that modifies* *the object of the sentence. Compose new sentences containing the participial constructions that you have formed.*

Образец: Ребёнок уронил вазу нá пол.

  1. **Ребёнок, уронúвший вазу нá пол,...**
      Ребёнок, уронúвший вазу нá пол, сильно испугáлся.

  2. **Ваза, урóненная нá пол,...**
      Ваза, урóненная нá пол, разбилась.

  1. Девочка сломала игрушку.
  2. Мужчина открыл дверь на улицу.
  3. Таня протянула мне письмо.
  4. Мама накрыла ребёнка одеялом.
  5. Парикмахер сделал ей новую причёску.
  6. Миша закрыл в комнате окно.

Упражнение 14. *Replace the adjectival clauses introduced by* **который** *with participial constructions. Remember that the agent of the action will be in the instrumental case.*

  1. Оля подняла с пола вазу, которую разбил её младший брат.
  2. Мне не нравится шампунь, который купила моя подруга.
  3. Родители не любят чинить игрушки, которые сломали их дети.
  4. Как красив был стол, который мама накрыла к праздничному обеду.
  5. Я не могу найти книгу, которую я вчера поставил в шкаф.
  6. Справа от стола висит картина, которую нарисовал мой брат, когда ему было шесть лет.
  7. Мальчик не мог достать мяч, который его друг бросил в кусты.
  8. На столе стояли рюмки, которые я сняла с полки.
  9. Борщ, который сварила для нас бабушка, был очень вкусным.
  10. Полотенце, которое он поднял с пола в ванной, было грязным и мокрым.
  11. Стрижка, которую мне сделал новый парикмахер, никому не понравилась.
  12. Духи, которые мне подарил отец, очень модные.
  13. Рядом с одеялом и подушкой на кровати лежало постельное бельё, которое принесла сюда моя сестра.

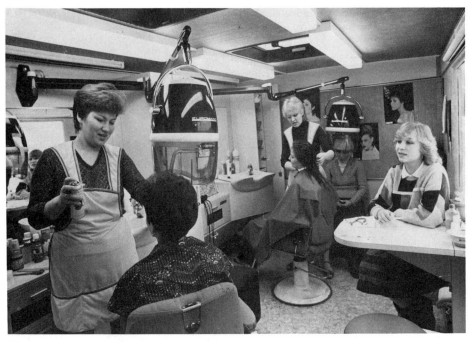

Женская парикмахерская

Short forms of participles

Both present and past passive participles have, in addition to the forms that we have been practicing, short forms that must be used when the participle is in predicative position.

> Посуда давно была **вымыта.**   *The dishes were washed a long time ago.*

The verb in sentences of this type is **быть,** which can be used in the past, present, or future tenses. Your decision about tense will depend on the context in which the sentence is used, and *not* on the tense that one would use in an English translation. In the first example cited below, the action took place in the past, but the results are still valid in the present. In the second example, both the action and the result belong to the past.

> На доске **написано** предложение. Прочитайте его вслух.
>
> *A sentence has been written on the board. Read it aloud.*

> На доске **было написано** предложение. Кто стёр его с доски ?
>
> *A sentence was written on the board. Who erased it?*

Past passive participles formed with the suffix **-нн-** are spelled with a single **-н-** in the short forms. The stress in the short form is generally where it is in the long form, except for those past passive participles formed with **-ённ-,** whose stress will always be on the last syllable in the short form.

прочита́ть	прочи́танный	**прочи́тан, прочи́тана, прочи́таны**
реши́ть	решённый	**решён, решена́, решены́**

Упражнение 15. *Replace the active construction by a passive one. Pay particular attention to tense.*

Образец: Вчера разбили дорогое блюдо.

Вчера было разбито дорогое блюдо.

1. Мои дети вчера построили на пляже дом из песка.
2. Эти духи сестра прислала мне в подарок.
3. Моя младшая сестра вымыла сегодня всю посуду.
4. Сказку ‹‹Винни Пух›› перевёл на русский язык Борис Заходе́р.
5. Эту смешную картинку нарисовала семилетняя девочка.
6. Мой преподаватель русского языка собрал большую коллекцию советских открыток.
7. Тебе уже постелили постель.
8. В журнале ‹‹Огонёк›› напечатают стихи ранее запрещённых поэтов.
9. Этот роман опубликуют в будущем году в журнале ‹‹Новый мир››.

Упражнение 16. *Decide whether to use the long or the short form of the given participle in each of the following sentences. Insert the participle you have chosen in the correct form. Add forms of* **быть** *as needed to indicate tense.*

1. Вы читали последний роман Чинги́за Айтма́това, _____ (опублико́ванный) в журнале ‹‹Новый мир››?
2. Мама читала письмо, _____ (полу́ченный) от брата, и плакала.
3. Мои соседи нашли полотенце, _____ (поте́рянный) мной на пляже.
4. Мы вошли в дом и увидели, что наш дом _____ (огра́бленный). Мои драгоценности _____ (укра́денный), телевизор и стереосистема _____ (унесённый). Преступник, _____ (заде́ржанный) милицией на следующий день, во всём признался.
5. Передо мной лежит советское издание романа ‹‹Доктор Жива́го››, _____ (напи́санный) Борисом Пастерна́ком. Роман _____ (опублико́ванный) впервые в 1957 году на

Западе. Вскоре после этого вышел американский фильм, _____ (поста́вленный) по сюжету этого романа. Стихи из «Доктора Живаго» _____ (напеча́танный) в СССР в пятидесятые годы, а сам роман _____ (опублико́ванный) впервые на родине поэта только в 1988 году. Ранее _____ (запрещённый) роман _____ (встре́ченный) советскими читателями с восторгом.

6. Лена, _____ (разбу́женный) будильником в 7 ч., заснула опять. В комнату вошёл папа и увидел, что будильник _____ (выключенный), а Лена всё спит.

Common uses of participles

As we have already said, participles are used much less frequently in Russian than in English. If you used participles as often in Russian as you do in English, your language would sound stilted. There are occasions when participles are commonly used, however, and you should be aware of them.

The present active participle is frequently used as a noun in a way that corresponds to the English use of nouns ending in -er.

Я не **куря́щий.**	*I'm not a smoker.*
Эти студенты только **начина́ющие.**	*These students are only beginners.*

There are quite a few adjectives derived from present and past passive participles. Notice that the adjectives derived from past passive participles often have a single **-н-** instead of the **-нн-** that one normally finds in participles.

люби́мый	*favorite (beloved)*
раствори́мый	*instant (soluble)*
варёный	*boiled*
жа́реный	*fried*
печёный	*baked*
тушёный	*stewed*

The past passive participle is widely used, especially in the short forms, and should be thoroughly mastered.

A second problem that you may have when deciding when to use participles in Russian will stem not from English distribution, but from the fact that English words ending in -ing may on occasion be translated by a Russian verbal adverb, a present active participle, an infinitive, a noun, or the present or past tense of an imperfective verb.

Идя́ по улице, я нашёл часы.	*While walking along the street, I found a watch.*
Человек, **иду́щий** нам навстречу, — наш сосед.	*The man walking toward us is our neighbor.*

Я люблю **гулять** под дождём.	*I like walking in the rain.*
Я никогда не слышал более прекрасного **пения.**	*I never heard more beautiful singing.*
Девочки **шли** на урок музыки.	*The girls were walking to their music lesson.*

Of these various possibilities, it is most difficult for English speakers to discriminate between verbal adverbs and participles. When making this decision, you should ask yourself whether you are providing additional information about a noun, in which case you must use a participle in Russian, or whether you are explaining the relationship between two actions, in which case you must use a verbal adverb.

Summary of Participles and Verbal Adverbs

	pres. act.	past act.	pres. pass.	past pass.	adverb
imperfective	чита́ющий	чита́вший	чита́емый	—	чита́я
perfective	—	прочита́вший	—	прочи́танный	прочита́в

Упражнение 17. *Fill in the blanks with a verbal adverb (perfective or imperfective) or an active participle (present or past) formed from the given infinitive.*

Меня разбудил какой-то шум. Что это? Звук _____ (литься) воды? _____ (Вскочить) с постели, я иду в ванную, _____ (стараться) не шуметь. _____ (Подойти) к двери ванной, я прислушиваюсь. Нет никаких звуков. Я иду обратно в свою комнату, но _____ (идти) по коридору, замечаю свет в комнате своего соседа. _____ (Посмотреть) на часы, _____ (висеть) на стене, я убеждаюсь в том, что я не сошёл с ума и что сейчас только четыре часа утра. _____ (Постучать) в дверь, я заглядываю в комнату и вижу Диму, _____ (стелить) постель. ‹‹Дима, ты что? Ты уже выспался?›› — спрашиваю я, _____ (зевать).

‹‹Нет,›› — отвечает Дима, — ‹‹ты уж извини меня, пожалуйста, если я тебя разбудил, но мне всю ночь снились такие страшные кошмары, что, _____ (проснуться) в три часа, я решил встать››.

‹‹А что тебе снилось?›› — спрашиваю я, _____ (ожидать) услышать страшную историю.

‹‹Мы всю ночь с тобой ссорились, а потом _____ (рассердиться) на меня за что-то, ты стал со мной драться. _____ (Выстрелить) в тебя из пистолета, я проснулся. Так что я очень рад, что я тебя не убил››. Мы рассмеялись, и я пошёл опять в кровать.

Упражнение 18. *Translate into idiomatic Russian. Use participles and verbal adverbs whenever possible. Indicate possible alternate constructions.*

In our dormitory it is always noisy. But yesterday morning, having awakened at 6:00 A.M. and, as always, not having gotten enough sleep, I decided to ask my neighbors to behave a little more quietly. Having gone to the room of my neighbors on the left, I saw Sasha, standing in the middle of the room, waving his arms and legs, turning in different directions and making strange movements. Upon seeing me, he explained that he had decided to do exercises every morning. And while doing exercises, he was supposed to listen to loud music. After asking him to do exercises to [**под** *что?*] less loud music, I went to my neighbors on the right. It was even noisier there! Zhenya, who had lived there for half a year already and who had never cleaned his room, had finally decided to clean it. Standing by the closet, he was throwing his clothes and shoes into a suitcase standing on the floor. When I understood that I would no longer be able to fall asleep, I went, yawning, to take a shower.

Трагедия в ванной

Read the text and answer the questions that follow. Then write a composition in which you first describe the scene and then explain what, in your opinion, happened.

Вера Цы́пкина позвонила врачу и сообщила, что её муж Игорь лежит без сознания на полу в ванной комнате. «Мне кажется, что он принимал душ и, выходя, поскользнулся на куске мыла, — сказала Вера. — Я не трогала его, только накрыла одеялом. Приезжайте немедленно!» Приехавший врач нашёл обстановку в ванной такой, как она изображена́ на рисунке, и сказал, что смерть наступила в результате перелома черепа.

Как вы думаете:

1. Включали ли душ?
2. Был ли Игорь в душе?
3. Заходила ли Вера в душ?
4. Чистил ли Игорь зубы?
5. Откуда упало мыло? Из настенной мыльницы в душе? С раковины?
6. Когда разбилась бутылка с шампунем? До падения Игоря или после?
7. Видны ли в ванной возможные орудия убийства?
8. Что же всё-таки произошло?

Словарь

че́реп   skull

Задания

1. *Describe what you imagine the morning routine of the late Margarita Kuroch-kina (Lesson 5) to have been. Don't forget that you are describing habitual actions.*

2. *Read the excerpt adapted from N. Baranskaya's novella ‹‹Неделя как неделя››. Retell the story in your own words as though describing a specific morning last week. Don't forget that you will need to change the aspect of many of the verbs.*

Сегодня я встаю нормально — в десять минут седьмого я уже готова, только не причёсана. Я чищу картошку — заготовка к ужину, — помешиваю кашу, завариваю кофе, подогреваю молоко, бужу Диму, иду поднимать ребят. Зажигаю в детской свет, говорю громко: ‹‹С

помéшивать *to stir /* **завáривать** *to brew*

добрым утром, мои лапушки!›› Ко́тя становится
на колени. Гу́льку я беру́ на́ руки. Я
зову́ Ди́му — помога́ть, но он бре́ется. Оставля́ю
Ко́тьку в поко́е, натя́гиваю на
Гу́льку рубашо́нку, колго́тки, пла́тьице. В
ку́хне что́-то шипи́т — ой, я забы́ла вы́ключить
молоко́! Сажа́ю Гу́льку на́ пол, бегу́ в ку́хню.

— Эх ты! — говори́т мне свежевы́бритый
краси́вый Ди́ма, выходя́ из ва́нной.

Мне не́когда, я молчу́. Я даю́ Гу́льке её
боти́нки. Ко́тя одева́ется сам, но так ме́дленно,
что невозмо́жно ждать. Я помога́ю ему́ и тут
же причёсываюсь. Ди́ма накрыва́ет к за́втраку.
Он не мо́жет найти́ колбасу́ в холоди́ль-
нике и зовёт меня́. Пока́ я бе́гаю к Ди́ме,
Гу́лька пря́чет мою́ гребёнку. Иска́ть не́когда.
Я закла́дываю полурасчёсанные во́лосы,
ко́е-как умыва́ю дете́й, и мы сади́мся за стол.
Ребя́та пьют молоко́ с хле́бом, Ди́ма ест, а я не
могу́, выпива́ю то́лько ча́шку ко́фе.

Уже́ без десяти́ семь, а Ди́ма всё ещё ест.
Пора́ одева́ть дете́й, бы́стро, обо́их сра́зу,
чтоб не вспоте́ли.

— Дай же мне вы́пить ко́фе, — ворчи́т Ди́ма.

Я сажа́ю ребя́т на дива́н и рабо́таю за двои́х:
носки́ и носки́, одни́ рейту́зы, други́е рейту́зы,
дже́мпер и ко́фта, косы́нка и друга́я, ва́режки
и . . .

— Ди́ма, где Ко́тькины ва́режки?

Ди́ма отвеча́ет: ‹‹Почём я зна́ю››, но броса́ется
иска́ть и нахо́дит их в неположе́нном
ме́сте — в ва́нной. Сам туда́ и су́нул вчера́.
Тут подключа́ется Ди́ма — одева́ет им шу́бки,
подвя́зывает кашне́ и пояса́. Я одева́юсь, оди́н
сапо́г не ле́зет, ага́, вот она́, моя́ гребёнка!

Наконе́ц мы выхо́дим. После́дние слова́ друг
дру́гу: ‹‹Заперла́ две́ри?›› — ‹‹Де́ньги у тебя́
есть?›› — ‹‹Не беги́ как сумасше́дшая››. — ‹‹Ла́дно,
не опозда́й за ребя́тами›› (э́то я кричу́ уже́
сни́зу) — и мы расстаёмся.

ла́пушка (*affectionate diminutive*)

натя́гивать *to pull*
шипе́ть *to hiss*

пря́тать *to hide* /
гребёнка *расчёска*

вспоте́ть *to sweat*
ворча́ть *to grumble*

рейту́зы *woolen tights*
косы́нка *triangular scarf* /
ва́режки *mittens*

неположе́нный *inappropriate* / **су́нуть** *to shove*

подключа́ться *to join in*
подвя́зывать *to tie* /
кашне́ *шарф*

запере́ть *to lock*

---

3.   *The following series of pictures depict the morning routine of a girl and her cat.
Describe what is happening in the pictures first in the present tense as though it
were happening now, then in the past tense as though it had happened yesterday,
and finally in the future tense as though anticipating what will happen tomorrow.
In your past- and future-tense narrations pay particular attention to the way you
show simultaneous and sequential actions.*

4. *You are well acquainted with Vera Tsypkina, one of the chief suspects in the death of her husband Igor. The police have asked you to assist them in their inquiries by evaluating Vera's character for them.*

У кого что болит,
тот о том и говорит

в спине (handwritten)

у кого что болит? (handwritten)

Словарь

голова́ (*вн.* **го́лову**, *мн.*
**го́ловы, голо́в,
голова́х**) head

го́рло throat *в горле* (handwritten)

ше́я neck

плечо́ (*мн.* **пле́чи, плеч,
плеча́х**) shoulder *болит в плече* (handwritten)

грудь *ж.* chest, breast

спина́ (*мн.* **спи́ны**) back *в спине* (handwritten)

бок (*мн.* **бока́**) side

живо́т (*р.* **живота́**) stomach[1]

желу́док (*р.* **желу́дка**) stomach[1]

рука́ (*вн.* **ру́ку**, *мн.* **ру́ки,
рук, рука́х**) hand, arm

ло́коть *м.* (*р.* **ло́ктя,
локте́й**) elbow

нога́ (*вн.* **но́гу**, *мн.* **но́ги,
ног, нога́х**) foot, leg

коле́но (*мн.* **коле́ни,
коле́ней**) knee

па́лец (*р.* **па́льца**) finger, toe[2]

се́рдце (*мн.* **сердца́,
серде́ц**) heart

лёгкие (*р.* **лёгких**) lungs

как ваша здоровье (handwritten)

здоро́вье health

здоро́вый (здоро́в) healthy[3]

боле́знь *ж.* illness

**больно́й (бо́лен, больна́,
больны́)** sick[3]

больно́й (*р.* **больно́го**);
больна́я (*р.* **больно́й**)
patient

боле́ть (I) *несов., чем?* to be
sick[4]

долго болеет (handwritten)
{ постоянно constant
{ часто ↓ болеет (handwritten)

*он заразил папу спид
гриппом* *kids*

заболева́ть *несов., чем?* to get sick; *сов.* **заболе́ть** (I)

зара́зный contagious

заража́ть *несов., чем?* to infect; *сов.* **зарази́ть** (заражу́, зарази́шь); *возвр.* *кого* **заража́ться/зарази́ться**
он заразил гриппом

лечи́ть (лечу́, ле́чишь) *несов., от чего?* to treat; *возвр.* *кого* **лечи́ться** *кого*

выздора́вливать *несов.* to recover; *сов.* **вы́здороветь** (I)

поправля́ться *несов.* to get well; *сов.* **попра́виться** (попра́влюсь, попра́вишься)
*выздоравливать
поталочеть*

следи́ть за собо́й (слежу́, следи́шь) *несов.* to take care of oneself *за кем? ? за кем*

симпто́м symptom

жа́ловаться (жа́луюсь, жа́луешься) *несов. кому?, на кого, на что?* to complain; *сов.* **пожа́ловаться**

чу́вствовать (чу́вствую, чу́вствуешь) *несов.,* to feel; *сов.* **почу́вствовать**[5]

боль *ж.* pain

боле́ть (II) *несов.* to hurt[4]

бо́льно *безл., кому?* painful

температу́ра temperature, fever
измеря́ть температу́ру *несов., кому?* to take someone's temperature; *сов.* **изме́рить температу́ру**

озно́б chills

зноби́ть *несов., безл., кого?* to have a chill[6]

поте́ть (I) *несов.* to sweat; *сов.* **вспоте́ть**

кружи́ться голова́ (кру́жится) *несов., у кого?* to be dizzy

о́бморок fainting spell
па́дать в ~ *несов.* to faint; *сов.* **упа́сть в ~** (упаду́, упадёшь; упа́л)

тошнота́ nausea

тошни́ть *несов., безл., кого?* to be nauseated[6]

рво́та vomiting

рвать (рвёт) *несов., безл., кого?* to vomit; *сов.* **вы́рвать** (вы́рвет)[6]

расстро́йство желу́дка diarrhea[7]

поно́с diarrhea[7]

врач (*р.* врача́) doctor

обраща́ться к врачу́ *несов.* to consult a doctor; *сов.* **обрати́ться к врачу́** (обращу́сь, обрати́шься)

вызыва́ть врача́ *несов.* to send for a doctor; *сов.* **вы́звать врача́** (вы́зову, вы́зовешь)

терапе́вт internist

хиру́рг surgeon

медици́нская сестра́ (*мн.* сёстры, сестёр, сёстрах); *сокр.* **медсестра́** nurse

осма́тривать *несов.* to examine; *сов.* **осмотре́ть** (осмотрю́, осмо́тришь)

диа́гноз diagnosis
ста́вить ~ (ста́влю, ста́вишь) *несов., кому?* to diagnose; *сов.* **поста́вить ~**

реце́пт prescription
выпи́сывать ~ *несов., на что?* to prescribe; *сов.* **вы́писать ~** (вы́пишу, вы́пишешь)

просту́да cold

простужа́ться *несов.* to catch a cold; *сов.* **простуди́ться** (простужу́сь, просту́дишься)

просту́женный (просту́жен) having a cold

ка́шель (*р.* ка́шля) cough

ка́шлять *несов.* to cough

на́сморк head cold

*грипп это
заразная
болезнь
инфекционная
я с тем не
заразу*

чиха́ть *несов.* to sneeze; *сов.*
  чихну́ть (чихну́, чихнёшь)

корь *ж.* measles
сви́нка mumps
ветря́нка chicken pox
грипп influenza
анги́на angina (severe sore throat)
бронхи́т bronchitis
воспале́ние лёгких pneumonia
я́зва ulcer
аппендици́т appendicitis[4]
высо́кое давле́ние high blood pressure[4]
  измеря́ть давле́ние *несов., кому?* to take someone's blood pressure; *сов.* **изме́рить давле́ние**
инфа́ркт heart attack[4]
инсу́льт stroke[4]

ра́на injury, wound
ра́нить *несов. and сов.* to injure, wound
ра́неный (ра́нен) injured, wounded
поре́з cut
ре́зать (ре́жу, ре́жешь) *несов.* to cut; *сов.* **поре́зать**[8]
цара́пина scratch
цара́пать *несов.* to scratch; *сов.* **оцара́пать**
зано́за splinter
занози́ть (заножу́, занози́шь) *сов.* to get a splinter[8]
синя́к (*р.* синяка́) bruise
опуха́ть *несов.* to swell; *сов.* **опу́хнуть (опу́хну, опу́хнешь; опу́х, опу́хла)**
перело́м fracture
лома́ть *несов.* to fracture; *сов.* **слома́ть**[8]
растяже́ние strain, sprain
растя́гивать *несов.* to strain, sprain; *сов.* **растяну́ть (растяну́, растя́нешь)**[8]

ожо́г burn
обжига́ть *несов.* to burn; *сов.* **обже́чь (обожгу́, обожжёшь, обожгу́т; обжёг, обожгла́); *возвр.* обжига́ться/обже́чься**[8]

больни́ца hospital
  класть в больни́цу (кладу́, кладёшь; клал) *несов.* to put in a hospital; *сов.* **положи́ть в больни́цу (положу́, поло́жишь)**
  ложи́ться в больни́цу *несов.* to go to a hospital; *сов.* **лечь в больни́цу (ля́гу, ля́жешь, ля́гут; лёг, легла́)**
  лежа́ть в больни́це (II) *несов.* to be in a hospital
  выпи́сываться из больни́цы *несов.* to be discharged from a hospital; *сов.* **вы́писаться из больни́цы (вы́пишусь, вы́пишешься)**
поликли́ника clinic
ско́рая по́мощь *ж.* ambulance
опера́ция operation
  де́лать опера́цию *несов., кому?* to perform an operation; *сов.* **сде́лать опера́цию**
уко́л injection
  де́лать ~ *несов., кому?* to give an injection; *сов.* **сде́лать ~**
приви́вка (*р. мн.* приви́вок) от чего? vaccination
  де́лать приви́вку *несов., кому?* to vaccinate; *сов.* **сде́лать приви́вку**
гипс cast
  класть в ~ (кладу́, кладёшь, клал) *несов.* to put in a cast; *сов.* **положи́ть в ~ (положу́, поло́жишь)**
бинт bandage

бинтова́ть (бинту́ю, бинту́ешь) *несов., кому?* to bandage; *сов.* перебинтова́ть

пла́стырь *м.*   adhesive bandage

апте́ка   pharmacy

лека́рство *от чего?* medicine[9]

   принима́ть ~ *несов.* to take medicine; *сов.* приня́ть ~ (приму́, при́мешь; при́нял, приняла́)

витами́н   vitamin

табле́тка (*р. мн.* табле́ток)   pill

аспири́н   aspirin

миксту́ра от ка́шля   cough syrup

мазь *ж.*   ointment

ма́зать (ма́жу, ма́жешь) *несов., чем?* to apply (ointment); *сов.* пома́зать and сма́зать

компре́сс   compress[10]

ба́нки (*р.* ба́нок)   cupping-glasses[10]

горчи́чник   mustard plaster[10]

термо́метр   thermometer

гра́дусник   thermometer

поле́зный   useful, healthful

вре́дный   harmful

веле́ть (II) *несов. and сов.*   to order, command

разреше́ние   permission

разреша́ть *несов., кому?* to permit; *сов.* разреши́ть

запреща́ть *несов., кому?* to forbid; *сов.* запрети́ть (запрещу́, запрети́шь)

восклица́ние   exclamation

восклица́ть *несов.*   to exclaim; *сов.* воскли́кнуть (воскли́кну, воскли́кнешь)

Vocabulary Notes

[1]**Живот** designates the whole area of the abdomen; **желудок** refers specifically to the stomach as an organ.

[2]If you need to distinguish between *fingers* and *toes*, you may specify **на руках** and **на ногах.**

[3]When using the words **здоровый** and **больной** in predicative position, be sure to distinguish between the long forms of the words, which refer to a long-term condition, and the short forms, which refer to temporary conditions.

Олега не было сегодня на занятиях, потому что он был **болен,** но вообще он очень **здоровый** человек и болеет редко.	*Oleg wasn't in class today because he was sick, but generally he's a very healthy person and is seldom sick.*

[4]Be sure to distinguish between the first-conjugation verb **болеть,** which means *to be sick,* and the second-conjugation verb **болеть,** which means *to hurt.* The latter is used in the third-person forms only, with the part of the body that hurts as the subject.

Тамара часто **болеет** гриппом.	*Tamara has the flu a lot.*
У Саши **болит** живот.	*Sasha has a stomachache.*

| У меня **болят** глаза. | *My eyes hurt.* |
| У дедушки **болело** колено. | *Grandfather's knee hurt.* |

The first-conjugation verb **болеть** (*to be sick*) is only used with actual illnesses. One simply "has" other ailments, such as **аппендицит, высокое давление, инфаркт,** or **инсульт.**

| У моего двоюродного брата недавно **был** аппендицит. | *My cousin just had appendicitis.* |

[5]The verb **чувствовать/почувствовать** may be used either with the accusative of what is felt or with the accusative reflexive pronoun **себя.** The expression **чувствовать/почувствовать себя** answers the question **как?** The perfective past tense of the verb refers to the beginning of the action.

| Неожиданно я **почувствовала** острую боль в животе. | *I unexpectedly felt a sharp pain in my stomach.* |
| Сегодня я себя неважно **чувствую.** | *I don't feel good today.* |

[6]Some of the subjectless verbs in this section are used with an accusative object.

Больную знобит.	*The patient is having a chill.*
Меня тошнит.	*I feel sick to my stomach.*
Девочку вырвало.	*The little girl threw up.*

[7]**Расстройство желудка,** literally *an upset stomach,* is a euphemism for the word **понос,** which, although medically correct, is not used in polite company.

[8]A number of the verbs in this section are used with the dative of the person affected. The use of **себе** in the following examples is optional but nevertheless typical.

Маша **порезала себе** палец.	*Masha cut her finger.*
Серёжа **занозил себе** ногу.	*Seryozha got a splinter in his foot.*
Павел поскользнулся на льду и **сломал себе** локоть.	*Pavel slipped on the ice and fractured his elbow.*
Когда Вера варила борщ, она **обожгла себе** руку.	*When Vera was making borshch, she burned her hand.*

[9]The word **лекарство,** unlike its English equivalent, may be used in the plural.

| Бабушка принимает много **лекарств.** | *Grandmother takes a lot of medicine.* |

[10]The words **компресс, банки,** and **горчичник** require both cultural and grammatical commentary. A **компресс** is a damp binding used to treat a sore

throat or an earache. **Банки** are small glass jars that are applied by suction to a patient's back in the case of bronchitis or pneumonia, and **горчичники** are pieces of paper impregnated with hot mustard which are also used as treatment for bronchitis and pneumonia. To "apply" **компрессы, банки,** and **горчичники** use the verb **ставить/поставить.**

Подготовительные упражнения

Impersonal Sentences

In Lesson 2 we talked about the use of predicate adverbs in impersonal sentences. Impersonal sentences may be expanded by adding information about the person experiencing the sensation. The person experiencing the sensation in an impersonal sentence is expressed in the dative.

Когда я порезал палец, **мне** было больно.	*When I cut my finger, I was in pain.*

Impersonal sentences may also be expanded by adding an infinitive. Notice in the following example that English frequently translates the Russian infinitive in such constructions with an -*ing* word.

Мне было ещё больно **вставать** на сломанную ногу.	*It was still painful for me to stand on my broken leg.* *Standing on my broken leg was still painful for me.*

Finally, you may also expand an impersonal sentence by adding a subordinate clause.

Мне было приятно, **что он ко мне пришёл в больницу.**	*I was pleased that he came to see me in the hospital.*

A number of the expressions of possibility and necessity are also used in impersonal sentences. **Мо́жно** and its opposite **нельзя́** express both physical ability and permission.

Здесь **можно** курить?	*Is it OK to smoke here?*
Нельзя сказать, что он здоровый человек.	*One cannot say that he is a well man.*
Тебе **нельзя** выходить на улицу. Ты ещё кашляешь.	*You can't go outside. You're still coughing.*

When **нельзя** is used to deny permission, as it is in the last example, it must be followed by an imperfective infinitive.

The words **на́до, ну́жно,** and **необходи́мо** all express necessity. **Необходимо,** which refers to the inevitability of the action, is the most categorical of the three words.

Вам **нужно** пойти к врачу.	*You ought to go to a doctor.*
Вам **необходимо** бросить курить — у вас язва желудка.	*You must stop smoking; you have a stomach ulcer.*

The negative forms **не надо** and **не нужно** must also be followed by imperfective infinitives. The expression **не надо** frequently has the force of the English *don't.*

Вам **не нужно** больше принимать это лекарство.	*You don't have to take that medicine any more.*
Не надо этого делать!	*Don't do that!*

Упражнение 1. *Write sentences in the past tense using the following predicate adverbs, mentioning a person who experiences the sensation and adding an infinitive complement.*

Образец: Ларисе было неприятно смотреть на них.

смешно, скучно, весело, грустно, приятно, трудно, легко, удобно, вредно, полезно, больно

Упражнение 2. *Complete the sentences.*

Образец: Мне было смешно, что я не узнала его.

1. Им было неприятно, что _____.
2. Врачам приятно, что _____.
3. Детям грустно, что _____.
4. Родителям удобно, что _____.
5. Врачам понятно, что _____.

Упражнение 3. *Complete the sentences with predicate adverbs.*

1. Быть здоровым _____.
2. Ставить компресс _____.
3. Быть больным _____.
4. Жаловаться на здоровье _____.
5. Ставить горчичники _____.
6. Ломать ногу _____.
7. Обращаться к врачу _____.
8. Измерять температуру _____.

9. Принимать много лекарств _____.
10. Мазать царапину мазью _____.
11. Следить за собой _____.
12. Ставить банки _____.

Упражнение 4. *Tell your relative not to do what he or she is doing. Use* **не надо** *or* **не нужно** *with imperfective infinitives. Don't forget to explain why you are offering this negative advice.*

1. Ваш дедушка принимает слишком много лекарств.
2. Ваш дядя любит много есть на́ ночь.
3. Ваш племянник хочет пойти к молодому врачу.
4. Ваша тётя любит жаловаться на своё здоровье.
5. Ваша мать хочет вам дать лекарство от головной боли.

Упражнение 5. *Give advice to the people concerned using* **надо** *or* **нужно** *and* **нельзя**. *Proceed from these situations.*

1. Ваш друг много пьёт. Врачи не разрешают ему много пить.
2. Ваш младший брат не принимает микстуру от кашля и не хочет идти к врачу.
3. Больная после операции хочет встать. Она ещё очень слаба и врачи не разрешают ей вставать.
4. У сестры кашель и высокая температура, но она хочет идти на работу.
5. Ваш друг хочет ехать в поликлинику на такси, а вы предлагаете ему идти туда пешком.
6. У дедушки насморк, он кашляет и чихает. Он хочет идти в гости.

В аптеке

Reported Speech

When we describe a conversation that we have heard in the past, we frequently summarize it rather than quoting it in its entirety. When we report on a conversation in this way, we are using reported speech.

In Russian, as in English, there are four primary patterns that we use in reported speech. The first of these is the pattern that we use for a declarative sentence.

Маша говорит: ‹‹У меня болит горло››.	*Masha says, "I have a sore throat."*
Маша говорит, что у неё болит горло.	*Masha says (that) she has a sore throat.*

Notice that although the conjunction *that* is frequently omitted in English sentences of this type, it should be used in standard Russian.

The second pattern of reported speech is used for information questions, that is, questions that begin with an interrogative word.

Врач спрашивает: ‹‹Что у вас болит?››.	*The doctor asks, "What is hurting you?"*
Врач спрашивает, что у меня болит.	*The doctor asks what is hurting me.*

In sentences of this type the interrogative word itself serves as a conjunction. In writing, if context alone is not enough to distinguish **что** meaning *what* from **что** meaning *that,* the stress will be marked on the former.

Я только что заметила, **что** он читает.	*I just noticed that he is reading.*
Я только что заметила, **чтó** он читает.	*I just noticed what he is reading.*

Yes/No questions do not contain question words. You will recall that in questions of this type the speaker's intonation rises on the word that bears the logical stress (frequently the verb). In short answers to questions of this type the word that was emphasized in the original question is repeated.

— Мама **дома?**	*Is Mama home?*
— Да, дома.	*Yes, she is.*
— Ты **принял** микстуру?	*Did you take your cough syrup?*
— Да, принял.	*Yes, I did.*

When you report yes/no questions, you will once again single out the word that was emphasized in the original question.

Врач спрашивает: ‹‹Вас **знобит?**››	*The doctor asks, "Are you having chills?"*
Врач спрашивает, **знобит ли** меня.	*The doctor asks if I am having chills.*

In this construction the word or phrase bearing the logical emphasis will always be in first place, followed by **ли,** followed by the rest of the sentence. In colloquial Russian **ли** may be omitted, but you should make a practice of using it. If it is not clear to you whether to use **ли** or **если,** try substituting *whether* for *if.* If you can make the substitution in English, you must use **ли** in Russian.

Если я завтра буду плохо себя чувствовать, я пойду к врачу.	*If I feel bad tomorrow, I'll go to the doctor.*
Я не знаю, здоров **ли** дедушка.	*I don't know if (whether) Grandfather's well.*

The last sentence pattern used in reported speech is the pattern used for reporting commands. In Russian, one reports commands by using **чтобы** followed by the past form of the verb.

Медсестра говорит: ‹‹Примите таблетки!››	*The nurse says, "Take your pills!"*
Она говорит, **чтобы** я **приняла** таблетки.	*She says that I should take my pills. She tells me to take my pills.*

All of these examples of reported speech are fairly easy to understand because they are all in the present tense. When reporting past-tense conversations, speakers of English often change the tense of the verb in the reported clause to make it agree with the tense of the verb in the main clause. This is not necessary in Russian, where the tense of the reported verb is *the same as that of the original utterance.* Be careful not to translate literally from English, especially in the following kinds of sentences.

Миша сказал: ‹‹Я каждый день **принимаю** лекарство от насморка››.	*Misha said, "I **take** cold medicine every day."*
Миша сказал, что он каждый день **принимает** лекарство от насморка.	*Misha said that he **took** cold medicine every day.*
Миша сказал: ‹‹Я позавчера **принимал** лекарство от насморка››.	*Misha said, "I **took** cold medicine the day before yesterday."*
Миша сказал, что позавчера он **принимал** лекарство от насморка.	*Misha said that he **had taken** cold medicine the day before yesterday.*

Миша сказал: «Завтра я **буду принимать** лекарство от насморка».	*Misha said, "I **will take** cold medicine tomorrow."*
Миша сказал, что завтра он **будет принимать** лекарство от насморка.	*Misha said that he **would take** cold medicine tomorrow.*

In the last example, note that English uses the word *would* to report statements in the future tense. As a result, people sometimes confuse the reported future tense with the unreal conditional construction, which also contains the word *would* in English ("I would have done my homework, but . . ."). The unreal conditional construction will be discussed in Lesson 11.

Упражнение 6. *Replace the direct speech with indirect. Remember that the interrogative particle* **ли** *must be placed after the word that bears the logical stress.*

1. Отец больного ребёнка спросил врача: «Ему <u>можно</u> выходить на улицу?»
2. Врач спросил больную: «У вас <u>болит</u> плечо?».
3. Мама спросила меня: «Тебя <u>знобит</u>?» *знобит ли меня*
4. Медсестра спросила девочку: «Это <u>твои</u> витамины?» *её ли это вита*
5. Родственники больного спросили хирурга: «Операция <u>прошла</u> успешно?» *успешно ли дала*
6. Я спросила сестру: «Ты <u>знаешь</u>, какой диагноз тебе поставили?» *знает ли она*
7. Отец спросил маму: «Ты уже <u>дала</u> Пете лекарство от кашля?» *дала ли она*
8. Маша спросила бабушку: «Ты сама <u>можешь</u> принять микстуру или тебе надо помочь?» *может ли сама*
9. Таня спросила брата: «Тебя всё ещё <u>тошнит</u>?» *тошнит ли он всё*

Упражнение 7. *Replace the direct speech by indirect speech. Don't forget to use the past form of the verb in clauses introduced by* **чтобы.**

1. Больной попросил медсестру: «Дайте мне, пожалуйста, попить». *чтобы она дала ему попить*
2. Врач сказал больному: «Вы должны лежать в постели, потому что у вас высокое давление». *чтобы он лежал*
3. Мама попросила меня: «Принеси мне из аптеки горчичники и аспирин». *чтобы я принёс*
4. Отец дал сыну невкусное лекарство и сказал: «Пей!» *чтобы он пил*
5. «Забинтуйте больному колено», — сказал врач сестре. *что она завила*
6. Мама пришла домой и сказала: «Позвони тёте Маше и скажи, что папа лёг в больницу». *чтобы я позвонил*
7. Медсестра сказала больной девочке: «Прими эту микстуру от кашля». *чтобы она приняла*

Упражнение 8.   *Rewrite the text in the form of a dialog.*

Я позвонила по телефону своему другу. К телефону подошёл его отец, и я сказала ему, что хочу пригласить Петю на концерт современного американского джаза. Отец ответил, что у Пети болит голова и горло, и что он кашляет, и что он не думает, что Петя сможет пойти на концерт. Я спросила, лежит ли Петя. Отец сказал, что он ходит, и тогда я попросила Петю к телефону. Я спросила Петю, измерял ли он температуру. Он ответил, что измерял, и что температура у него невысокая. Я спросила, какие лекарства он принимает. Петя сказал, что он принимает аспирин и микстуру от кашля. Я сказала, что мне его жаль. Он спросил почему. Я сказала, что иду на концерт американского джаза и добавила, что уверена, что ему бы тоже очень хотелось пойти. Петя закричал в трубку, что у него уже ничего не болит, и что он совершенно здоров. Я сказала, что встречу его через полчаса у входа в концертный зал.

Упражнение 9.   *Translate into idiomatic Russian.*

My father recently came down with bronchitis, and so when I talk with him, I always ask how he is feeling. Yesterday he said that he had just been to the doctor's and that after having taken his temperature, the doctor had told him to stay in bed, dress warmly, and to apply mustard plasters. I asked whether he was seriously ill, and he said that he probably wasn't, but that being sick was extremely unpleasant and that in the future he would have to take better care of himself.

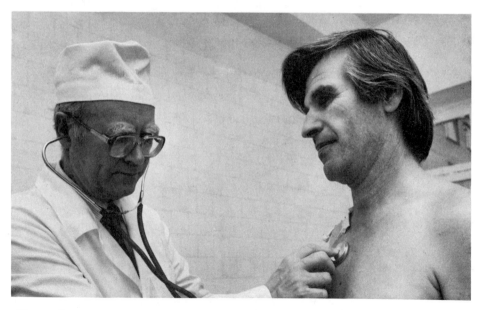

На приёме у врача

У врача

Working with other students, write a radio play based on the following situation. Remember that your audience will not be able to see the actors and that all necessary information will have to be conveyed to them through dialog.

An American student in the Soviet Union becomes ill. After discussing the situation with the host family, the student decides to go to a Soviet doctor who makes a diagnosis and prescribes treatment. Later that evening, the student talks about the experience with the family.

Perform your play for the class. Your writing assignment will be to summarize the play put on by one of the other groups. Do not use direct speech in your summary.

Задания

1. *In the continuing adventures of* Незнайка *we encounter the following conversation between him and* Синеглазка. *Read the text and then summarize it in your own words. Do* not *use direct quotation.*

— Пойдите умойтесь, а потом и одежду получите.

Синеглазка привела Незнайку на кухню. Там был на стене умывальник. Рядом на гвозде висело полотенце, и лежали на полочке мыло и зубной порошок.

умыва́льник раковина /
гвоздь *nail* /
по́лочка полка /
порошо́к *powder*

— Вот вам щётка, вот зубной порошок. Будете чистить зубы, — сказала Синеглазка, протягивая Незнайке щётку.

— Терпеть не могу зубной порошок! — проворчал Незнайка.

терпе́ть *to stand*
проворча́ть *to grumble*

— Это почему же?

— Невкусный!

— Так вам же не есть его.

— Всё равно. Он за язык щиплет.

щипа́ть *to sting*

— Пощиплет и перестанет.

Незнайка нехотя принялся чистить зубы. Проведя два раза по зубам щёткой, он скорчил отчаянную гримасу и стал плеваться. Потом сполоснул рот водой и начал намыливать мылом руки. Вымыв руки, он положил мыло на полочку и стал мыть лицо.

не́хотя *unwillingly*
ско́рчить *to make (a face)*
отча́янный *desperate* /
плева́ться *to spit* /
сполосну́ть *to rinse*

— И лицо надо с мылом, — сказала Синеглазка.

— Ну его! — ответил Незнайка. — Мыло всегда в глаза лезет.

— Нет уж, пожалуйста, — строго сказала
Синеглазка. — Иначе не получите одежду.

Нечего делать. Незнайка намылил лицо мылом
и поскорее принялся смывать мыло водой.

— Бр-р-р! — вздрагивал он. — Какая
холодная вода.

вздра́гивать *to shudder*

Кое-как сполоснув лицо, он протянул
вперёд руки и, не открывая глаз, принялся
шарить руками по стенке.

ша́рить *to fumble*

Синеглазка глядела на него, еле
удерживаясь от смеха.

уде́рживаться *to refrain*

— Что вы ищете?

— П-полотенце, — ответил Незнайка, трясясь
от холода.

трясти́сь *to shake*

— Зачем же искать с закрытыми глазами?
Откройте глаза.

— Как же их открыть, когда мыло
п-п-проклятое и без того лезет!

прокля́тый *confounded*

— А вы бы смыли его хорошенько.

Синеглазка сняла со стены полотенце и
протянула Незнайке. Незнайка повозил
полотенцем по лицу и только после этого
решился открыть глаза.

— Ну вот, теперь вы стали не в пример чище и
даже красивее, — сказала Синеглазка и, заметив
отпечатавшиеся на полотенце следы грязи,
закончила: — Но в следующий раз придётся
мыться лучше. Это только на первый раз я вам
делаю снисхождение.

не в приме́р *incomparably*

отпеча́таться *to leave an
impression* / **грязь** *dirt*

де́лать снисхожде́ние *to
make an allowance*

2.   *Compose a dialog to accompany the following pictures.*

3. *Write a narrative on the basis of the dialog that you wrote for activity 2. Be sure to describe both the scene and its participants and to summarize (not quote) the conversations that took place between them.*

4. *This excerpt is adapted from a story by Mikhail Zadornov which appeared in «Литературная газета» in 1990. Read the text and then summarize its contents. Do not use quotations in your summary.*

Записка врача

Уважаемые воры!

Эту записку я кладу специально для вас на видное место. Я уезжаю на юг в санаторий. Если вы решите посетить мою квартиру, очень прошу, будьте поаккуратнее.

Нет, нет... Я не прошу невозможного. У

каждого из нас свои профессии. Я врач.
Люблю чистоту. Пожалуйста, вытрите ноги.

Теперь, когда вы, надеюсь, вытерли ноги,
милости прошу — заходите! Сразу советую в левую **ми́лости прошу́** *welcome*
комнату. В правой, честное слово, брать
нечего. Мебель? Да, новая. Но пока
донесёте, она вся развалится. **развали́ться** *to fall apart*

А вот в левой комнате у меня есть
видеомагнитофон. Я понимаю, что ради него вы
наверняка и посетите мою квартиру. Есть, **наверняка́** наверно
правда, одно но... Это только корпус у
него японский, а внутри он насквозь **насквозь** *through and through*
советский. Я бы поступил нечестно, если бы не
предупредил вас. Поэтому вы крепко подумайте, **предупреди́ть** *to warn*
прежде чем его забирать... Например,
крышка, когда вынимается кассета, открывается
автоматически, но с таким шумом, будто
кенгуру на́ ногу наступил динозавр. При **наступи́ть** *to step on*
этом иногда выключается свет в квартире. А
кассета вылетает на несколько метров вперёд.
Зачем вам это? Подумайте...

Кстати, если, пока вы будете думать, вы услы-
шите, что сзади вас кто-то бегает по квартире,
не пугайтесь — это холодильник. У него такое
случается.

Конечно, вас интересуют мои
драгоценности. Что у меня есть из
драгоценностей? Самая дорогая вещь —
открытка на полке с фотографией моего друга в
Америке, тоже врача. Он снят на фоне своей **фон** *background*
собственной больницы. А с обратной
стороны надпись — можете прочитать: ‹‹Моему **на́дпись** *inscription*
талантливому другу, который всегда был для
меня примером в учёбе››.

Так что вы не думайте обо мне плохо. Хотя
я понимаю. Скоро на пенсию, а даже ворам
взять нечего.

Ну, вот и всё. Больше ничем, к
сожалению, помочь не могу. Крепко вас всех
обнимаю, целую... Последняя просьба.
Перед уходом выключите, пожалуйста, везде свет,
а главное — эту записку положите там же,
перед входом, где её взяли. А то вдруг ещё
кому-нибудь захочется посетить мою
квартиру.

5. *The day preceding Igor Tsypkin's death you happened to overhear a conversation between him and his wife, Vera (Lesson 6). Since it seems to you that this conversation may be pertinent to the investigation, describe it to the police.*

Рождённый ползать
летать не может

Словарь

го́род (*мн.* города́) city
городско́й city, urban
столи́ца capital *что р. п.*
столи́чный capital
райо́н district, area *что р. п.*
райо́нный district, area
кварта́л block[1] *что р. п.*
центр downtown *что*
центра́льный central *парк*
при́город suburb *что* *train поезд*
при́городный suburban *электричка train*
окра́ина (на) outskirts *что*
село́ (*мн.* сёла) village,
    settlement
се́льский rural, village
дере́вня (*р. мн.* дереве́нь)
    village, country
дереве́нский rural, village

достопримеча́тельность *и что*
    ж. sight (point of interest)
пло́щадь (на) *ж.* square *имена р. п.* *улица Пушкар... проспект*
парк park *имени + р. п.*
па́мятник *кому?* statue, monument
дворе́ц (*р.* дворца́) palace
це́рковь (*р.* це́ркви, *мн.*
    це́ркви, церкве́й,
    церква́х) *ж.* church
собо́р cathedral
шоссе́ (на) *нескл. с.* highway
доро́га (на) road
у́лица (на) street
проспе́кт (на) avenue
бульва́р (на) boulevard
на́бережная (*р.* на́бережной)
    (на) embankment

переу́лок (*р.* переу́лка) side
  street (6)

мост (на мосту́, *мн.*
  мосты́) bridge

тротуа́р (на) sidewalk

перехо́д crossing, crosswalk

перекрёсток (*р.*
  перекрёстка) (на)
  intersection

светофо́р traffic signal

пешехо́д pedestrian

маши́на car
   легкова́я ~ passenger car
   грузова́я ~ truck
   пожа́рная ~ fire engine
   милице́йская ~ police car

грузови́к truck

шофёр driver[2]

води́тель *м.* driver[2]

води́ть (вожу́, во́дишь)
  несов. to drive[3]

води́тельские права́ (*р.*
  прав) driver's license

мотоци́кл motorcycle

мотоцикли́ст motorcyclist

велосипе́д bicycle

велосипеди́ст bicyclist

движе́ние traffic

тормози́ть *несов.* (торможу́,
  тормози́шь) to brake; *сов.*
  затормози́ть

остана́вливать *несов.* to stop;
  сов. останови́ть (остановлю́,
  остано́вишь); *возвр.*
  остана́вливаться/
  останови́ться

ава́рия accident, wreck
   попада́ть в ава́рию
    несов. to be in an accident;
    сов. попа́сть в ава́рию
    (попаду́, попадёшь;
    попа́л)

авто́бус bus

тролле́йбус trolleybus

трамва́й streetcar, tram

остано́вка (*р. мн.* остано́вок)
  (на) stop[1]

метро́ *нескл. с.* subway

ста́нция (на) station

сади́ться (сажу́сь, сади́шься)
  несов., куда? to board; *сов.*
  сесть (ся́ду, ся́дешь; сел)

переса́дка (*р. мн.*
  переса́док) transfer

переса́живаться *несов., куда?*
  to transfer; *сов.* пересе́сть
  (переся́ду, переся́дешь;
  пересе́л)

такси́ *нескл. с.* taxi
   вызыва́ть ~ *несов.* to call a
    taxi; *сов.* вы́звать ~
    (вы́зову, вы́зовешь)
   брать ~ (беру́, берёшь;
    брал, брала́) *несов.* to
    take a taxi; *сов.* взять ~
    (возьму́, возьмёшь;
    взял, взяла́)
   лови́ть ~ (ловлю́, ло́вишь)
    несов. to catch a taxi; *сов.*
    пойма́ть ~

стоя́нка (*р. мн.* стоя́нок)
  (на) stand

ходи́ть (хожу́, хо́дишь)
  несов. to go (on foot); *опред.*
  идти́ (иду́, идёшь; шёл,
  шла); *сов.* пойти́

е́здить (е́зжу, е́здишь)
  несов. to go (by vehicle);
  опред. е́хать (е́ду, е́дешь);
  сов. пое́хать[3]

носи́ть (ношу́, но́сишь)
  несов. to carry; *опред.* нести́
  (несу́, несёшь; нёс,
  несла́); *сов.* понести́

води́ть (вожу́, во́дишь)
  несов. to lead; *опред.* вести́
  (веду́, ведёшь; вёл, вела́);
  сов. повести́

вози́ть (вожу́, во́зишь)
  несов. to transport; *опред.*
  везти́ (везу́, везёшь; вёз,
  везла́); *сов.* повезти́[3]

лета́ть *несов.* to fly; *опред.*
лете́ть (лечу́, лети́шь); *сов.*
полете́ть

пла́вать *несов.* to swim, sail;
опред. **плыть (плыву́,
плывёшь; плыл, плыла́);** *сов.*
поплы́ть

бе́гать *несов.* to run; *опред.*
**бежа́ть (бегу́, бежи́шь,
бегу́т);** *сов.* **побежа́ть**

по́лзать *несов.* to crawl; *опред.*
**ползти́ (ползу́, ползёшь;
полз, ползла́);** *сов.* **поползти́**

ла́зить (ла́жу, ла́зишь)
несов. to climb; *опред.* **лезть
(ле́зу, ле́зешь; лез, ле́зла);**
сов. **поле́зть**

ката́ть *несов.* to roll; *опред.*
кати́ть (качу́, ка́тишь); *сов.*
покати́ть

таска́ть *несов.* to pull, drag;
опред. **тащи́ть (тащу́,
та́щишь);** *сов.* **потащи́ть**

гоня́ть *несов.* to chase; *опред.*
**гнать (гоню́, го́нишь; гнал,
гнала́);** *сов.* **погна́ть**

броди́ть (брожу́, бро́дишь)
несов. to stroll; *опред.*
**брести́ (бреду́, бредёшь;
брёл, брела́);** *сов.* **побрести́**[4]

гуля́ть (I) *несов.* to go for a
walk; *сов.* **погуля́ть**[4]

ката́ться *несов.* to go for a ride;
сов. **поката́ться**[5]

отправля́ться *несов.* to depart;
сов. **отпра́виться
(отпра́влюсь, отпра́вишься)**

прибыва́ть *несов., офиц.* to
arrive; *сов.* **прибы́ть
(прибу́ду, прибу́дешь;
при́был, прибыла́,
при́были)**

приближа́ться *несов., к кому, к
чему?* to approach; *сов.*
**прибли́зиться
(прибли́жусь,
прибли́зишься)**

удаля́ться *несов., от кого,
от чего?* to move away from;
сов. **удали́ться**

достига́ть *несов., чего?* to reach;
сов. **дости́гнуть (дости́гну,
дости́гнешь; дости́г,
дости́гла)**

добира́ться *несов., до чего?*
to reach, get as far as; *сов.*
**добра́ться (доберу́сь,
доберёшься; добра́лся,
добрала́сь)**

направля́ться *несов.* to be
bound for; *сов.* **напра́виться
(напра́влюсь, напра́вишься)**

поднима́ться *несов.* to ascend;
сов. **подня́ться (подниму́сь,
подни́мешься; подня́лся,
подняла́сь)**

спуска́ться *несов.* to descend;
сов. **спусти́ться (спущу́сь,
спу́стишься)**

торопи́ться (тороплю́сь,
торо́пишься) *несов.* to hurry;
сов. **поторопи́ться**

мча́ться (мчусь, мчи́шься)
несов. to rush; *сов.*
помча́ться

Vocabulary Notes

[1]Distance in colloquial Russian is not estimated in terms of "blocks" (**кварталы**), as it is in English. Instead, people tend to talk about how many "stops" (**остановки**) there are between two points.

Ближайшая станция метро
находится в двух **остановках**
отсюда.

*The nearest subway station is two
stops from here.*

[2]Although the words **шофёр** and **водитель** are frequently used synonymously, they do have slightly different meanings. **Шофёр** refers to professional drivers only, while **водитель** is broader in meaning and includes amateur as well as professional drivers.

[3]When the verb **водить** is used in the sense of "to drive," its direct object (stated or implied) is always a vehicle, never a person. If the direct object is a person, use some form of **возить/везти**. If there is no direct object, use a form of **ехать/ездить.**

Дядя Коля не умеет **водить** машину.	*Uncle Kolya doesn't know how to drive a car.*
Папа меня сегодня **везёт** в школу на своей машине.	*Daddy is driving me to school in his car today.*
Давай **поедем** зá город.	*Let's drive to the country.*

[4]The verb **бродить/брести** might also be translated as *to wander, to amble* or *to mosey.* The idea is that the motion, although directed, is fairly leisurely. The indeterminate form of this verb is synonymous with the verb **гулять.**

Он **побрёл** в сторону реки.	*He strolled toward the river.*
Я люблю **бродить (гулять)** по набережной.	*I like to stroll on the embankment.*

[5]The verb **кататься/покататься** refers to motion for pleasure regardless of the means of transportation.

Мы целый день **катались** на машине по городу.	*We drove around town all day.*
Я люблю **кататься** на велосипеде.	*I like to bicycle.*
Давай **покатаемся** по реке.	*Let's go for a ride on the river.*

Подготовительные упражнения

Unprefixed Motion Verbs

Motion verbs present special problems, especially when used in past-tense narrations. The expression *motion verbs* does not refer to all verbs that answer the question **куда?**, but rather to a special set of verbs that exhibit certain characteristics. Verbs belonging to this category may be unprefixed or prefixed. Unprefixed motion verbs differ from other verbs in that they have two imperfective forms: determinate and indeterminate. The unprefixed motion verbs are listed below.

Unprefixed Motion Verbs

Imperfective		Perfective	Meaning
Determinate	**Indeterminate**		
идти́	ходи́ть	пойти́	*to go* (*on foot*)
éхать	éздить	поéхать	*to go* (*by vehicle*)
нести́	носи́ть	понести́	*to carry*
вести́	води́ть	повести́	*to lead*
везти́	вози́ть	повезти́	*to transport*
летéть	летáть	полетéть	*to fly*
плыть	плáвать	поплы́ть	*to swim, sail*
бежáть	бéгать	побежáть	*to run*
ползти́	пóлзать	поползти́	*to crawl*
лезть	лáзить	полéзть	*to climb*
кати́ть	катáть	покати́ть	*to roll*
тащи́ть	таскáть	потащи́ть	*to pull, drag*
гнать	гоня́ть	погнáть	*to chase*
брести́	броди́ть	побрести́	*to stroll*

The conjugated forms of the unprefixed motion verbs are given to you in the vocabulary at the beginning of this lesson. Pay particular attention to the verb **бежать,** which has an irregular mixture of first- and second-conjugation forms, and to the verbs **водить/вести** (*to lead*) and **возить/везти** (*to transport*), which are easily confused because they are so similar in form. Remember that all the forms of **водить/вести** contain an underlying **-д-,** while the forms of **возить/везти** have an underlying **-з-.**

води́ть		вожу́ д/ж	вози́ть	вожу́ з/ж
		вóдишь		вóзишь
вести́	д/с	веду́	везти́	везу́
				везёшь
		вёл д/zero		вёз
		велá д/zero		везлá

Determinate verbs show motion in one direction, while indeterminate verbs show motion in more than one direction. We may observe this distinction in the following present-tense examples:

Он сейчас **идёт** в магазин.
(Action in progress in one direction.)

He is going to the store now.

Каждое утро она выходит из дома и **идёт** на остановку автобуса.
(Repeated action, but describing one leg of the trip.)

Every morning she leaves the house and goes to the bus stop.

Он сейчас **бродит** по пляжу.
(Action in progress in more than one direction.)

He is strolling on the beach now.

Она весь день **ездит** по городу.
(Repeated action in more than one direction.)

She drives around town all day.

Каждое лето он **ездит** к родителям.
(Repeated action in more than one direction.)

He goes to see his parents every summer.

Саша хорошо **плавает.**
(Ability to perform the action in any direction.)

Sasha swims well.

The same distinctions may be observed in the past and future tenses.

PAST   Вчера когда Игорь **шёл** в поликлинику, он встретил Гену.
(Action in progress in one direction.)

Yesterday, as Igor was walking to the clinic, he ran into Gena.

Каждое утро она вставала поздно, завтракала и **ехала** на пляж.
(Repeated action in the past, but describing only one leg of the trip.)

Every day she got up late, ate breakfast, and went to the beach.

Бабочка **летала** по комнате.
(Action in progress in more than one direction.)

A butterfly was flying around the room.

Прошлым летом он **ездил** к родителям.
(Round trip in the past. This sentence is equivalent to ‹‹Прошлым летом он был у родителей››.)

Last summer he went to see his parents.

Целое лето он **ездил** на пляж.
(Repeated action in the past.)

All summer long he went to the beach.

Дедушка **ходил** с трудом.
(Ability to perform the action in any direction.)

Grandfather walked with difficulty.

FUTURE   Завтра я **буду идти** мимо вашего дома и зайду к вам на полчаса.
(Action in progress in one direction.)

Tomorrow, on my way past your house, I'll drop in for a half an hour.

Тверская улица (бывшая ул. Горького, Москва)

Целый день мы **будем плавать** в море и загорать на пляже. (Repeated action in more than one direction.)	*All day long we'll swim in the sea and sunbathe on the beach.*
Павлик, я думаю, скоро **будет** хорошо **плавать**. (Ability to perform the action in any direction.)	*I think Pavlik is going to be swimming well soon.*

Notice that you may use indeterminate imperfective verbs to talk about a single round trip only when the action has actually been completed. As a result, this construction is used in the past tense, but not in the future.

Упражнение 1. *Replace the underlined words in each sentence with one of the determinate motion verbs:* **идти, ехать, лезть, плыть, лететь, бежать, ползти.** *Discuss possible variations.*

1. Самолёт направляется из Москвы во Владивосто́к.
2. По дороге медленно поднимался в гору грузовик.
3. Мы направляемся на лодке через речку.
4. Мы мчимся на вокзал за билетами.
5. Поезд медленно двигался вдоль перрона.
6. Стюардесса направляется по салону в кабину пилота.
7. Велосипедист двигался нам навстречу.

8. Смотри! Кошка <u>поднимается</u> на крышу к нашим соседям.

9. Я <u>спешу</u> к стоянке такси.

10. Пассажиры <u>направляются</u> к выходу из аэропорта.

11. Мальчик быстро <u>спускался</u> по лестнице во двор.

12. Корабль <u>направлялся</u> в Му́рманск.

Упражнение 2. *Rewrite the sentences with one of the transitive motion verbs* **нести, вести,** *or* **везти.**

Образец: Завтра я иду со своими детьми в парикмахерскую.

   Завтра я веду своих детей в парикмахерскую.

1. Дедушка едет с нами в Москву.

2. Первого сентября родители всегда провожают первоклассников в школу.

3. Милиционеры идут с преступником в милицейскую машину.

4. Мимо меня едет грузовик с солдатами. Они едут в клуб смотреть новый фильм.

5. Мой сосед заболел. Скорая помощь едет с ним в больницу.

6. Мальчик подходит к котёнку, берёт его на́ руки и спускается с ним по лестнице в подвал своего дома.

7. Я покупаю столько продуктов, что мне тяжело идти с сумкой по улице.

8. На шоссе нам встретилось много грузовиков. На них были легковые машины.

Упражнение 3. *Fill in the blanks with the correct form of one of the verbs given in parentheses. Discuss possible variations.*

1. Он одиноко _____ (брести/бродить) по улице домой.

2. Я _____ (тащить/таскать) по земле свой чемодан, — такой он был тяжёлый.

3. Когда я был маленьким, мой отец любил _____ (катить/катать) меня на своём велосипеде.

4. Смотри! Как быстро кошка _____ (бежать/бегать) на чердак!

5. Мы любили _____ (брести/бродить) по ночному городу до рассвета.

6. Отец каждый день _____ (вести/водить) дочку в школу.

7. Каждый день мне приходилось _____ (тащить/таскать) в университет тяжёлые книги.

8. Старик _____ (нести/носить) тяжёлую сумку с продуктами с рынка.

9. Эта девочка такая маленькая, а уже хорошо _____ (плыть/плавать).

10. Какой-то мальчик _____ (катить/катать) большое колесо по дорожке сада.

11. Я _____ (вести/водить) свою собаку на стрижку.

12. Когда Машенька плачет, её всегда _____ (нести/носить) на руках.

13. Отец с гордостью рассказывал гостям, что его дочь в три месяца уже _____ (ползти/ползать), а в восемь месяцев _____ (идти/ходить).

14. Однажды в детстве мой брат упал с дерева. С тех пор он не любит _____ (лезть/лазить) по деревьям.

15. Грузовик медленно _____ (ползти/ползать) в гору.

16. Автобус _____ (везти/возить) пассажиров в центр.

Упражнение 4. *Fill in the blanks with the unprefixed imperfective motion verb that best translates the English phrase.*

Зажигается зелёный свет. Пешеходы ____*идут*____ (*are walking*) через дорогу. Я ____*иду*____ (*am walking*) в толпе по бульвару, как вдруг вижу, что навстречу мне, радостно крича, быстро ____*бежит*____ (*is running*) мой старый приятель Слава. Я ____*несу*____ (*am carrying*) тяжёлый портфель и поэтому не могу ____*бежать*____ (*run*), но он что-то громко кричит и я начинаю ____*идти*____ (*to walk*) быстрее. Добежав, наконец, до меня, он возбуждённо говорит: «Ну что ты так медленно ____*ползёшь*____ (*are crawling*)? Ты, что, ____*бегать*____ (*to run*) разучился? Я увидел тебя ещё у перекрёстка, я на машине и ____*везу*____ (*am driving*) свою жену за покупками. Если тебе тяжело ____*нести*____ (*to carry*) портфель, я тебе помогу. Он берёт мой портфель и я медленно ____*иду*____ (*stroll*) за ним к его машине. «Я не знал, что ты уже ____*водишь*____ (*drive*) машину. Ты ведь только что получил водительские права», — говорю я. «Разве ты не видишь, как я теперь зато быстро ____*бегаю*____ (*run*). Если ты целый день ____*водишь*____ (*drive*) машину, то потом хочется не ____*ходить*____ (*walk*), а ____*бегать*____ (*run*). Советую тебе тоже получить права и купить машину, — ты будешь не ____*ползать*____ (*crawl*), а ____*летать*____ (*fly*).»

Упражнение 5. *Replace the underlined words with synonymous verbs of motion. Make any other necessary changes.*

Я живу в новом районе на окраине города. На работу я <u>добираюсь</u> на двух автобусах и трамвае. Я сажусь на сто восемьдесят пятый автобус, до которого я <u>добираюсь</u> 15 минут пешком. Потом я пересаживаюсь на сорок седьмой и <u>направляюсь</u> к Кировскому мосту. Там я сажусь на пятый трамвай и <u>нахожусь в пути</u> ещё 20 минут. Так что я провожу три часа в день в городском транспорте.

Вчера ко мне подошёл мой начальник и сказал, что я буду теперь <u>отправляться</u> в командировки в Москву раз в месяц. Боже мой! Теперь я всегда буду <u>путешествовать</u> — то на работу, то в Москву.

Perfective Motion Verbs

The perfective forms of motion verbs are formed by adding the prefix **по-** to the determinate imperfective forms of the unprefixed verbs. These perfective forms are used when speaking of future intentions and of future events. Notice, however, in the last example that it is also possible to use the present tense of motion verbs with future implications.

Летом я хочу **поехать** в Советский Союз.	*This summer I want to go to the Soviet Union.*
В перерыв я **пойду** в буфет.	*I'll go to the snackbar during the break.*
Завтра я **иду** к врачу.	*I'm going to the doctor's tomorrow.*

In the past tense, perfective motion verbs formed with the prefix **по-** focus on the beginning of the motion.

Остановившись у перекрёстка, она подумала и **пошла** вперёд.	*After stopping at the intersection, she thought a bit and then went ahead.*
Он запаковал свои чемоданы и **поехал** на вокзал.	*He packed his bags and left for the station.*

When motion verbs are negated, the indeterminate imperfective focuses on the failure to perform the action itself, while the perfective verb focuses on the failure to achieve one's intentions.

— Что вы делали в воскресенье? — Был дома. Никуда не **ходил.**	*What did you do on Sunday?* *I was home. I didn't go anywhere.*
— Вы вчера были на даче? — Нет, не **поехали** из-за дождя.	*Were you at the dacha yesterday?* *No, we ended up not going because of the rain.*

Two additional perfective forms may be formed by adding prefixes to the indeterminate imperfective forms of the motion verbs. The prefix **по-** added to an indeterminate imperfective motion verb forms a perfective verb with the additional connotation of time limitation.

Он **походил** по комнате и снова сел.	*He walked around the room a bit and then sat down again.*

The prefix **с-** added to an indeterminate imperfective motion verb forms a perfective verb which is used to speak of round trips. These verbs are used when the speaker wishes to focus on the result of the action rather than on the mere fact of its having taken place.

Вчера мы **ходили** в кино. (Focuses on the action rather than on the result. This sentence is equivalent to «Вчера мы были в кино».)

Yesterday we went to the movies.

Я **сходил** в магазин за продуктами и начал готовить обед. (Focuses on the result. The first action must produce a result before the second action can occur.)

I went to the store for the groceries and started fixing dinner.

Упражнение 6. *Fill in the blanks with appropriate forms of* **идти, ходить** *and* **пойти.** *Discuss possible variations.*

1. Куда вы ___ходите___ каждый вечер?
2. Куда ты ___пойдёшь___ сегодня вечером?
3. Завтра моя племянница ___пойдёт___ в поликлинику.
4. На прошлой неделе я ___ходил___ на новоселье.
5. Когда я ___шёл___ к вам, у меня заболел зуб. Дайте мне, пожалуйста, аспирин.
6. Пока я ___шёл или ходил___ в магазин, мою квартиру ограбили.
7. Когда я ___пойду___ мимо аптеки, я куплю зубную пасту.
8. Я часто ___хожу___ гулять на набережную.
9. В прошлое воскресенье мы ___ходили___ смотреть новый памятник на бульваре.
10. Когда я ___шёл___ к остановке сегодня, я была свидетелем аварии.

Prefixed Motion Verbs

Prefixed motion verbs are formed by adding prefixes to the imperfective forms of the unprefixed motion verbs. Prefixes added to indeterminate imperfective verbs form imperfective verbs, while prefixes added to determinate imperfective verbs form perfective verbs. In other words, prefixed motion verbs do not distinguish between determinate and indeterminate forms.

	Imperfective		Perfective
Unprefixed	идти	ходить	пойти
Prefixed	приходить		прийти

Some motion verbs are "defective," that is, they cannot combine with prefixes. The verbs whose indeterminate forms are not directly prefixable and their prefixable counterparts are: **идти́/-йти́, е́здить/-езжа́ть, бе́гать/-бега́ть,**

пла́вать/-плыва́ть, броди́ть/-бреда́ть, по́лзать/-полза́ть, ла́зить/
-леза́ть, таска́ть/-та́скивать, and ката́ть/-ка́тывать. You should also
note that prefixes ending in a consonant add **-о-** before combining with forms of
идти and of **гнать** and that they add **-ъ-** before combining with forms of **ехать/
-езжать: войти, вошёл, въехать, въезжать.**

Some prefixed motion verbs are fairly general in meaning and can be used with
a number of prepositions, while others are quite limited in meaning and can only
be used with certain prepositions. The most common prefixes and the prepositions
normally associated with them are listed below. Pairs of prefixes that are opposite
in meaning are listed together.

в-/вы- (*in* and *out*)

Мы **въехали** в село.	*We drove into the village.*
Мы **выехали** из села.	*We drove out of the village.*

при-/у- (*arriving* and *departing*)

Он **приехал** из села.	*He came from the village.*
Он **уехал** в город.	*He left for the city.*

под-/от- (*toward* and *away from*) к чему?, от чего?

Троллейбус **подошёл** к остановке.	*The trolley pulled up to the stop.*
Троллейбус **отошёл** от остановки.	*The trolley pulled away from the stop.*

Станция метро "ВДНХ" (Москва)

за- (*to deviate from one's path*)

> По дороге домой я **зашёл** в аптеку.
>
> *I dropped by the drugstore on my way home.*

пере- (*to cross*) *что?* and *через что?*

> Мы **переплыли** реку.
>
> *We swam across the river.*

> Мы **перешли** через улицу.
>
> *We crossed the street.*

Other prefixes that you may also want to use include:

до- (*to reach a point*) *до чего?*

> Он **дошёл** до конца квартала.
>
> *He walked to the end of the block.*

про- (*through* and *past*) *через что?, мимо чего?*

> Мы **прошли** через толпу людей к выходу.
>
> *We passed through a crowd of people to get to the exit.*

> Мы **прошли** мимо памятника Гоголю.
>
> *We walked past the statue of Gogol.*

об- (*around*) *что?* and *вокруг чего?*

> Мы **обогнали** грузовик.
>
> *We passed a truck.*

> Мы **обошли** вокруг дома.
>
> *We walked around the house.*

вз-/с- (*up* and *down*)

> Я **взбежал** на второй этаж.
>
> *I ran up to the second floor.*

> Рыжий кот **слез** с крыши.
>
> *The orange cat climbed down off the roof.*

с- -ся/раз- -ся (*together* and *apart*)

> Все родственники **съехались** на свадьбу.
>
> *All the relatives got together for the wedding.*

> Гости **разошлись** по домам.
>
> *The guests went to their homes.*

In general, the two aspects of the prefixed verbs of motion are used in much the same way that aspectual pairs of other verbs are used, that is, the imperfective form of the verb focuses on the action itself, while the perfective partner focuses on the result. There are, however, some peculiarities of motion verb usage that you should take note of.

In the past tense, the imperfective aspect shows that the action took place without any reference to its result. It can be used either to refer to a round trip in the past or to an action whose result has been "undone."

В прошлое воскресенье ко мне **приходили** гости.	*I had company on Sunday.*

The perfective aspect, on the other hand, shows that the result of the action is still relevant at the moment of speaking.

Я **принёс** вам лекарства, вот они.	*I brought you your medicine; here it is.*

Translating *to bring, to take,* and *to leave*

There are a few English verbs that may be translated by more than one Russian motion verb depending on the context in which they are used. Two of these verbs are *to bring* and *to take.* The English verb *to bring* implies motion toward the speaker and is usually best translated into Russian by a transitive motion verb beginning with the prefix **при-**. The English verb *to take* implies motion away from the speaker and is often best translated into Russian by a transitive motion verb beginning with the prefix **у-**. Motion verbs prefixed with **у-**, however, suggest complete absence and are not used when talking about delivering a person or a thing to a destination. In those instances one uses a verb beginning with the prefix **от-**. Transitive motion verbs beginning with the prefix **от-** cannot be used without a statement of destination.

Принеси мне, пожалуйста, чистую ложку.	*Bring me a clean spoon, please.*
Унеси кота отсюда, он царапает диван.	*Take the cat out of here; he's scratching the couch.*
Я **отнесла** все книги в библиотеку.	*I took all the books back to the library.*
Хозяин **отвёз** гостей домой.	*The host took the guests home.*

Another English word that presents translation problems is *to leave.* The most common way to translate this word into Russian is with a motion verb beginning with the prefix **у-**. Once again, this prefix implies complete absence.

—Где Алексей?	*Where's Aleksey?*
—Он **ушёл**.	*He's gone.*

It is also possible to translate *to leave* with a perfective motion verb beginning with the prefix **по-**. These verbs are virtually synonymous with verbs beginning with the prefix **у-**, but they cannot be used without stating where the subject of the verb has gone.

—Где Алексей?	*Where's Aleksey?*
—Он **пошёл** (ушёл) к другу.	*He's gone to his friend's.*

One may also translate *to leave* with a motion verb beginning with the prefix **вы-**. The first two examples below illustrate the difference between verbs beginning with the prefix **у-,** which focus on complete absence, and those beginning with the prefix **вы-,** which suggest that the subject has left for a short time. It is also possible to use motion verbs beginning with the prefix **вы-** to focus on the point of departure rather than on the absence itself.

Следователь Прóнин уже **ушёл** домой. Он будет завтра утром.	*Inspector Pronin has already gone home. He'll be here tomorrow morning.*
Следователь **вышел** на несколько минут. Он скоро вернётся.	*The inspector has left for a few minutes. He'll be right back.*
Мы обычно **выходим** из дома каждый день в 7 часов.	*We usually leave home every day at 7 o'clock.*
Мы **выехали** из города и поехали по шоссе.	*We left the city and set off down the highway.*

Finally, it is also possible to translate *to leave* with a motion verb beginning with the prefix **от-,** especially when speaking of vehicles that pull away from their points of departure.

Поезд **отходит** в 17.05.	*The train leaves at 17:05.*
Автобус только что **отошёл** от остановки.	*The bus had just left the stop.*

Упражнение 7. *Fill in the blanks with prefixed motion verbs beginning with the prefixes* **в-, вы-, при-, у-, под-,** *and* **от-.** *Pay particular attention to problems of aspect. Discuss possible variations. When you are satisfied with your answers, retell the story in your own words.*

К нам во двор _____ (ехать/-езжать) пожарная машина. Конечно, все, кто в это время находился дома, _____ (бежать/-бегать) во двор. Следом за пожарниками _____ (ехать/-езжать) милицейская машина, из которой _____ (идти/ходить) два милиционера. Милиционеры начали _____ (гнать/гонять) любопытных жильцов от пожарной машины. Пожарники, тем временем, _____ (тащить/таскать) из машины лестницу и милиционеры _____ (лезть/лазить) по ней через окно на чердак. Минут через пять испуганные жители дома услышали два выстрела и из парадной милиционеры _____ (вести/водить) молодого широкоплечего парня в наручниках, — видимо преступника, прятавшегося на чердаке. Следом за ними _____ (идти/ходить) второй милиционер, который _____ (нести/носить) тяжёлый чемодан. Он крикнул пожарникам, чтобы они поднялись на чердак и _____ (нести/носить) остальные награбленные вещи. Парня посадили в милицейскую машину и, когда машина _____ (ехать/-езжать) к выезду со двора и затормозила, жильцы дома узнали арестованного. Это был Константин Птичкин, изестный в нашем районе хулиган и грабитель. Милиционеры _____ (везти/ возить) преступника, пожарная машина тоже _____ (ехать/ -езжать) и все спокойно разошлись по домам.

Упражнение 8. *Fill in the blanks with motion verbs beginning with the prefixes* **вы-, у-, от-.**

Обвинение и оправдание

Валентин стоял у окна и думал. Вчера его жена Галя _____ (*left*) с работы. Она давно жаловалась на своего начальника, который, как ей казалось, хотел её выгнать с работы. Однажды она _____ (*left*) из своей лаборатории в коридор и увидела, что он _____ (*was carrying out*) из кабинета секретные материалы. Увидев Галю, начальник быстро _____ (*left*) к себе. С тех пор они перестали разговаривать друг с другом. А вчера Галя сказала, что ей нужно _____ (*leave*) из лаборатории на обед, но она вернулась раньше обычного. Когда она открыла дверь, она увидела, что начальник что-то ищет в ящиках её стола. Заметив Галю, он быстро _____ (*left*) от стола, и сделал вид, что ничего не случилось. Галя сразу же _____ (*left*) из лаборатории и расстроенная вернулась домой. Валентин согласился с тем, что всё это очень подозрительно, и они решили, что ей нужно _____ (*leave*) с работы. Они решили, что пока Гале следует _____ (*leave*) к матери. Валентин _____ (*took*) жену на вокзал и подождал, пока не _____ (*left*) поезд.

‹‹Что делать дальше?›› — подумал Валентин и _____ (*left*) от окна. Под окном на улице он заметил машину, которая _____ (*left*) от его дома и двух подозрительных парней в чёрных плащах.

(Продолжение следует)

Упражнение 9. *Fill in the blanks with appropriate forms of the motion verbs* **нести, вести, везти.** *Add prefixes as necessary.*

Обвинение и оправдание

Двое в плащах поднялись в квартиру Валентина. Они сказали ему, что они должны _____ его в определённое место. Они _____ его из квартиры, _____ до лифта и спустились с ним на первый этаж. Его _____ к машине, велели туда сесть и поехали. Его _____ куда-то на окраину города, _____ из машины и _____ через дорогу.

‹‹Куда же меня _____?›› — подумал Валентин. Его _____ по длинному коридору и _____ в огромную пустую комнату. Через минуту в комнату _____ два чемодана его жены. Их открыли, и Валентин с ужасом увидел, что в чемоданах вместо вещей лежат секретные документы с завода, где работала Галя.

(Окончание следует)

Упражнение 10. *Fill in the blanks with the appropriate forms of the given words using the prefixes* **за-, пере-, об-, вз-, с-, до-,** *and* **у-.** *Discuss possible variations.*

1. По дороге домой я _____зашёл_____ (*dropped in*) в магазин за хлебом.
2. Самолёт _____уехал_____ (*took off*) и стал плавно подниматься вверх.
3. Мы _____зашли_____ (*dropped by*) за приятелем на машине и поехали зá город.
4. Самолёт_____долетел_____ (*flew*) до Смоленска за полтора часа.
5. Мы _____переезжем_____ (*are moving*) на новую квартиру. Грузчики с утра _____переедем_____ (*will move*) мебель.
6. Никто не может _____переедит_____ (*cross*) речку в этом месте.
7. Мы _____пере____ (*moved*) телевизор к себе в спальню, чтобы дети меньше его смотрели.
8. Мы _____добежали_____ (*ran*) до остановки автобуса, но автобус уже _____уехал_____ (*left*).
9. Они_____облетели_____ (*flew*) вокруг озера, но не нашли пропавшей лодки.
10. Мы _____сбежали_____ (*ran*) вниз по лестнице.
11. Осторожно _____переедем_____ (*cross*) улицу, — на этом перекрёстке всегда много машин.

Упражнение 11. *Translate into idiomatic Russian.*

Dear Mila,

At last I am in Moscow! We arrived the night before last. At the airport first we passed through customs, and then we went out of the building and got into a taxi, which took us downtown to our hotel. In the morning we woke up early and went out for a walk. First we walked about two blocks along the Moscow River, and then we turned right and went toward the Kremlin. When we reached the Kremlin, I suddenly realized how very tired I was, so we returned to the hotel by subway.

Tomorrow I will go visit the Tikhonovs. When I get home, I will write to you again.

Until tomorrow,
Masha

Экскурсия по Московскому кремлю

You have been living and studying in Moscow for six months now and feel fairly comfortable in the city. A friend of yours has just arrived for a short visit.

1. *Use this picture of the Moscow Kremlin to plan an outing with your friend. Discuss alternate routes and places of interest that you may expect to see along the way.*

2.   *At the end of the day write a letter describing what you actually did to a friend who lives in the States. Be careful not simply to list the places you walked past but to talk about some of the things you did that made the day interesting.*

1. Храм Василия Блаженного 2. Памятник Минину и Пожарскому 3. Мавзолей Владимира Ильича Ленина 4. Исторический музей 5. Александровский сад 6. Троицкая башня 7. Кремлёвский Дворец съездов 8. Царь-пушка 9. Соборная площадь 10. Царь-колокол

Задания

1.   *The magazine containing the conclusion of* ‹‹Обвинение и оправдание›› (*exercises 8—9*) *was lost in the mail. Invent your own thrilling conclusion.*

2.   *Describe the pictures.*

3. *The following excerpt is from D. Granin's 1967 work* ‹‹Примечание к путеводителю››. *After reading the excerpt, summarize it in your own words.*

Автомобили и пешеходы
(заметки о путешествии по Австралии)

Машины в Австралии — нечто вроде голландского велосипеда. Ходящих ногами голландцев я не встречал, голландцев я видел только на велосипеде.

не́что *something*

В Австралии с пешеходами положение бедственное. Пешеход вымирает. В некоторых городах ещё сохранились тротуары. По ним идут к машине или из машины. На бо́льшее не решаются.

бе́дственный *disastrous* / **вымира́ть** *to die out* / **сохрани́ть** *to preserve*

реша́ться *to dare*

Казалось бы, простая вещь — перейти на другую сторону улицы. Оказывается, это поступок, требующий времени и мужества. Машины едут одна за другой часами, неделями, годами. Стоять на тротуаре и ждать не имеет смысла — скорее можно попасть на другую сторону улицы, сделав кругосветное путешествие.

посту́пок *action* / **му́жество** *courage*

кругосве́тный *round-the-world*

Для нас переходы были особенно сложной операцией. Дело в том, что движение тут левостороннее. А когда я ступал на мостовую, голова моя, согласно многолетней привычке, автоматически поворачивалась налево, и так как слева ни одна машина не угрожала, то ноги мои также автоматически несли меня вперёд, пока справа не раздавался визг тормозов, крики и всякая непереводимая игра слов. Тут я вспоминал, что я в Австралии и надо глядеть наоборот, не влево, а вправо.

ступа́ть *to step* / **мостова́я** *pavement* / **привы́чка** *habit*

визг *squeal*

Когда я вернулся в Москву, некоторое время меня считали больным: переходя улицу, я дёргался во все стороны.

дёргаться *to jerk*

Ездить на автомобиле, например, по Ме́льбурну, трудно, но ещё труднее поставить машину. Когда я спросил у Го́рдона о проблемах, стоящих перед страной, он заявил, что одна из важнейших проблем — это паркование машин.

заяви́ть *to announce*

Мы подъезжали к ресторану, где происходил очередной приём. Там места для машины не нашлось. Мы медленно проехали один квартал, второй, свернули на соседнюю улицу, там было запрещено парковаться, мы

очередно́й *usual* / **приём** *reception*

свернули на следующую и снова поехали вдоль
линии машин, мы ехали долго и молча, вдруг
Гордон тормознул и дал задний ход — он
увидел в зеркальце, как позади одна машина
отделилась от тротуара. Реакция его была
мгновенной. К свободному месту рванулись
ещё какие-то машины, но Гордон опередил их.
Он опустил в автомат шиллинг. Автомат затикал,
разрешил стоянку на 40 минут.

Теперь нам как-то надо было добраться до
ресторана. Мы отъехали от него километра
на два.

— Придётся взять такси, — сказал Гордон. В
ресторане, когда все расселись за столом,
Гордон тоскливо взглянул на часы и вышел: его
звал счётчик. В течение вечера Гордон
появлялся на несколько минут и снова
изчезал.

До сих пор мне и в голову не приходило, что
получается от избытка машин.

задний ход *reverse*

отдели́ть *to separate*
мгнове́нный *instant* /
рвану́ться *to rush* /
опереди́ть *to beat* /
зати́кать *to start to tick*

тоскли́во *miserably*
счётчик *meter*

избы́ток *excess*

Все дороги ведут в Рим

Словарь

(handwritten: ехать по ... ой)

желе́зная доро́га railroad
железнодоро́жный railroad, railway

(handwritten: буфет, переход, дорожный билет)

по́езд (*мн.* **поезда́**) train
  ско́рый ~ express train
  пассажи́рский ~ passenger train

(handwritten: пригородный)

  това́рный ~ freight train

(handwritten: на)

электри́чка́ (*р. мн.* **электри́чек**) *разг.* commuter train

ваго́н coach, railway car
  мя́гкий ~ first ("soft") class coach
  жёсткий ~ second ("hard") class coach

(handwritten: плацкартный)

спа́льный ~ sleeping car
купе́йный ~ sleeping car
купе́ *нескл. с.* sleeping compartment *(handwritten: четырёхместное, двухместное)*
по́лка (*р. мн.* **по́лок**) berth
  ни́жняя ~ lower berth
  ве́рхняя ~ upper berth

вокза́л (на) terminal *(handwritten: с какого вокзала, на какой вокзал)*
перро́н (на) platform
проводни́к; проводни́ца conductor
носи́льщик porter

(handwritten: плыть на)

кора́бль *м.* (*р.* **корабля́**) ship
парохо́д steamship, liner
ло́дка (*р. мн.* **ло́док**) boat

каю́та cabin, stateroom
порт (в порту́) port
при́стань *ж.* **(на)** pier, dock

самолёт airplane
вертолёт helicopter
рейс flight[1]
поса́дка (*р. мн.* **поса́док**)
boarding
взлёт take off
взлета́ть *несов.* to take off; *сов.*
взлете́ть (взлечу́, взлети́шь)
приземля́ться *несов.* to land;
сов. **приземли́ться**
аэропо́рт (в аэропорту́)
airport
пило́т pilot
бортпроводни́к;
бортпроводни́ца flight
attendant

грани́ца border
быть за грани́цей to be
abroad
е́здить за грани́цу (е́зжу,
е́здишь) *несов.; опред.*
е́хать за грани́цу (е́ду,
е́дешь); сов. пое́хать за
грани́цу to go abroad
тамо́жня (на) customs
проходи́ть тамо́жню
(прохожу́, прохо́дишь)
несов. to go through
customs; *сов.* **пройти́**
тамо́жню (пройду́,
пройдёшь; прошёл,
прошла́)

путь *м.* (*р.* **пути́,** *пр.* **пути́,** *д.*
пути́, *тв.* **путём,** *мн.* **пути́,**
путе́й) way[2]
путеше́ствие journey, travel[2]
путеше́ствовать (путеше́ствую,
путеше́ствуешь) *несов.* to
travel[2]
пое́здка (*р. мн.* **пое́здок)** trip[2]

командиро́вка (*р. мн.*
командиро́вок) business trip[2]
о́тпуск (*мн.* **отпуска́)** vacation
кани́кулы (*р.* **кани́кул)**
(на) school vacation

собира́ться *несов.* to plan; to
get ready; *сов.* **собра́ться**
(соберу́сь, соберёшься;
собра́лся, собрала́сь)[3]
накова́ть (паку́ю, паку́ешь)
несов. to pack; *сов.*
запакова́ть
чемода́н suitcase
су́мка (*р. мн.* **су́мок)** bag
рюкза́к (*р.* **рюкзака́)** backpack
провожа́ть *несов.* to see off; *сов.*
проводи́ть (провожу́,
прово́дишь)

экскурсово́д excursion leader
спу́тник; спу́тница fellow
traveller
гости́ница hotel
но́мер (*мн.* **номера́)** room
ключ (*р.* **ключа́)** *от чего?* key
ночева́ть (ночу́ю, ночу́ешь)
несов. and *сов.* to spend the
night

вре́мя *с.* (*р.* **вре́мени,** *тв.*
вре́менем, *мн.* **времена́,**
времён, времена́х) time
~ го́да season
вре́менный temporary
вре́мя от вре́мени from time to
time
в/за после́днее вре́мя recently[4]
раз (*мн.* **разы́, раз)** instance,
occasion

календа́рь *м.* (*р.* **календаря́)**
calendar
число́ date
да́та date

часы́ (*р.* **часо́в**)   clock, watch
   спеши́ть *несов.*   to run fast
   отстава́ть (**отстаю́т**)   to run slow
   ста́вить (**ста́влю, ста́вишь**) ~ *несов.*   to set a clock *сов.* **поста́вить**
секу́нда   second
мину́та   minute
час (*р.* **часа́, в часу́,** *мн.* **часы́**)   hour

су́тки (*р.* **су́ток**)   24-hour period
рассве́т   sunrise
зака́т   sunset
у́тро   morning
у́тренний   morning
день *м.* (*р.* **дня**)   day
дневно́й   day, daytime
по́лдень *м.* (*р.* **по́лдня**)   noon
ве́чер (*мн.* **вечера́**)   evening
вече́рний   evening
ночь *ж.*   night
ночно́й   night
по́лночь *ж.*   midnight
бу́дни (*р.* **бу́дней**)   weekdays
выходно́й день (*р.* **дня**)   day off
неде́ля   week

весна́ (*мн.* **вёсны, вёсен, вёснах**)   spring
весе́нний   spring
ле́то   summer
ле́тний   summer
о́сень *ж.*   autumn
осе́нний   autumn
зима́ (*мн.* **зи́мы**)   winter
зи́мний   winter
год (**в году́,** *мн.* **го́ды, годо́в**)   year
век (*мн.* **века́**)   century

пери́од   period, time[5]
промежу́ток (*р.* **промежу́тка**)   interval, period[5]
срок   term, period, deadline[5]

сего́дня *нареч.*   today
сего́дняшний   today

вчера́ *нареч.*   yesterday
вчера́шний   yesterday
позавчера́ *нареч.*   day before yesterday
за́втра *нареч.*   tomorrow
за́втрашний   tomorrow
послеза́втра *нареч.*   day after tomorrow
накану́не *чего?*   the day before
про́шлое (*р.* **про́шлого**)   the past
про́шлый   past, last[6]
бы́вший   former
пре́жний   previous
предыду́щий   preceding
настоя́щее (*р.* **настоя́щего**)   the present
настоя́щий   present
бу́дущее (*р.* **бу́дущего**)   the future
бу́дущий   future, next[7]
сле́дующий   next[7]

зара́нее *нареч.*   beforehand, in advance
снача́ла *нареч.*   at first
пото́м *нареч.*   then, next[8]
зате́м *нареч.*   subsequently
тогда́ *нареч.*   then[8]

пока́   while, until[9]
во вре́мя *чего?*   during[10]
в тече́ние *чего?*   during[10]
одновреме́нный   simultaneous

ра́нний (*ср.* **ра́ньше**)   early
по́здний (*ср.* **по́зже**)   late
после́дний   last, latest[6]
успева́ть *несов.*   to have time; to be on time; *сов.* **успе́ть** (I)[11]
опа́здывать *несов., куда?*   to be late; *сов.* **опозда́ть**
во́время *нареч.*   in/on time

нача́ло   beginning
начина́ть *несов.*   to begin; *сов.* **нача́ть** (**начну́, начнёшь; на́чал, начала́**); *возвр.* **начина́ться/нача́ться**

середи́на middle
коне́ц (*р.* конца́) end
конча́ть *несов.* to finish; *сов.*
  ко́нчить; *возвр.* конча́ться/
  ко́нчиться
продолже́ние continuation
продолжа́ть *несов.* to continue;
  сов. продо́лжить; *возвр.*
  продолжа́ться/
  продо́лжиться

сложе́ние addition
скла́дывать *несов.* to add; *сов.*
  сложи́ть (сложу́, сло́жишь)[12]
прибавля́ть *несов., к чему?* to
  add; *сов.* приба́вить
  (приба́влю, приба́вишь)[12]

вычита́ние subtraction
вычита́ть *несов., из чего?* to
  subtract; *сов.* вы́честь (вы́чту,
  вы́чтешь; вы́чел, вы́чла)[12]
отнима́ть *несов., от чего?* to
  subtract; *сов.* отня́ть
  (отниму́, отни́мешь;
  о́тнял, отняла́)[12]
умноже́ние multiplication
умножа́ть *несов., на что?* to
  multiply; *сов.* умно́жить[12]
деле́ние division
дели́ть (делю́, де́лишь) *несов.,*
  на что? to divide; *сов.*
  раздели́ть[12]
су́мма sum
ра́зность *ж.* difference
результа́т result

Vocabulary Notes

[1]The word **рейс,** which is best translated as *flight* when referring to air travel, may be applied to scheduled trips by other means of transportation as well.

Да́йте мне, пожа́луйста, два биле́та на **рейс** № 131.	*Please give me two tickets for flight No. 131.*
Объявля́ется поса́дка на **рейс** Москва-Ленингра́д.	*Now announcing boarding for the Moscow-Leningrad train.*

[2]The English word *trip* may be translated a number of ways in Russian. In the set phrase **Счастли́вого пути́!** (*Have a nice trip!*) one uses the word **путь.** Notice that the noun **путь,** although masculine, is declined in all cases except the instrumental singular the same way as feminine nouns ending in **-ь.**

Another possible way to translate *trip* is to use one of the motion verbs or to use the verb **путеше́ствовать. Путеше́ствовать** may be used either to answer the question **куда?** or with the preposition **по** and the dative case.

Как вы **съе́здили?**	*How was your trip?*
Я **е́здил** на Аля́ску.	*I took a trip to Alaska.*
Я **путеше́ствовала** на Аля́ску.	*I took a trip to Alaska.*
Я **путеше́ствовал** по Аля́ске.	*I traveled around Alaska.*

It is also possible to translate *trip* by using one of the nouns **пое́здка, путеше́ствие,** or **командиро́вка. Пое́здка** is the most general of these words and may be used for business as well as pleasure trips. **Путеше́ствие** generally refers to pleasure trips, while **командировка** is reserved for business trips.

Во время нашего **путешествия** я заболела воспалением лёгких.	*On our trip I came down with pneumonia.*
У нас была прекрасная **поездка.** Мы побывали в трёх странах!	*We had a wonderful trip. We visited three countries!*
Каждую неделю я езжу в **командировку** в Москву.	*I make a business trip to Moscow every week.*

[3]When used with an infinitive complement, the verb **собираться** means *to plan to do something.* Used without a complement, however, it may mean *to get ready* (for a trip, for example).

Летом мы **собираемся** ехать в Европу.	*In the summer we are planning to go to Europe.*
Мы так долго **собирались,** что чуть не опоздали на поезд.	*We took so long getting ready that we almost missed the train.*

[4]Use **в последнее время** when stressing the action and **за последнее время** when stressing the result.

В последнее время я часто ездил в командировки.	*I've been taking a lot of business trips recently.*
За последнее время я прочла два интересных романа.	*I've read two interesting novels recently.*

[5]The Russian word **период** corresponds to the English *period in time,* while **промежуток** refers to the interval between two points in time. **Срок** is an amount of allotted time and frequently corresponds to the English word *deadline.*

Это был самый трудный **период** его жизни.	*It was the most difficult period of his life.*
В этот **период** я редко с ним встречался.	*During that period I saw very little of him.*
В **промежутке** между самолётами я успела сходить в ресторан.	*During the interval between planes I had enough time to go to a restaurant.*
Мы успели всё кончить к **сроку.**	*We managed to finish everything by the deadline.*

[6]The words **прошлый** and **последний** are easily confused because they both are translated as *last* in English. **Прошлый** means *last* in the sense of *past,* while **последний** means *last in a sequence.*

На **прошлой** неделе я ездила к родителям.	*I visited my family last week.*
Я тебе это говорю в пятый и **последний** раз!	*I am telling you this for the fifth and last time!*

[7]The words **будущий** and **следующий** may both be translated as *next*. **Будущий** means *next* in the sense of *future*, while **следующий** means *next in sequence*.

Какие у тебя планы на **будущий** год?	*What are your plans for next year?*
Три года назад я был во Франции. А в **следующем** году я поехал в Грецию.	*Three years ago I was in France. The next year I went to Greece.*

[8]**Потом** means *then* in the sense of *next in a sequence*. **Тогда** means *then* in the sense of belonging to some time in the past. **Тогда** may also be used to introduce a result.

Гриша встал и походил по комнате. **Потом** он снова сел и начал что-то писать.	*Grisha stood up and walked around the room a bit. Then he sat down again and started writing something.*
Я **тогда** ещё не знала, что поеду летом в Европу.	*I still didn't know then that I was going to Europe in the summer.*
Если ты не хочешь опоздать на самолёт, **тогда** нам надо торопиться.	*If you don't want to miss the plane, then we'll have to hurry.*

[9]**Пока** is translated as *while* when used in a clause whose action is simultaneous with that of the main clause of the sentence. It is translated as *until* when used in a clause with a negated verb. Perfective verbs are generally used in sentences of the latter type.

Пока мы ждали поезда, мы стояли на перроне.	*While we waited for the train, we stood on the platform.*
Мы стояли на перроне, **пока не** отошёл поезд.	*We stood on the platform until the train left.*
Не беспокойся, если ты будешь опаздывать. Мы будем ждать, **пока** ты **не** придёшь.	*Don't worry if you're running late. We'll wait until you come.*

If, however, you want to say that something did *not* happen "until" a certain time, use a positive verb and **только** in Russian.

Саша обещал прийти до часа, но он пришёл **только** в два часа.	*Sasha promised to come before one, but he didn't come until two o'clock.*

[10]**Во время** literally means *at the time* of something, while **в течение** means *in its course.*

Во время моего пребывания в Москве я познакомился со многими приятными людьми.	*During my stay in Moscow I met a lot of nice people.*
В течение зимы я два раза болела гриппом.	*During the winter I had the flu twice.*

[11]As a rule, the verb **успевать/успеть** is used with perfective infinitives.

Я не **успела** проводить Таню на поезд.	*I didn't have time to see Tanya to the train.*

[12]The verb **складывать/сложить** means to add two numbers together: **складывать два числа. Прибавлять/прибавить** means to add one number to another: **к пяти прибавить два. Вычитать/вычесть** and **отнимать/отнять** are synonymous, but they are used with different prepositions: **из пяти вычесть два, от пяти отнять два.** If you wish to multiply or divide "by" something, use the preposition **на: умножить пять на два, разделить шесть на два.**

В порту (Ялта)

Подготовительные упражнения

Numbers

Numbers may be ordinal, in which case they answer the question **какой?** (or **который?** in the sense of *which of a given number*), or they may be cardinal, in which case they answer the question **сколько?**

—**Какой** урок мы сейчас проходим? —**Девятый.**	*Which lesson are we covering now?* *The ninth one.*
—**Который** из семи братьев женится? —**Седьмой.**	*Which one of the seven brothers is getting married?* *The seventh one.*
—**Сколько** уроков в этом учебнике? —**Двенадцать.**	*How many lessons are there in this book?* *Twelve.*

Ordinal numbers (appendix A) decline as adjectives. Cardinal numbers have their own declension patterns (appendix A). A few peculiarities of their forms and usage, however, require special attention.

The cardinal number **один** has a declension pattern like that of the pronoun **этот** (Lesson 3). This number agrees with the noun that it modifies in gender, number, and case.

Я купила **один** билет на пароход.	*I bought one steamship ticket.*

The number **один** may be used figuratively as well. Its English translation will depend on context. In some instances, it functions as does the English article *a/an*, in which case it is best not translated.

Это был **один** мой старый приятель.	*It was an old friend of mine.*
Наконец все разошлись, и мы остались **одни.**	*At last everyone went away, and we were left alone.*
Я читаю сейчас **одну** научную литературу.	*I read only scientific literature now.*
Мы с ним из **одной** деревни.	*He and I are from the same village.*

The cardinal numbers **два/две, три** and **четыре** are used with the genitive plural of adjectives and the genitive singular of nouns: **четыре младших брата, три интересных письма, две хороших книги.** When speaking of feminine nouns, it is also possible to use the nominative plural of adjectives: **две хорошие книги.**

Два/две differs from other numbers in that it has one form for masculine and neuter words and another one for feminine. There are two other words which behave in this way: **полтора́/полторы́** (*one and a half*) and **о́ба/о́бе** (*both*). Like **два/две,** these words are used in the nominative and inanimate accusative cases with the genitive singular of nouns and the genitive plural of adjectives. **Полтора/полторы** has only one oblique form, **полу́тора,** which is very seldom used. **Оба/обе** is declined as follows:

N	о́ба	о́бе
A	N or G	
G	обо́их	обе́их
P	обо́их	обе́их
D	обо́им	обе́им
I	обо́ими	обе́ими

Remember to use **оба/обе** only when there are literally two of the same thing. Otherwise use **и... и** or **и то... и другое.**

У меня две кошки. Я люблю их **обеих.**	*I have two cats. I like them both.*
Я люблю **и** фрукты **и** овощи.	*I like both fruit and vegetables.*
—Вы больше любите кататься на велосипеде или на мотоцикле? —Я люблю **и то и другое.**	*Do you prefer bicycling or motorcycling? I like them both.*

The numbers **пять** through **двадцать** and the number **тридцать** are declined the same as feminine nouns ending in **-ь.** In their nominative forms, these numbers are spelled with a soft sign at the end of the word. In their inflected forms, they are end stressed: **во́семь, восьми́, восьмью́.**

In their nominative forms, the numbers **пятьдесят, шестьдесят, семьдесят,** and **восемьдесят** have a soft sign in the middle of the word, but none at the end. When these words are declined, they change in both parts: **во́семьдесят, восьми́десяти, восьмью́десятью.**

The numbers **сорок, девяносто,** and **сто** are irregular in that they have only one inflected form which is used in all cases other than the nominative and the accusative: **сорока́, девяно́ста, ста.**

Beginning with **пять,** all cardinal numbers are used with the genitive plural of both adjectives and nouns: **пять клетчатых свитеров, шесть полосатых рубашек.** In compound numbers the last word determines the case of the following adjective/noun phrase: **двадцать один опасный преступник, тридцать две опытные медсестры.** All of the words in a compound number are declined: **о двадцати одном спальном вагоне, с тридцатью двумя верхними полками.**

The hundreds (**двести,** etc.) also are declined in both parts. With the exception of **двести,** which looks like the number **две** followed by a feminine noun, these words decline as though **сто** were a neuter noun. Notice that in all of the forms except the nominative-accusative **двести**, **триста**, and **четыреста**, the element **сто** has preserved a plural declension pattern.

N	триста	пятьсо́т
A	триста	пятьсо́т
G	трёхсо́т	пятисо́т
P	трёхста́х	пятиста́х
D	трёмста́м	пятиста́м
I	тремяста́ми	пятьюста́ми

The numbers **тысяча, миллион,** and **миллиард** (*billion*) are, strictly speaking, nouns, and they are declined as such. (In addition to the predictable instrumental form **ты́сячей,** there is, however, an alternate form **ты́сячью,** which looks like the instrumentals of some of the other numbers.) Because they are nouns, these numbers should technically be followed only by genitive plurals, but there is quite a bit of variation in practice: **к тысяче книг/к тысяче книгам.** Remember that they combine with other numbers just as do other nouns: **одна тысяча, две тысячи, пять тысяч.**

All of the number-plus-noun phrases that we have just been discussing have been either nominative or inanimate accusative:

В порту стояло **два корабля.**	*There were two ships in the port.*
В порту они увидели **два корабля.**	*They saw two ships in the port.*

If we use one of these expressions in any case other than the nominative or the accusative, we must put both the numeral and the plural form of the noun into the appropriate case. One also observes the distinction between inanimate and animate accusative when using the numbers **два/две,** **три,** and **четыре.** This distinction is not observed with numbers higher than **четыре,** and is not observed when **два/две, три,** and **четыре** are used in compound numbers.

Нам надо пересаживаться на **двух станциях.**	*We have to transfer at two stations.*
Мы пригласили в гости **двух новых соседок.**	*We invited the two new neighbors over for a visit.*
Сегодня учитель вызвал **двадцать два ученика.**	*The teacher called on twenty-two students today.*

In addition to cardinal numbers, there are collective numbers, which also answer the question **сколько?** They are **дво́е, тро́е, че́тверо,** and, much less commonly used, **пя́теро, ше́стеро,** and **се́меро.** A collective number cannot be used as part of a compound number. Nouns following collective numerals are always in the genitive plural.

Collective numbers may be used with nouns denoting male persons: **двое мальчиков.** Cardinal numbers work equally well here: **два мальчика.** Collective numbers are also typically used with the noun **дети: двое детей.**

Collective numbers may also be used alone or with pronouns. Pronouns, if used, will typically be genitive.

Четверо стояли на перроне. *Four (people) were standing on the platform.*

Их было **трое.** *There were three of them.*

Finally, the collective numbers **двое, трое,** and **четверо** are used to quantify nouns that do not have singular forms: **двое часов** (*two watches*), **трое суток** (*three days*), **четверо ножниц** (*four scissors*). These phrases, although theoretically possible, are not, however, frequently used in colloquial speech. By the same token, although these phrases can be declined, it is much more common to use cardinal numbers in the oblique cases.

It is unlikely that you will ever have to use fractions except when talking about mathematics. If you ever do need to express a fraction, you should think of it as a regularly quantified noun phrase in which the numerator is a cardinal number, the denominator is an ordinal number, and the noun, which is understood but never stated, is **часть.**

одна пятая (часть)	*one fifth*
две пятых (части)	*two fifths*
пять шестых (частей)	*five sixths*

The adjective following a fraction should be genitive plural and the noun genitive singular: **две десятых квадратных метра** (*two tenths of a square meter*).

When a fraction follows a whole number, you may use the word **цéлая** (*whole*) to express the whole number:

$1\frac{2}{3}$ одна целая и две третьих

$2\frac{4}{7}$ две целых и четыре седьмых

The word **целая** may also be omitted.

Decimal fractions are written with a comma.

1,1 одна целая, одна десятая

20,01 двадцать целых, одна сотая

57,368 пятьдесят семь целых, триста шестьдесят восемь тысячных

Remember that you can avoid using fractions by using nouns (**четверть, треть,** or **половина**) or by using **полтора/полторы: два с половиной метра** (*two and a half meters*), **полтора часа** (*an hour and a half*).

The preposition **по** is used when talking about the distribution of objects. It is used with the dative case with the number **один** and with the accusative case with numbers higher than **один.**

Каждый купил **по одному билету.**	*Each one bought a ticket apiece.*
Бабушка подарила всем внукам **по три серебряных ложки.**	*Grandmother gave all of her grandsons three silver spoons apiece.*

The prepositions **за** and **по** are both used with the accusative when talking about the distribution of prices. The distinction between them is the same distinction that English makes with the prepositions *for* and *at.* Once again, **по** conveys the notion of so much apiece.

Соседи купили четыре стула **за** 38 рублей, а мы купили четыре стула **по** 12 рублей каждый и заплатили за них 48 рублей.	*Our neighbors bought four chairs for 38 rubles, and we bought four chairs at 12 rubles apiece and as a result paid 48 rubles for them.*

Finally, the preposition **на** is also used with the accusative case when talking about the number of items that you can purchase for a given amount of money.

Купи мне конфет **на** рубль.	*Buy me a ruble's worth of candy.*

Упражнение 1.   *Fill in the blanks with appropriate forms of the given word.*

Утёрянная копейка

Это странная задача. 2＿＿＿＿＿＿＿ (торговка) на рынке продавали яблоки, одна по 3, а другая по 2＿＿＿＿＿＿＿ (яблоко) на 1＿＿＿＿＿＿＿ (копейка). Им пришлось уйти с рынка на 2＿＿＿＿ (час) раньше обычного. У каждой из них ещё оставалось по 30 ＿＿＿＿＿＿＿ (яблоко). Они попросили свою подругу, чтобы та продала их по 4＿＿＿＿＿＿＿ (копейка) за 10＿＿＿＿＿＿＿ (штука). Если бы торговки продали свои яблоки сами, то получили бы за них 25＿＿＿＿＿＿＿＿＿ (копейка), а так они получили только 24＿＿＿＿＿＿＿ (копейка). «Куда же,» — спросите вы, — «девалась 1＿＿＿＿＿＿＿ (копейка)?» Ведь продавать по 3＿＿＿＿＿＿＿ (яблоко) на 1＿＿＿＿＿＿＿ (копейка) и по 2＿＿＿＿＿＿＿ (яблоко) на 1＿＿＿＿＿＿＿ (копейка) — это всё равно, что на 4＿＿＿＿＿ (копейка) продавать по 10＿＿＿＿＿＿＿ (яблоко).
Не могли бы вы объяснить эту нехитрую задачу?

Упражнение 2.   *Fill in the blanks with an appropriate form of the given words.*

＿＿＿＿＿＿＿ (1, молодой человек) нужно было добраться до железнодорожной станции, расположенной в ＿＿＿＿＿＿＿ (4, километр) от его дома. Его багаж состоял из＿＿＿＿＿＿＿ (2, тяжёлый чемодан), унести которые ＿＿＿＿＿＿＿ (1, даже сильный человек) было очень тяжело. _____ (2, добрый сосед) этого молодого человека предложили ему помочь. Каждый из них взял по _____ (1, тяжёлый чемодан) и, таким образом, молодому человеку нечего было нести. Он себя чувствовал очень неловко, но в душе был рад. Правда, через _____ (2, километр) _____ (оба, добрый сосед) устали и вернулись домой. Молодому человеку пришлось одному тащить _____ (2, свой чемодан) до станции. Он, конечно, опоздал на поезд и провёл больше _____ (3, долгий час) на вокзале.

Упражнение 3. *Fill in the blanks with appropriate forms of the given phrases.*

Витя пришёл из школы и сразу начал решать задачу по арифметике. В задаче говорилось о _____ (3, колхоз), которые продали овощному магазину помидоры и огурцы. Первый колхоз продал _____ (83, тонна) помидоров и _____ (114, тонна) огурцов. Второй продал на _____ (5, тонна) больше помидоров и на _____ (18, тонна) меньше огурцов, чем первый. Третий продал на _____ (23, тонна) меньше помидоров, чем первый, и столько огурцов, сколько первый и второй вместе. В задаче спрашивалось, сколько огурцов и помидоров продали магазину все _____ (3, колхоз).

Витя подумал немножко и начал записывать. Сначала он прибавил _____ (5) к _____ (83) и вычел _____ (18) из _____ (114). Получилось, что второй колхоз продал _____ (88, тонна) помидоров и _____ (96, тонна) огурцов. Потом Витя вычел _____ (23) из _____ (88) и прибавил _____ (96) к _____ (114). Так он узнал, что третий колхоз сдал _____ (60, тонна) помидоров и _____ (216, тонна) огурцов. К этому времени Витя страшно устал и заснул прямо над задачей. Ему снился сон о _____ (40, колхоз), _____ (156, тонна) разных овощей, которые эти колхозы продают _____ (295, магазин). Пока Вите снится этот кошмар, давайте кончим за него решать задачу и объясним ему, когда он проснётся, как мы её решили.

Time and Dates

In official contexts, time is based on a 24-hour clock and is read from left to right, as it might be in English.

21.45   двадцать один сорок пять

In colloquial speech, however, telling time is somewhat more complicated. When you tell time, you are answering the question **сколько времени?** or, more formally, **который час?** It is useful to remember that the question **который час?** literally asks which hour it is out of a possible 24. At twelve o'clock, the twelfth hour ends and the first hour (**первый час**) begins. Thus, if someone says that they will stop by your house <<**в первом часу**>>, they mean some time after twelve.

After twelve o'clock, you tell time by specifying how many minutes of the first hour have elapsed.

> 12.10   десять минут первого

> 12.15   четверть первого

This manner of telling time works to half past the hour (**половина первого** or **полпервого**), or, in colloquial speech, to 35 minutes past the hour (**тридцать пять минут первого**). When talking about later times, however, you stop thinking about the fact that you are in the first hour and start looking ahead to one o'clock (**час**). At this point, you can tell time by specifying how many minutes there are to one o'clock by using the preposition **без** and the genitive case of the cardinal numbers.

> 12.40   без двадцати час

Remember that you answer the question **когда?**, **в котором часу?**, or the colloquial **во сколько?** by using **в** and the accusative during the first half of the hour and no preposition other than **без** during the second half. At half past the hour use the preposition **в** followed by the prepositional case when using the word **половина**.

Поезд приходит на станцию в **пять часов.**	*The train arrives at the station at 5:00.*
Давайте встретимся на вокзале **в четверть восьмого.**	*Let's meet at the station at 7:15.*
Я должна быть у врача **без пяти шесть.**	*I have to be at the doctor's at 5:55.*
Самолёт прибывает **в половине седьмого.**	*The plane arrives at 6:30.*
Дети приходят из школы в **полчетвёртого.**	*The children get home from school at 3:30.*

The notions of A.M. and P.M. are conveyed by genitive forms of **утро** (5:00–12:00 A.M.), **день** (12:00–5:00 P.M.), **вечер** (5:00–12:00 P.M.), and **ночь** (12:00–5:00 A.M.).

Ребёнок проснулся в два часа **ночи.**	*The baby woke up at two o'clock in the morning.*

Years in Russian are expressed with ordinal numbers. Thus, instead of saying that it is "nineteen ninety one," as you would in English, you say that it is the "one thousand nine hundred ninety-first year": **тысяча девятьсот девяносто**

первый год. Remember that because you are only talking about *one* of those one thousand nine hundred ninety-one years, only the last number (**первый**) is actually declined. If you are answering the question **когда?** (or **в каком году?**), the entire phrase will be in the prepositional.

Шура родилась в **тысяча**   *Shura was born in 1977.*
девятьсот семьдесят седьмом
году.

If you want to say that something happened in a certain month of a certain year, use the preposition **в** followed by the prepositional of the month and the genitive of the year.

Шура родилась **в сентябре**   *Shura was born in September of '77.*
семьдесят седьмого года.

The question **Какое сегодня число?** is answered with a neuter ordinal number. The month, if named, will be in the genitive, as will the year.

Сегодня **двадцать пятое**   *Today is the twenty-fifth of March.*
марта.

When answering the question **когда?** (or **какого числа?**) with a date, use the genitive form of the neuter ordinal number *with no preposition.*

Саша родился **шестнадцатого**   *Sasha was born on the sixteenth of*
мая.   *May.*

If you wish to talk about an entire decade, you may use an ordinal number to modify the plural noun **го́ды.**

Они учились вместе в   *They studied together during the*
шестидесятые годы.   *sixties.*

Упражнение 4.   *Fill in the blanks with a colloquial expression of the given time. Add prepositions as needed.*

В институт, где я учусь, пришли анкеты. Мне велели заполнить одну из них. Составители анкеты хотят знать, в каких условиях я живу, состав моей семьи, чем я увлекаюсь. Отвечаю на эти вопросы. Читаю анкету дальше. Да, составители анкеты хотят знать обо мне решительно всё. Их интересует моя жизнь по часам. Сколько часов у меня уходит на (а) занятия, (б) выполнение домашних заданий, (в) домашнее хозяйство и (г) отдых. Это не так-то просто подсчитать, придётся сесть и записать по часам всё, что я обычно делаю за день.

Встаю _____ (7.15), принимаю душ и одеваюсь. Около _____ (8.10) завтракаю и _____ (8.30) выхожу из дома.

_____ (8.45) я обычно уже в институте, потому что _____ (9.00) у меня первая лекция. После третьей лекции _____ (11.45) я бегу в буфет. Там я обедаю и прочитываю газету — обычно на это уходит минут 20-25. _____ (14.50) кончается последняя лекция и я иду в библиотеку. Там я обычно занимаюсь до _____ (17.15). _____ (17.45) я дома и готовлю ужин. В _____ (19.00) я уже свободна от всех дел и могу развлекаться до _____ (23.30), когда я обычно ложусь спать. Я, конечно, не включила сюда время, которое уходит на покупки, уборку квартиры и стирку, но этим я занимаюсь в выходные дни, а меня в анкете спрашивают только про будни.

Упражнение 5. _Fill in the blanks with the given dates._

Отечественная война (1812 г.)

В начале _____ (XIX в.) Франция вела войну с Англией. Наполео́н мечтал захватить Россию и использовать её богатства и военную силу для победы над Англией.

_____ (24/VI 1812 г.) Наполеон начал поход на Россию. Несмотря на мужество русских солдат и офицеров, к концу августа _____ (1812 г.) войска Наполеона подошли к Москве.

Вечером _____ (5/IX 1812 г.) у деревни Шевардино́ произошёл первый бой, а рано утром _____ (7/IX) произошло знаменитое Бороди́нское сражение, после которого французы заняли Москву. В Москве не осталось жителей — все ушли вместе с русской армией.

_____ (19/X) Наполеон начал отступать из Москвы. Вскоре русская армия разбила войска Наполеона. В Петербурге на Дворцо́вой площади, у Зимнего императорского дворца, построенного в _____ (1754–1762 гг.) архитектором В. В. Растре́лли, воздвигли Алекса́ндровскую колонну, в честь победы русских войск в Отечественной войне _____ (1812 г.). Открытие колонны состоялось в _____ (1834 г.).

Other Expressions of Time

In Lesson 5 we discussed using adverbs, adverbial clauses, and verbal adverbs to answer the question **когда?** There are a number of other ways, including clock time and calendar dates, to answer that question.

The preposition **в** followed by a noun in the accusative case may be used to answer the question **когда?** when speaking of the hour and its parts (**час, минута, секунда**), days and parts of the day (**утро, день, вечер, ночь**), parts of the year (**весна, лето, осень, зима**), and the words **время** and **раз: в эту минуту, в час, в эту ночь, в среду, в выходные дни, в будни, в ту весну, в тот раз, в свободное время.** Remember that when speaking of parts of the day and parts of the year, it is also possible to answer the question **когда?** by using the instrumental case with no preposition: **утром, днём, вечером, ночью, весной, летом, осенью, зимой.** Use **в** and the accusative when identifying a specific point in time and the instrumental of time when identifying a general period of time.

В этот день я почему-то проснулась позже обычного.	*On that day for some reason I woke up later than usual.*
Днём я всегда на занятиях, и домашние задания делаю поздно **вечером.**	*I'm always in class in the daytime, and I do my homework late in the evening.*
Авария случилась в пятницу **днём.**	*The accident occurred Friday afternoon.*
В ту весну я должен был ехать за границу.	*That spring I was supposed to be going abroad.*
Прошлой весной было необычно холодно.	*Last spring it was unusually cold.*

The preposition **в** followed by the prepositional case is used to answer the question **когда?** when speaking of months, years, and centuries: **в марте, в этом году, в двадцатом веке.**

The preposition **на** followed by the prepositional case is used to answer the question **когда?** when speaking of weeks: **на следующей неделе.**

Other prepositions which may be used in time expressions include the preposition **по,** which is used with the dative plural to indicate repetition, and the preposition **к,** which is also used with the dative to show the time "toward" or "by" which an action occurs.

Летом **по воскресеньям** мы ездим на дачу.	*In the summer we go to the dacha on Sundays.*
Он обещал приехать **к вечеру.**	*He promised that he would get here toward evening.*

The English expression *from ... to* is best translated by **с ... до,** with both prepositions followed by the genitive case.

Я буду в Ленинграде **с** первого апреля **до** пятнадцатого мая.	*I'll be in Leningrad from the first of April to the fifteenth of May.*
Рая занимается **с** утра **до** ночи.	*Raya studies from morning to night.*

A number of time expressions present translation problems for speakers of English. The English word *for* may be translated at least two different ways with reference to time. One of these constructions is used to answer the question **как долго?** (or **сколько времени?**). In this construction, where the accusative of time is used with *no preposition,* the reference is to the duration of an imperfective verb.

Мы говорили по телефону **два часа.**	*We talked on the telephone (for) two hours.*

The rule of thumb here is that if you can omit *for* in English, you must omit it in Russian, but since there are numerous exceptions to this "rule," you should not rely on it exclusively.

The other time construction that is translated with the word *for* answers the question **на какое время?** In this construction the reference is to the projected duration of something that will happen *after the action of the main verb.* Notice in the following example that the word *for* cannot be omitted in English.

Он приехал к нам в гости **на всё лето.**	*He came to visit us for the whole summer.*

You will also see **на-** incorporated in adverbs which answer the question **на какое время?**

Яша **ненадолго** уехал.	*Yasha left for a short while.*
Они расстались **навсегда.**	*They parted forever.*

The other two constructions that are troublesome for English speakers involve translations of the word *in*. The first of them uses the accusative case following the preposition **за.** This construction shows the period of time within which a result has been achieved. When describing single actions this construction is used with perfective verbs. It may also be used with imperfective verbs, however, when describing repeated actions. It is useful to compare this construction to the accusative of time with no preposition which is used with imperfective verbs.

— **Сколько времени** вы летели из Москвы в Хабаровск? — **Семь часов!**	*How long was the flight from Moscow to Khabarovsk? Seven hours!*
— **За сколько времени** вы долетели до Хабаровска? — **За семь часов.**	*How long did it take you to get to Khabarovsk? Seven hours.*
Придётся сесть и записать всё, что я обычно делаю **за день.**	*I'll have to sit and write down everything that I usually do in a day.*

You may also use the preposition **за** together with the preposition **до** to talk about the period of time *before* something occurs.

Мы приехали в аэропорт **за** десять минут **до** посадки на самолёт.	*We arrived at the airport ten minutes before boarding.*

The other construction in which English uses the word *in* requires the preposition **через** followed by the accusative case and refers to the period of time after which an action occurs.

Я вернусь **через** полчаса.   *I'll be back in half an hour.*

The preposition **через** may be used together with the preposition **после** to specify the period of time *after* which something occurs.

Через час **после** отхода поезда проводник начал проверять билеты.

An hour after the train had left, the conductor began checking the tickets.

Repeated time intervals may be expressed in a number of ways. The word **каждый** is used with the accusative of time to show repetition.

Каждую зиму я болею гриппом.   *I come down with the flu every winter.*

The preposition **через** may be used either alone or together with the word **каждый** to show repetition at intervals. In the first example below, where one cannot use word **каждый** without changing the meaning of the sentence, the use of **через** is obligatory. In the second example, where one must use **каждый, через** is optional.

Дедушка ходит к врачу **через** день.

Grandfather goes to the doctor every other day.

Электричка отходит (**через**) **каждые** двадцать минут.

The commuter train leaves every twenty minutes.

If you wish to express the idea of something happening a number of times "per" interval of time, use **в** and the accusative.

Бабушка летает к внукам два раза **в** год.

Grandma flies out to visit the grandchildren twice a year.

Упражнение 6.   *Fill in the blanks with the best translation of the English expressions. Discuss possible variations.*

Я помню, как я после окончания университета поступил на работу и _в первый раз_ (*for the first time*) поехал в командировку на Север. Это было _в начале марта_ (*at the beginning of March*) и мне казалось, что _в марте_ (*in March*) наступает весна. Но _в этом году_ (*in that year*) зима была очень длинной и суровой. Я поехал туда ~~на три недели~~ (*for three weeks*), но уже _через 5 дней_ (*in five days*) я начал скучать по дому и друзьям. _Каждое утро_ (*Every morning*) я вставал и бежал к окну посмотреть, не перестал ли идти снег. Но снег шёл _утром днём_ (*morning, noon, evening, and night*). _В будни_ (*On weekdays*) я занимался делами, но _в ходни_

На вокзале

(*on days off*) я просто не знал, чем заняться. Один раз _к вечеру_ (*toward evening*) мне стало так грустно, что я решил позвонить своему начальнику на работе и попросить его разрешить мне вернуться домой _через два_ (*in a day or two*). Я говорил с ним по телефону _пол-часа_ (*for half an hour*) и, хотя он не разрешил мне вернуться, мне стало легче. Он рассказал мне, что, конечно, _три недели_ (*three weeks*) — это долгий срок и что _следующий р._ (*the next time*) он постарается послать меня не больше, чем _на неделю_ (*for a week*). Он обещал послать меня _в этом году_ (*this year*) _летом_ (*in the summer*) в командировку за границу. Короче говоря, _в ту минуту_ (*at that minute*) я понял, что у меня очень интересная работа и что _на будущий неделя_ (*next week*) я уже буду дома, а потом _через три месяца_ (*in three months*) я поеду _на несколько дней_ (*for several days*) в Европу. _В ту ночь_ (*That night*) я спокойно заснул.

Упражнение 7. *Translate into idiomatic Russian. Write all numbers as words.*

Dear Nina,

Last week Misha and I decided that this year we would go to Paris for our vacation. We will leave here in five weeks on the thirteenth of June. In Paris we will stay at a charming hotel near the center for one week, and then we will move to some friends' for the next two weeks. They live farther from the center, but they say that it is possible to get downtown by subway in twenty-five minutes.

I can imagine how in the mornings we will have coffee in our room and then stroll along the wide boulevards of Paris. Toward evening we will drop into some small cafe where we will dine inexpensively but well! In the evenings we will go to the theater, and we won't come back to the hotel until three o'clock in the morning! Such a trip occurs only once in a lifetime! I will write to you every day.

Yours,
Sasha

Все дороги ведут в Рим

You and your friend both have the entire month of August free. You have decided to use the time to visit Rome, and you think that it would be more interesting to go there by train.

1. *Use the following train schedule and the accompanying map to plan your trip. Decide where you want to get off the train and how long you want to spend at each stop. Do the same for your return trip. Remember that when you are making your plans you will be talking about time colloquially rather than officially.*

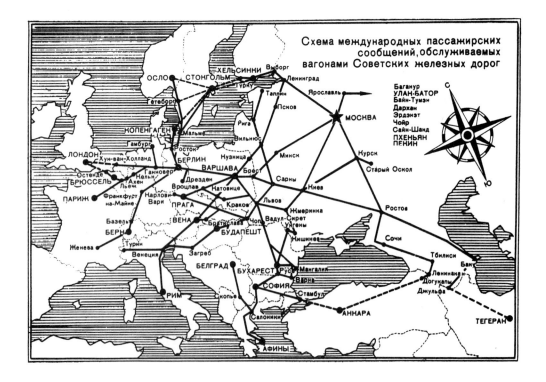

МОСКВА — РИМ

(через Чоп — Будапешт — Загреб)

поезд № 9/10—3319/3310—200/201—220/221—750/756

Беспересадочный вагон

№ поезда	Прибытие	Отправление	Км	Маршрут следования	Прибытие	Отправление	№ поезда
				Московское время летнее и зимнее			
9	—	16.47	0	Москва Киевский вок.	14.45	—	
	22.36	22.46	387	Брянск Орловский	8.48	8.58	
	4.25	4.52	872	Киев	2.37	2.52	
	7.46	7.50	1093	Винница	23.38	23.43	
	12.05	12.10	1362	Тернополь	19.37	19.42	
	14.12	14.35	1503	Львов	17.28	17.40	
	18.31	18.35	1728	Мукачево	13.31	13.35	
	19.20	21.00	1769	Чоп	11.05	12.40	
				Восточноевропейское время по 24.09.88 и с 26.03.89			
				Среднеевропейское время 25.09.88—25.03.89			
	19.35	20.15	1775	Захонь	8.00	8.30	
	21.40	21.45	1890	Дебрецен	6.27	6.30	
3319	23.15	3.15	2011	Сольнок	1.38	4.50	10
200	5.15	6.00	2110	Будапешт Келети	22.45	23.40	3310
	9.20	9.40	2346	Муракерестур	19.00	19.25	
	9.47	9.53	2919	Коториба	18.43	18.53	
220	12.20	13.05	3166	Загреб	15.42	16.20	201
	17.40	18 21	3422	Сежана	10.24	11.14	
	18.30	18.55	3425	Вилла Опичина	9.55	10.15	
750	19.23	23.00	3457	Триест	8.50	9.25	
751	1.00	1.25	3614	Венеция Местре	6.45	7.00	221
	8.25	—	4188	Рим Термини	—	22.55	756

П р и м е ч а н и е. Курсирует круглый год, в летний период 6 раз в неделю, отправление из Москвы по 1, 3, 4, 5, 6, 7, прибытие и отправление из Рима по 4, 6, 7, 1, 2, 3, прибытие в Москву по 7, 2, 3, 4, 5, 6 дням недели, в зимний период 5 раз в неделю, отправление из Москвы по 1, 3, 4, 5, 6, прибытие и отправление из Рима по 4, 6, 7, 1, 2, прибытие в Москву по 7, 2, 3, 4, 5 дням недели. Вагон с местами 1 класса в 2-местных и 2 класса в 3-местных купе.
Время в пути: Москва—Рим 65 ч 38 мин, Рим—Москва 61 ч 50 мин.

2. *Write a letter to another friend in which you describe your round trip. This friend does not want to know your precise arrival and departure times but rather what made the trip interesting.*

Задания

1. *You have just received a questionnaire similar to the one described in exercise 5. Account for your use of time during the course of a week.*

2. *Compile a list of the historically significant dates that you believe every well-educated person should know.*

3. *Unfortunately, both you and your companion got sick during your trip to Rome. Describe your visit to the doctor.*

4. *Yesterday at breakfast, you happened to read this article from* ‹‹Литературная газета››. *Summarize the contents of the article to your companions and discuss its implications.*

Рынок и цены

По сравнению с январем прошлого года в январе 1989 года на городских рынках продано больше: капусты, лука, свёклы, помидоров, огурцов. Немного меньше моркови (на один процент), картофеля и зелёного лука (на два). По сведениям Госкомстата СССР, на городских рынках меньше продано говядины (на тринадцать процентов), баранины (на двенадцать).

Рыночный картофель за год подорожал на 26 процентов, а капуста стала дешевле на 8 процентов. Средние цены на рынках по сравнению с январем 1988 года стали выше на свёклу, морковь, лук, огурцы, помидоры, яблоки, говядину, баранину. Средняя цена свежих огурцов составила 7 рублей 69 копеек, помидоров — 6 рублей 83 копейки. На два процента стало дешевле масло (8 рублей), свежая капуста — на восемь процентов (65 копеек).

В январе прошлого года 24 процента городских рынков продавали картофель дешевле 40 копеек за килограмм, в январе этого года — 13 процентов. В некоторых городах рыночный картофель продаётся по цене от 1,5 до 2 рублей.

Уменьшился и процент городов, в которых говядина продавалась на рынке дешевле 3,5 рублей, — с пяти до двух. На двадцати девяти процентах городских рынков говядина продавалась дороже пяти рублей за килограмм (год назад — 23). Семь рублей говядина стоила в Берёзниках, Тбили́си, Кутаи́си, Суху́ми, Арха́нгельске, Арзама́се.

Урок № 10

Тысяча полезных советов

Словарь

сове́т advice
  дава́ть ~ (даю́, даёшь) *что*
  несов., кому? to give advice;
  сов. **дать ~ (дам, дашь,**
  даст, дади́м, дади́те,
  даду́т; дал, дала́)
  сове́товать (сове́тую,
  сове́туешь) *несов., кому?* to
  advise; *сов.* **посове́товать;**
  возвр. **сове́товаться/**
  посове́товаться *с кем, о чём?*
  to consult

образова́ние education
  нача́льное ~ primary,
  elementary education

сре́днее ~ secondary education
вы́сшее ~ higher education
специа́льное ~ special
  education

я́сли (*р.* я́слей) nursery school[1]
де́тский сад (в саду́)
  kindergarten[1]
шко́ла school
шко́льный school
класс class, grade[2]
уро́к *чего?* **(на)** class, lesson[2]
учи́лище specialized school[3]
профессиона́льно-техни́ческое
  учи́лище (*сокр.* ПТУ) vocational
  school[3]
те́хникум vocational school[3]

подавáть (докумéнты) (подаю́, подаёшь) *несов., куда?* to apply; *сов.* **подáть (подáм, подáшь, подáст, подади́м, подади́те, подаду́т; пóдал, подалá)**

поступáть *несов., куда?* to enroll; *сов.* **поступи́ть (поступлю́, посту́пишь)**

принимáть *несов.* to accept; *сов.* **приня́ть (приму́, при́мешь; при́нял, приняла́)**

окáнчивать *несов.* to graduate (from); *сов.* **окóнчить**

вы́сшее учéбное заведéние (*сокр.* **вуз**) institution of higher education[4]

институ́т institute[4]

консерватóрия conservatory

университéт university[4]

факультéт (на) school (within a college)[5]

кáфедра (на) department[5]

аспиранту́ра graduate school

курс (на) *по чему?* course; class (year of study)[6,7]

заня́тие *по чему?* **(на)** class[7]
  практи́ческое ~ lab

семинáр *по чему?* **(на)** seminar[7]

лéкция *по чему?* **(на)** lecture[7]

обучéние course of study

учéбный educational, academic
  ~ год academic year

семéстр semester

чéтверть *ж.* quarter

расписáние schedule

специáльность *ж., по чему?* major

предмéт subject
  факультати́вный ~ elective

геогрáфия geography

истóрия history

политолóгия political science

междунарóдные отношéния (*р.* **отношéний**) international relations

эконóмика economics

математика mathematics

информáтика computer science

фи́зика physics

хи́мия chemistry

биолóгия biology

филолóгия philology (language and literature)

филосóфия philosophy

физкульту́ра physical education

готóвить (готóвлю, готóвишь) *несов.* to prepare; *сов.* **приготóвить;** *возвр.* **готóвиться/приготóвиться** *к чему?*

проходи́ть (прохожу́, прохóдишь) *несов.* to cover (a subject); *сов.* **пройти́ (пройду́, пройдёшь; прошёл, прошлá)**

конспекти́ровать (конспекти́рую, конспекти́руешь) *несов.* to take notes (on); *сов.* **законспекти́ровать**

конспéкт notes

задáние assignment
  домáшнее ~ homework
  сдавáть ~ (сдаю́, сдаёшь) *несов.* to turn in an assignment; *сов.* **сдать ~ (сдам, сдашь, сдаст, сдади́м, сдади́те, сдаду́т; сдал, сдалá)**

задáча problem

упражнéние exercise

доклáд oral report, paper
  дéлать ~ *несов.* to give an oral report; *сов.* **сдéлать ~**

сочинéние composition

курсовáя рабóта term paper

диплóмная рабóта graduation thesis

диссертáция dissertation

отве́т answer

отвеча́ть *несов., кому, на что?*
to answer; *сов.* **отве́тить**
(отве́чу, отве́тишь)

реше́ние solution

реша́ть *несов.* to solve; *сов.*
реши́ть

приме́р example

наизу́сть *нареч.* by memory

контро́льная (*р.*
контро́льной) *по чему?* test,
quiz[8]

экза́мен *по чему?* examination[8]
вступи́тельный ~ entrance
examination
выпускно́й ~ exit examination
сдава́ть ~ (сдаю́, сдаёшь)
несов. to take an
examination; *сов.* **сдать**
(сдам, сдашь, сдаст,
сдади́м, сдади́те,
сдаду́т; сдал, сдала́) to
pass an examination
прова́ливаться на
экза́мене *несов.* to fail an
examination; *сов.*
провали́ться на экза́мене
(провалю́сь, прова́лишься)

пи́сьменный written

у́стный oral

(экзаменацио́нная)
се́ссия examination week

отме́тка (*р. мн.* **отме́ток**) grade
ста́вить отме́тку (ста́влю,
ста́вишь) *несов., кому?* to
give a grade; *сов.* **поста́вить**
отме́тку
получа́ть отме́тку
несов. to get a grade; *сов.*
получи́ть отме́тку
(получу́, полу́чишь)

пятёрка (*р. мн.* **пятёрок**)/
отли́чно A/excellent

четвёрка (*р. мн.* **четвёрок**)/
хорошо́ B/good

тро́йка (*р. мн.* **тро́ек**)/
удовлетвори́тельно C/
satisfactory

дво́йка (*р. мн.* **дво́ек**)/
неудовлетвори́тельно D/
unsatisfactory

едини́ца/пло́хо F/bad

зачёт pass

незачёт fail

аттеста́т зре́лости high school
diploma

дипло́м college diploma

сте́пень *ж., по чему?* degree[9]
~ бакала́вр bachelor's
degree
маги́стерская ~ master's
degree
кандида́тская ~ candidate
degree
до́кторская ~ doctoral
degree

кандида́т нау́к candidate of
sciences[9]

до́ктор нау́к (*мн.* **доктора́**)
doctor of sciences[9]

учи́тель *м.* (*мн.* **учителя́**);
учи́тельница teacher

преподава́тель *м.*;
преподава́тельница instructor[9]

руководи́тель *м.* advisor

доце́нт assistant/associate professor[9]

профе́ссор professor[9]

дека́н dean[5]

заве́дующий ка́федрой (*р.*
заве́дующего) department head[5]

учени́к (*р.* **ученика́**); учени́ца
student, pupil[10]

уча́щийся (*р.* **уча́щегося**)
student, pupil[10]

шко́льник; шко́льница school
child

студе́нт; студе́нтка (*р. мн.*
студе́нток) college student[10]

аспира́нт; аспира́нтка (*р.*
аспира́нток) graduate student

вольнослу́шатель *м.* auditor

только комната

класс   classroom (in school)[2]
аудито́рия   classroom (in college)
лаборато́рия   laboratory
лингафо́нный кабине́т   language laboratory
кабине́т   office

учи́ться (учу́сь, у́чишься)
несов., чему? to study; *сов.*
научи́ться   to learn
учи́ть (учу́, у́чишь) *несов.* to study; *сов.* **вы́учить**   to learn
изуча́ть *несов.* to study; *сов.*
изучи́ть (изучу́, изу́чишь)   to learn
занима́ться *несов., чем?* to study
учи́ть (учу́, у́чишь) *несов., чему?* to teach; *сов.* **научи́ть**
преподава́ть (преподаю́, преподаёшь) *несов., кому?* to teach

1) где
2.) чего
3. + inf.

про́бовать (про́бую, про́буешь) *несов.* to try; *сов.*

+ inf. (запомнить)

попро́бовать[11]
пыта́ться *несов.* to try; *сов.*
попыта́ться[11] *+ inf.*
стара́ться *несов.* to try; *сов.*
постара́ться[11] *+ inf.*

мочь (могу́, мо́жешь, мо́гут; мог, могла́) *несов.* to be able; *сов.* **смочь**
возмо́жность *ж.* possibility *есть*
возмо́жный possible
невозмо́жный impossible
необходи́мость *ж.* necessity
необходи́мый necessary, essential
тре́бовать (тре́бую, тре́буешь) *несов.* to demand, require; *сов.* **потре́бовать;** *возвр.* **тре́боваться/ потре́боваться**   *что* / *чтобы + inf.* / *дат. п.*
тре́бование demand, requirement
удава́ться (удаётся) *несов., безл., кому?* to succeed; *сов.*
уда́ться (уда́стся; удало́сь)[12] *св*

предъявлять высокие требования к студентам

Vocabulary Notes

[1]The terms **ясли** and **детский сад** both refer to what we normally think of as preschool. **Ясли** is for children from six months to three years, and **детский сад** is for preschool children over the age of three. As a result of recent educational reforms, many schools now have a **нулевой класс** which children begin at age six and which performs the function that we normally associate with kindergarten. Soviet children begin first grade (**первый класс**) at age seven.

[2]In elementary and secondary school, the word **класс** refers to the level of study, the group of people who study at that level, and to the classroom itself. When talking about the course of instruction or the time period when that instruction is given, however, use the word **урок.**

Мой брат учится в четвёртом **классе.**	*My brother is in the fourth grade.*
На прошлой неделе их **класс** ходил в театр.	*Their class went to the theater last week.*
В **классе** было тихо, — там сдавали письменный экзамен по литературе.	*It was quiet in the classroom. They were taking a written examination in literature there.*
На **уроке** литературы сегодня нам рассказывали о поэтах шестидесятых годов.	*In our literature class today, we heard about the poets of the sixties.*

[3]Upon completion of the eighth grade, Soviet students have the option of leaving school, completing an additional two years of secondary school, or completing their secondary education at an **училище** or a **техникум,** both of which offer specialized vocational training. The **профессионально-техническое училище (ПТУ)** offers students training in a trade, such as carpentry or plumbing. The **техникум** prepares students for skilled work in such fields as transportation or industry. Other types of **училище** include **музыкальное, хореографическое, художественное,** and **педагогическое.**

[4]The acronym **вуз** refers to any postsecondary educational institution. The term **университет** is applied to an institution that offers a broad range of the traditional arts and sciences. The term **институт** refers to a more specialized institution. Schools of this type include **медицинский, политехнический,** and **педагогический.**

[5]The administrative division of a **вуз** is slightly different from that of an American college. The **факультет,** which is headed by a **декан,** is generally larger than an American department but smaller than a school or division. The fifteen **факультеты** at Moscow State University are: **механико-математический, факультет вычислительной математики и кибернетики, физический, химический, биологический, факультет почвоведения, геологический, географический, философский, исторический, экономический, филологический, факультет журналистики, факультет психологии,** and **юридический факультет.** Within each **факультет** there are smaller subdivisions known as **кафедры.** Each **кафедра** has its own head, or **заведующий.**

[6]At the postsecondary level, the word **курс** refers to a course of instruction, the level (or year) of instruction, and to the group of people studying at that level.

Я слушаю **курс** по советской литературе.	*I'm taking a Soviet literature course.*
Моя сестра учится на третьем **курсе** в институте.	*My sister is in her third year at the institute.*
На нашем **курсе** около семидесяти человек.	*There are approximately seventy people in our class.*

[7]At the postsecondary level, the word **занятия** refers to classes that are more or less practical in their orientation. The word may be used in the singular when speaking of a single class as in **занятие по физике** (*a physics class*), but it is more commonly used in the plural. There are also lectures (**лекция**) and seminars (**семинар**) at this level of instruction.

На **занятиях** по русскому языку всегда весело и интересно.	*It's always fun and interesting in Russian class.*
На **лекции** по европейской истории нам рассказывали о французской революции.	*In our European history class today we heard about the French Revolution.*

| Я буду завтра делать доклад на **семинаре** по Чехову. | *I'm going to give a paper tomorrow in the Chekhov seminar.* |

[8]The word **контрольная** refers to any kind of test. It is the word that most closely describes the kind of test that one normally finds in American classrooms. The word **экзамен** refers to a major examination, such as entrance or exit examinations of the type found at Soviet universities. Remember that Soviet examinations are generally oral.

[9]The bachelor's (**бакалавр**) and master's (**магистерская**) degrees pertain to the American educational system only. The Soviet candidate (**кандидатская**) and doctoral (**докторская**) degrees refer to postgraduate work only. The candidate degree is generally equivalent to the American Ph.D., while the doctoral degree represents a higher level of study. The position of **доцент** may be held by a **кандидат** only, while the position of **профессор** may be held by a **доктор** only. Remember that the word **профессор** is a title, rather than a generic description of faculty. If you wish to refer to faculty members in general, use the word **преподаватель.**

Мне нужно встретиться с **профессором** Ивановым.	*I need to see Professor Ivanov.*
Мне нужно встретиться с **преподавателем.**	*I need to see a professor.*
В нашем университете 512 **преподавателей.**	*There are 512 professors at our university.*

[10]At the elementary and secondary levels of education, the term **ученик/ученица** is the most general of the various words used to describe students. The term **учащийся** is frequently used to describe students at the specialized secondary institutions. The term **студент/студентка** is used to describe students only at the postsecondary level.

[11]The verbs **пробовать/попробовать, пытаться/попытаться,** and **стараться/постараться** in many instances may be used synonymously, but there are times when one needs to discriminate among them. The verb **пробовать/попробовать** means *to sample* or *to test.* It is the only one of the three verbs that may be used with a noun complement as well as with an infinitive.

| **Попробуй** виноград, он тебе понравится. | *Try the grapes. You'll like them.* |
| **Попробуй** позвонить вечером Мише. Может быть, он уже приехал из Москвы. | *Try calling Misha this evening. Maybe he's already come back from Moscow.* |

The verb **пытаться/попытаться** focuses on the difficulty of what is being attempted. This verb suggests a lack of a successful result and is frequently followed by **но** (*however*).

Миша **пытался** подвинуть шкаф, но он оказался слишком тяжёлым.	*Misha tried to move the wardrobe, but it turned out to be too heavy.*

Finally, the verb **стараться/постараться** means *to make an effort* or *to do your best.*

Я буду тебя ждать в семь часов. **Постарайся** не опаздывать.	*I will expect you at seven o'clock. Try not to be late.*

Remember that in some contexts it is also possible to express the notion of "trying" by using an imperfective verb.

Мы весь день **решали** эту задачу.	*We spent the whole day trying to solve that problem.*

[12]The verb **удаваться/удаться** is used impersonally with a dative complement. It is typically followed by a perfective infinitive.

Ему **удалось** решить трудную задачу.	*He succeeded in solving a difficult problem.*

В школе

Подготовительные упражнения

Modals

In Lesson 7 we discussed ways of expressing necessity (**нужно, надо, необходимо**) and permission and possibility (**можно, нельзя**) in impersonal sentences. There are, in addition to these constructions, a number of other expressions of necessity and obligation and of permission and possibility that you will wish to use when giving instructions or advice.

The most common of the expressions of necessity and obligation requires the use of the short-form adjective **должен** in predicative position followed by an infinitive. **Должен** is more general in meaning than are other words of this type and may be used to express necessity, obligation, and expectation. **Должен** may be used with objects as well as with people.

NECESSITY	Я **должен** поговорить со своим руководителем перед защитой.	*I need to talk with my adviser before my defense.*
OBLIGATION	Я **должна** подать документы в институт к первому июля.	*I'm supposed to apply to the institute by the first of July.*
EXPECTATION	Поезд **должен** прибыть в два часа.	*The train is due to arrive at two o'clock.*

The short-form adjective **обязан,** which conveys a much stronger sense of obligation than does **должен,** is also used in predicative position.

Ты **обязан** звонить, когда опаздываешь домой.	*You must telephone when you are late coming home.*

There are a number of verbs which may be used in impersonal sentences to express necessity and obligation. They include **сле́довать, приходи́ться/ прийти́сь, предстоя́ть,** and **сто́ить.** The verb **сле́довать** suggests that it would be desirable to perform the action. This verb is frequently used when making recommendations. The verb **приходи́ться/прийти́сь** suggests that the action to be performed is undesirable but nevertheless unavoidable. The verb **предстоя́ть** refers to an inevitable action to be performed in the future, and the verb **сто́ить,** which is used colloquially, suggests that it would be worthwhile to perform the action. As in other impersonal sentences, the person who incurs the obligation is in the dative case while the verb is in the third-person, singular, neuter form. All these verbs may be followed by infinitives.

Ему **следует** повторить опыт, — первый был не очень удачным.	*He ought to repeat the experiment; the first one wasn't very successful.*
Я забыла дома тетрадь и мне **пришлось** вернуться.	*I left my notebook at home and had to go back for it.*

| Ей ещё **предстоит** сдавать вступительные экзамены в институт. | *She still has to take the institute's entrance examinations.* |
| Тебе **стоит** попытаться поступить в музыкальное училище, я надеюсь, что тебя примут. | *You ought to try applying to the music school; I hope you get accepted.* |

In the examples that we have just seen, the thing that you need to do is expressed by an infinitive. It is also possible to say that you need a person or a thing. In sentences of this type the person or thing that you need is the nominative subject of the sentence, the short-form adjective **нужен** agrees with the subject in gender, number, and case, and the person by whom the person or thing is needed is dative. The short-form adjective **необходим,** which is more categorical in meaning than **нужен,** behaves in the same way.

| Мне **нужен** новый плащ. | *I need a new raincoat.* |
| Им **необходимы** такие люди. | *Such people are indispensible to them.* |

It is also possible to use verbs to show that a person needs a thing. The thing that is needed is the subject of the verb **понáдобиться,** and the person who needs the thing is in the dative.

| Для перевода этой статьи тебе **понадобится** англо-русский словарь. | *You will have to have an English-Russian dictionary to translate this article.* |

There are also a number of ways to express permission and possibility in Russian. One of the most common of these expressions uses the verb **мочь/смочь.** This verb covers both physical ability and permission, which is to say that it corresponds to both *can* and *may* in English. The perfective **смочь** is generally used with a perfective infinitive.

| Я надеюсь, что преподаватель **сможет** проверить контрольную работу к четвергу. | *I hope that the teacher will be able to get the test corrected by Thursday.* |

It is also possible to express permission and possibility by using a form of the adjective **(не)возможный.** This adjective behaves very much as does **нужный,** that is, it may be used in its long form in attributive position, in its short form in predicative position, or as a predicate adverb in an impersonal sentence.

Решите эту задачу всеми **возможными** способами.	*Solve this problem by all possible means.*
В этом сочинении **возможны** ошибки.	*In this composition mistakes are possible.*
Эту задачу **невозможно** решить.	*It is impossible to solve the problem.*

The verb **удаваться/удаться** followed by a perfective infinitive may also be used in impersonal sentences of possibility.

Полиции не **удалось** найти преступника.	*The police couldn't find the criminal.*
Если мне не **удастся** попасть в университет, я буду поступать в педагогический институт.	*If I can't get into the university, I'll try to get into the pedagogical institute.*

Упражнение 1. *Complete the sentences.*

1. Необходимо понять, что _____.
2. Не следует считать, что _____.
3. Тебе не стоит _____.
4. Ему не стоило _____.
5. Профессору Мéльнику удалось доказать, что _____.
6. Вам следует знать, что _____.
7. Возможно, что _____.
8. Им удалось выяснить, что _____.

Упражнение 2. *Fill in the blanks with any logical expression of necessity or obligation. Discuss possible variations.*

Толя проснулся и посмотрел на будильник. Было 7.45. Он понял, что он опаздывает в институт, и что _____ быстро одеваться. Через 20 минут он стоял на пустой трамвайной остановке. Значит, трамвай только что ушёл, и _____ взять такси. Толя сомневался, _____ли ему тратить деньги на такси, но вовремя вспомнил, что ему _____ быть в институте до начала занятий, чтобы поговорить с преподавателем английского языка. Разговор предстоял неприятный, — ему _____ оправдываться перед ним за то, что он вчера не пришёл к нему на урок.

Imperatives

You will also need to use imperatives when giving instructions or advice. In order to form the imperative, take the third-person plural of the verb and drop the last two letters. If the remaining form ends in a vowel, add **-й**. If the remaining form ends in two consonants, add **-и**. The stress will be as in the infinitive. If the remaining form ends in a single consonant, check the location of the stress. If the word is end-stressed or has a shifting stress pattern, add stressed **-и.** If the word is stem-stressed, add **-ь** and put the stress on the stem of the word.

реша́ть	реша́ют	реша-	реша́й
петь	пою́т	по-	пой
объясня́ть	объясня́ют	объясня-	объясня́й
стоя́ть	стоя́т	сто-	стой
уме́ть	уме́ют	уме-	уме́й
е́здить	е́здят	езд-	е́зди
взять	возьму́т	возьм-	возьми́
купи́ть	ку́пят	куп-	купи́
писа́ть	пи́шут	пиш-	пиши́
гото́вить	гото́вят	готов-	гото́вь

Of course, there are exceptions to these rules. The imperatives of all verbs of the type **дава́ть** are formed from the infinitive: **дава́ть – дава́й, встава́ть – встава́й, устава́ть – устава́й.** Other exceptions include **дать – дай** and **пое́хать – поезжа́й.**

When deciding which aspect to use with imperatives, apply the same criteria that you normally use when making decisions about aspect, that is, use the perfective aspect when talking about a single result-producing action and use the imperfective aspect when talking about anything else. In other words, a normal, polite, one-time request will be made with a perfective verb.

Вы́ключи, пожалуйста, свет, он мне мешает.　　*Turn out the light, please. It's bothering me.*

A request for repeated action will normally be made with an imperfective verb.

Пейте томатный сок, он очень полезен.　　*Drink tomato juice. It's good for you.*

You may also use imperfective imperatives when you are giving permission or encouraging someone to continue what they are doing. Imperatives of this type focus on the action rather than on the result.

Занима́йся, я не буду тебе мешать.　　*Go ahead and study. I won't bother you.*

A normal negative request is made with a imperfective verb. You may think of it as a negation of the action itself rather than of the result.

Не **читай** лёжа, это вредно.　　*Don't read lying down. It's bad for you.*

A negative request that is a warning is made with a perfective verb. Think of it as a warning against accidentally achieving an unintentional result.

Не забу́дьте, что завтра контрольная по физике.　　*Don't forget that there is a physics quiz tomorrow.*

Не простуди́сь.　　*Don't catch cold.*

Упражнение 3. *Use imperatives to explain to your classmates what they should or should not do in order to succeed in school. When you have finished, add three suggestions of your own.*

1. приходить вовремя на занятия
2. готовиться к экзаменам
3. ходить на занятия
4. поздно сидеть в гостях перед экзаменом
5. опаздывать на экзамен
6. терять учебники
7. писать конспекты лекций
8. спать на занятиях

Упражнение 4. *Give negative advice as in the model. Be sure to use imperfective imperatives. Don't forget to give reasons for your advice.*

Образец: —Я хочу купить эту машину.

—**Не покупай эту машину. Она слишком дорогая.**

1. Я хочу прочитать твою дипломную работу.
2. Я хочу пообедать в институтской столовой.
3. Я хочу сдать все экзамены не в июне, а в мае.
4. Я хочу завтра на семинаре сделать доклад.
5. Я хочу поступить в техникум.

Упражнение 5. *Act out these situations with your classmates.*

1. Ваш друг сдаёт вступительные экзамены в институт.
2. Ваша сестра сдаёт выпускные экзамены в школе.
3. Вы получили двойку за контрольную работу, а сейчас вы должны узнать у преподавателя, как вам исправить отметку.
4. Вы просите, чтобы преподаватель вам поставил хорошую отметку.

Words to Express Teaching and Learning

There are a number of verbs of teaching and learning in Russian. The most common of the verbs of learning is **учиться/научиться.** Use this verb to answer the question **где?** when talking about attending school.

Я **учусь** на пятом курсе Ленинградского государственного университета.	*I'm a fifth-year student at Leningrad State University.*

Всю жизнь Лиза работала, но она всегда мечтала **учиться.**	*Liza worked all her life, but she always dreamed about going to school.*

You may also use the verb **учиться/научиться** either with an infinitive or with the dative of the subject being studied. It is the only one of the verbs of learning that may be used with an infinitive.

Я **учусь** музыке и балету.	*I'm studying music and ballet.*
Моя сестра уже **научилась** программировать.	*My sister has already learned how to program.*

The verb **изучать/изучить** is used with the accusative of the subject being studied. This verb, which means *to study a subject in some depth,* cannot be used without a direct object. Use it when talking about the courses you are taking.

Я начала **изучать** русский язык в прошлом году.	*I began taking Russian last year.*

The verb **учить/выучить** is also used with the accusative of the subject being studied. This verb has the connotation of learning (or even memorizing) a limited amount of material.

Я должен **выучить** все эти русские слова к завтрашнему дню.	*I have to learn all these Russian words by tomorrow.*

Finally, the verb **заниматься** is used with the instrumental of the subject being studied. Use it to talk about doing homework.

Я всегда **занимаюсь** у себя в комнате.	*I always study in my room.*
Сейчас я **занимаюсь** русским языком, а потом мне нужно будет приготовиться к докладу по истории.	*I'm studying Russian right now, and then I have to get ready for my history report.*

The verb **преподавать** is the most common of the verbs of teaching. It refers to teaching as a professional activity. The subject taught is accusative, and the person to whom it is taught is dative.

Мария Николаевна **преподаёт** русский язык иностранным студентам.	*Maria Nikolaevna teaches Russian to foreign students.*

The verb **учить/научить** also means *to teach.* Like its reflexive counterpart **учиться/научиться,** it may be used either with an infinitive or with the dative of the subject being taught. The person taught, if specified, is accusative.

Папа **учит** меня играть на рояле.	*Daddy is teaching me to play the piano.*
Кто тебя **учит** английскому языку?	*Who is teaching you English?*

Упражнение 6. *Translate into idiomatic Russian.*

Dear Anya,

Your mother and I were very happy to learn that this semester you are taking a course in nineteenth-century Russian history. You also write that you will have to take mathematics next semester. I know that you will have to study a lot because you don't like this subject. Remember that you will have to turn in all your assignments on time. I am sure that you will pass the exam and get a good grade. Please try to socialize less with your friends and don't forget to study in the language lab. Excuse me for giving you so much advice, but we have been worried about you. Don't forget to write to us. You understand how much we need your letters.

Your Papa

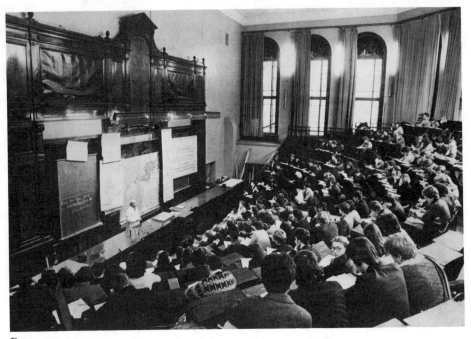

В институте

Выбери себе профессию!

You have just received this letter from your sixteen-year-old cousin, who is beginning to give serious thought to what he should do after graduating from high school. After reading the letter, discuss with your classmates the various options that are open to him. When you have decided what his best course of action should be, write him a letter of advice. Be sure to take the boy's personality and natural inclinations into account.

21 июня 1991 г.
г. Барнау́л

Дорогая Юля!

Прости, что я давно тебе не писал, но я сдавал выпускные экзамены в школе, и мне было очень некогда. Вчера я сдал последний экзамен и сегодня уже почувствовал, что пора думать о будущем.

Мне совершенно необходим твой совет. Я знаю, что мы редко виделись в последнее время и ты не знаешь, чем я интересуюсь и какие у меня были успехи в школе. Начну с отметок. В аттестате у меня по всем предметам четвёрки, кроме тройки по физике и пятёрки по французскому языку. В последнее время я полюбил французский, и, как ты можешь догадаться, у меня нет способностей к физике. Но я понимаю, что в наше время непрактично выбирать своей специальностью иностранный язык. Так что я не знаю, что мне делать и мне очень хочется с тобой посоветоваться о том, что мне делать дальше.

Пожалуйста, напиши как можно быстрее, чтобы, если я решу куда-нибудь подавать, я успел это сделать этим летом.

Обнимаю,
твой Миша

Задания

1. *This morning at breakfast you came across some more fascinating statistics in* «Литературная газета» — *this time concerning the teaching of Russian in the United States. Since the article is brief, read it aloud and then discuss its implications.*

Вот цифры 1987 года: русский язык преподаётся в 800 школах (до этого считалось, что таких школ что-то около 500). Количество обучающихся — примерно 8 тысяч, преподавателей — 600–700 человек.

А вот статистика по вузам (данные 1986 года). Русский изучают 34 тысячи студентов и аспирантов. Он на пятом месте после итальянского — им занимаются 40 тысяч человек. Японским же — 24 тысячи. Цифры, может быть, и не очень высокие, но по сравнению с 1980 годом они выросли вдвое.

2. *The following story is from the magazine* ‹‹Здоровье››. *Write a conclusion for the story. Compare your conclusion with the original in Appendix B.*

Как вести себя за столом

Дорогие ребята! Сядьте поудобнее и послушайте вместе с Машей и Мишей сказку, которую однажды вечером рассказала им мама.

... Жила-была девочка Даша. Пошла она одна в лес, заблудилась и очень проголодалась. Вдруг видит: стоит избушка, а из её открытых окон так вкусно пахнет! Девочка постучала в дверь и спрашивает: ‹‹Кто здесь живёт? Можно войти?››

заблуди́ться *to get lost*

— Входи! — ответила старушка, выглянувшая в окно. — Я здесь живу с моими внуками.

Девочка вошла и не успела сделать двух шагов, как упала, поскользнувшись на валявшихся на полу макаронах.

валя́ться *to be strewn*

А когда встала, увидела мальчиков, сидевших за столом: один дул на горячий суп так сильно, что брызги летели во все стороны, другой устроил настоящую охоту за котлетой и, громко стуча вилкой, старался пронзить её насквозь. Наконец, наколол на вилку котлету и стал её обкусывать, измазал при этом нос и щёки и вытер их рукавом.

дуть *to blow*
бры́зги *spray*
охо́та *hunt*
пронзи́ть *to pierce*
наколо́ть *to stick*
обку́сывать *to gnaw /*
  изма́зать *to smear*

‹‹Фу, как противно! — подумала Даша. — Лучше сяду с девочкой, которая пьёт компот››. И тут же вскрикнула, потому что девочка стала выплёвывать вишнёвые косточки так далеко, что попала ей прямо в лоб...

вскри́кнуть *to shriek /*
выплёвывать *to spit /*
  вишнёвая ко́сточка
  cherry pit

— Как вам не стыдно так некрасиво есть! — в слезах крикнула Даша. Все разом стали что-то отвечать ей, но понять ничего было нельзя, потому что говорили они с набитыми ртами.

наби́тый *full*

— Извините, — вздохнула Даша, — но за столом с вами сидеть очень неприятно. Уж лучше я останусь голодной.

И ушла.

— Плохой конец у сказки! — сказал Миша. — Надо было не уходить, а научить их, как вести себя за столом.

— Правильно! — улыбнулась мама. — Вот ты бы, например, что им сказал?

3. *This article on conflict management also appeared in the magazine «Здоровье». Read the article and summarize its contents. Explain why you agree or disagree with the advice given. What do you think these people should do under the circumstances?*

Обвинение

Обвинение всегда конфликтоопасно. Ссора может разгореться из-за пустяка. Вот муж случайно разбил чашку.

— Какой же ты неуклюжий. Всю посуду перебил! — воскликнула жена.

— Потому что всё стоит не на месте. В доме нет никакого порядка! — выдвигает муж ответное обвинение.

— А когда мне заниматься домом, если я на работе с утра до вечера? А от тебя никакой помощи!

В результате цепная реакция взаимных обвинений заканчивается серьёзным разладом в семье. Поэтому обвинения в семейной жизни, да и в рабочем коллективе допустимы лишь в исключительных случаях!

В ситуации же, о которой мы рассказали, жене лучше было бы просто не заметить неловкость мужа, чашку-то он разбил случайно. Или даже взять половину вины на себя: ах, опять я не убрала на место посуду. И отношения не были бы испорчены, и здоровью обоих не был бы нанесён урон. Ведь каждая ссора, каждый конфликт — это психоэмоциональный стресс, весьма губительно сказывающийся на жизненно важных органах и системах нашего организма.

Ну, а уж если без критического замечания обойтись никак нельзя, направьте его на поступок, а не на личность. В нашем примере больше всего обижает мужа, а значит, и провоцирует его на ответное обвинение слово «неуклюжий».

разгоре́ться *to flare up* / **пустя́к** *trifle*

неуклю́жий *clumsy*

цепно́й *chain* / **взаи́мный** *mutual* / **разла́д** *disharmony*

допусти́ть *to permit* **исключи́тельный** *exceptional*

нело́вкость *awkwardness*

нанести́ уро́н *to damage*

губи́тельно *destructively* / **ска́зываться** *to affect*

посту́пок *action* / **ли́чность** *person*

4. *Below are four examples of "helpful hints." After reading the examples, add four more of your own.*

1. Если вы обожглись, нужно сразу приложить лёд.

2. Перед тем как сесть за стол, нужно вымыть руки.

3. Нельзя опаздывать на деловое свидание.

4. Перед поездкой за границу нужно сделать все прививки.

5. *Using the note in activity 4, Lesson 7, as a model, advise thieves on the best way to rob your house.*

Урок № 11

Серёжа

Словарь

брак marriage
свáдьба (*р. мн.* свáдеб)
  (на) wedding
предложéние proposal
  дéлать ~ *несов., кому?* to
  propose; *сов.* сдéлать ~
женúх (*р.* женихá) bridegroom,
  fiancé
невéста bride, fiancée
поженúться (поженятся)
  сов. to marry (said of a couple)
женúться (женюсь,
  жéнишься) *несов.* and *сов., на
  ком?* to marry (said of a man)
выходúть зáмуж (выхожý,
  выхóдишь) *несов., за кого?*
  to marry (said of a woman); *сов.*

вы́йти зáмуж (вы́йду,
  вы́йдешь; вы́шла)
женáт *на ком?* married (said of a
  man)
зáмужем *за кем?* married (said of
  a woman)
муж (*мн.* мужья́) husband
женá (*мн.* жёны) wife
холостóй single (said of a man)
развóд divorce
разводúться (развожýсь,
  развóдишься) *несов.* to
  separate, divorce; *сов.*
  развестúсь (разведýсь,
  разведёшься; развёлся,
  развелáсь)
разведённый (разведён,

раведена́) separated, divorced
вдове́ц (*р.* вдовца́) widower
вдова́ (*мн.* вдо́вы) widow

семья́ (*мн.* се́мьи, семе́й,
  се́мьях) family
семе́йный family
ро́дственник; ро́дственница
  relative
роди́тели (*р.* роди́телей)
  parents
оте́ц (*р.* отца́) father
мать (*мн.* ма́тери,
  матере́й) mother
о́тчим stepfather
ма́чеха stepmother[1]
свёкор (*р.* свёкра) father-in-
  law (husband's father)[2]
свекро́вь *ж.* mother-in-law
  (husband's mother)[2]
тесть *м.* father-in-law (wife's father)[2]
тёща mother-in-law (wife's mother)[2]

сын (*мн.* сыновья́) son
дочь *ж.* (*р.* до́чери, *мн.*
  до́чери, дочере́й,
  дочеря́х, дочеря́м,
  дочерьми́) daughter
приёмный foster, adopted
сирота́ (*мн.* сиро́ты) *м.* and
  ж. orphan

брат (*мн.* бра́тья) brother
  двою́родный ~ cousin
сестра́ (*мн.* сёстры,
  сестёр, сёстрах) sister
  двою́родная ~ cousin
племя́нник nephew
племя́нница niece
дя́дя *м.* (*р. мн.* дя́дей) uncle
тётя (*р. мн.* тётей) aunt

внук grandson
вну́чка (*р. мн.* вну́чек)
  granddaughter
пра́внук great-grandson
пра́внучка (*р. мн.* пра́внучек)
  great-granddaughter

де́душка *м.* (*р. мн.* де́душек)
  grandfather
ба́бушка (*р. мн.* ба́бушек)
  grandmother
праде́душка (*р. мн.* праде́душек)
  great-grandfather
праба́бушка (*р. мн.* праба́бушек)
  great-grandmother

воспита́ние upbringing
воспи́тывать *несов.* to bring up,
  raise; *сов.* воспита́ть; *возвр.*
  воспи́тываться/воспита́ться
воспи́танный (воспи́тан) well-
  bred
  невоспи́танный
  (невоспи́тан) ill-bred
избало́ванный spoiled

поведе́ние behavior
вести́ себя́ (веду́, ведёшь;
  вёл, вела́) *несов.* to conduct
  oneself, behave[3]
подража́ние imitation
подража́ть *несов., кому?* to
  imitate
сле́довать (сле́дую, сле́дуешь)
  несов., кому? to follow; *сов.*
  после́довать
  ~ приме́ру to follow an
    example
слу́шаться *несов., кого?* to
  mind; *сов.* послу́шаться

такт tact
такти́чный tactful
беста́ктный tactless
ве́жливость *ж.* courtesy, politeness
ве́жливый courteous, polite
гру́бый crude, rude

ша́лость *ж.* prank
шалу́н (*р.* шалуна́); шалу́нья
  (*р. мн.* шалу́ний) mischievous
  child
шали́ть *несов.* to play pranks
капри́зный willful
капри́зничать *несов.* to behave
  willfully

настрое́ние mood
расстра́иваться *несов.* to become upset; *сов.* расстро́иться
расстро́енный (расстро́ен) upset
смуща́ться *несов.* to become embarrassed; *сов.* смути́ться (смущу́сь, смути́шься)
сты́дно *безл., кому, за что?* shameful[4]
пла́кать (пла́чу, пла́чешь) *несов.* to cry; *сов.* запла́кать[5]
утеша́ть *несов.* to comfort; *сов.* уте́шить
хвали́ть (хвалю́, хва́лишь) *несов., за что?* to praise; *сов.* похвали́ть

вина́ fault
извине́ние apology
извиня́ться *несов., перед кем?* to apologize; *сов.* извини́ться
проще́ние forgiveness, pardon
проща́ть *несов.* to forgive, pardon; *сов.* прости́ть (прощу́, прости́шь)[6]

привы́чка (*р. мн.* привы́чек) habit, custom
привыка́ть *несов., к кому, к чему?* to become accustomed; *сов.* привы́кнуть (привы́кну, привы́кнешь; привы́к, привы́кла)
отвыка́ть *несов., от кого, от чего?* to become unaccustomed; *сов.* отвы́кнуть (отвы́кну, отвы́кнешь; отвы́к, отвы́кла)
перестава́ть (перестаю́, перестаёшь) *несов.* to stop; *сов.* переста́ть (переста́ну, переста́нешь)[7]
прекраща́ть *несов.* to stop; *сов.* прекрати́ть (прекращу́, прекрати́шь)[7]

броса́ть *несов.* to stop, quit; *сов.* бро́сить (бро́шу, бро́сишь)[7]

угоща́ть *несов., чем?* to treat; *сов.* угости́ть (угощу́, угости́шь)[8]
корми́ть (кормлю́, ко́рмишь) *несов., чем?* to feed; *сов.* покорми́ть
налива́ть *несов.* to pour; *сов.* нали́ть (налью́, нальёшь; нали́л, налила́)
подава́ть на стол (подаю́, подаёшь) *несов.* to serve; *сов.* пода́ть на стол (пода́м, пода́шь, пода́ст, подади́м, подади́те, подаду́т; по́дал, подала́)

приве́тствие greeting
приве́тствовать (приве́тствую, приве́тствуешь) *несов.* to greet, welcome; *сов.* поприве́тствовать
здоро́ваться *несов., с кем?* to say hello; *сов.* поздоро́ваться
пожима́ть ру́ку *несов., кому?* to shake someone's hand; *сов.* пожа́ть ру́ку (пожму́, пожмёшь)
обнима́ть *несов.* to embrace; *сов.* обня́ть (обниму́, обни́мешь; о́бнял, обняла́); *возвр.* обнима́ться/обня́ться
целова́ть (целу́ю, целу́ешь) *несов.* to kiss; *сов.* поцелова́ть; *возвр.* целова́ться/поцелова́ться
поздравле́ние congratulation
поздравля́ть *несов., с чем?* to congratulate; *сов.* поздра́вить (поздра́влю, поздра́вишь)
проща́ние farewell, parting
проща́ться *несов., с кем?* to say good-bye; *сов.* прости́ться (прощу́сь, прости́шься)

Vocabulary Notes

[1]The word **мачеха** tends to be applied to the person who has actually replaced the mother and raised the child. Otherwise, one uses some kind of paraphrase: **жена моего отца.**

[2]There is no simple way to talk about in-laws in Russian. As a result, one tends to paraphrase, especially when speaking of a brother-in-law or a sister-in-law: **брат моего мужа, сестра моей жены.**

Остановка автобуса (Псков)

[3]The expression **вести себя** must be accompanied by an explanation of how the person is behaving.

Сергей никогда не **ведёт себя** бестактно!	*Sergey never behaves tactlessly!*

[4]The word **стыдно** is used as a predicate in impersonal sentences. The person who is ashamed is in the dative.

Мне стало ужасно **стыдно,** когда я увидел, что бабушка так расстроилась.	*I became terribly ashamed when I saw that Grandmother was so upset.*

[5]The perfective verb **заплакать** refers to the beginning of action.

Игорь посмотрел на дедушку и **заплакал.**	*Igor looked at his grandfather and started crying.*

[6]The verb **прощать/простить** may be used with the accusative of the person and **за** followed by the accusative of the deed, or it may be used with the deed as a direct object and the dative of the person.

Я не могу **простить тебя за то,** что ты обидел мою маму.	*I cannot forgive you for insulting my mother.*
Я никогда **тебе этого** не **прощу.**	*I will never forgive you this.*

[7]The verbs **переставать/перестать** and **прекращать/прекратить** are similar in meaning. **Переставать/перестать** is used with imperfective infinitives. **Прекращать/прекратить** is used with nouns as well as with imperfective infinitives.

Перестань торопиться, — мы никуда не опаздываем.	*Stop hurrying. We aren't late for anything.*
Давай **прекратим** этот спор.	*Let's stop this argument.*

The verb **бросать/бросить** means *to stop* in the sense of giving up or quitting an activity. It may be used with nouns as well as with verbs.

Мой друг никак не может **бросить** курить.	*My friend just can't stop smoking.*
Он не может **бросить** эту вредную привычку.	*He can't stop this harmful habit.*

[8]The verb **угощать/угостить** means to treat someone, usually to food or drink. The person being treated is accusative and the treat, if named, is instrumental.

Нас там вкусно **угощали.**	*They fed us well there.*
Меня **угостили** пирогом с яблоками.	*They treated me to apple pie.*

Подготовительные упражнения

Conditional Sentences

Conditional sentences in both Russian and English may refer either to real conditions or to unreal conditions. If a real condition is met, a result will follow. In a sentence containing an unreal condition, the condition is hypothetical and so the result cannot follow.

REAL CONDITION   If I have enough time, I write to my parents every week.
REAL CONDITION   If I have enough time, I will write to my parents tomorrow.

UNREAL CONDITION   If I had enough time, I would write to my parents. (I do not have enough time, and I will not write to them.)

UNREAL CONDITION   If I had had enough time, I would have written to my parents yesterday. (I did not have enough time, and I did not write to them.)

In English, the treatment of verbs in such sentences is fairly complicated, while in Russian it is straightforward. Your job, since you are already comfortable with the more complicated of the two systems, is to resist the temptation to try to translate directly from English.

Real Conditions

A conditional sentence which refers to a real condition contains an *if* clause, which states the condition, and a result clause. Sentences of this type may refer to past, present, or future time. The verb in both clauses is indicative.

Если мы **ссорились,** мы быстро **мирились.**	*If we quarreled, we quickly made up.*
Если дети **плачут,** мама их **утешает.**	*If the children cry, mother comforts them.*
Мише **будет** очень приятно, **если** Юля быстро **ответит** на его письмо.	*Misha will be very pleased if Yulya answers his letter quickly.*

Notice in the last example that English requires a simple present tense in the *if* clause, even though the condition that must be met will occur in the future. The verb in the *if* clause of the Russian sentence is future tense.

It is also possible to use an infinitive in the *if* clause of a Russian conditional sentence. Sentences of this type, which are impersonal, always have future implication.

Если **потребовать,** чтобы Таня перестала с ним встречаться, она всё равно не **послушается.**	*If you demand that Tanya stop seeing him, she still won't listen.*

In colloquial speech, it is possible to introduce the *if* clause with the word **раз.** Result clauses may be introduced either with the word **то** or with the word **тогда.**

Раз ты искренне извинился, [**то**] я тебя прощаю.	*If you have sincerely apologized, then I forgive you.*
Если моя сестра выйдет замуж за Петю, [**тогда**] мама будет счастлива.	*If my sister marries Petya, then Mama will be happy.*

Упражнение 1. *Fill in the blanks with appropriate forms of the given verbs. Translate your sentences into English.*

1. Если Лёня _____ (делать/сделать) Свете предложение, я уверен, что она его примет.

2. Если они _____ (разводиться/развестись), то дочь будет жить с отцом, — она лучше к нему относится, чем к матери.

3. Брат сказал мне, что он уйдёт из дома, если отец _____ (приводить/привести) в дом мачеху.

4. Если он _____ (извиняться/извиниться), то я его прощу.

5. Если вы всё время _____ (ссориться/поссориться), вам придётся развестись.

6. Если отчим летом _____ (ехать/поехать) в Москву, он меня возьмёт с собой.

7. Если ты всегда _____ (настаивать/настоять) на своём, мы больше не сможем дружить.

8. Я буду счастлива, если он _____ (следовать/последовать) примеру своего двоюродного брата и пойдёт учиться в университет.

9. Если она _____ (учиться/научиться) вести себя тактичнее, с ней будет легче общаться.

10. Если ты так долго _____ (одеваться/одеться), мы не успеем на поезд.

Упражнение 2.   *Complete the sentences.*

1. Нужно вызывать милицию, если _____.

2. Марина его простит, если _____.

3. Я с вами попрощаюсь на вокзале, если _____.

4. Я с ним разведусь, если _____.

5. У них будет несчастный брак, если _____.

6. Маша выйдет за него замуж, если _____.

7. Нельзя жениться, если _____.

Unreal Conditions

Sentences containing unreal conditions are also fairly straightforward in Russian, but they present translation problems for native speakers of English. English uses verb forms to distinguish between conditions that were unreal in the past and conditions that are or will be unreal in the present or in the future. In Russian unreal conditional sentences, the verbs are "conditional," that is, formed from **бы** plus the past form of the verb. This use of the past form of the verb does not mean that sentences of this type refer to past time. It means that without any reference whatsoever to time the action of the verb is *unreal.* In other words, you cannot use verb forms to distinguish between past and present or future unreal conditions in Russian.

Деревенский дом (Новосибирск)

As a consequence, you will have to rely on context and adverbs of time to clarify the question of when an action would or would not have taken place.

Even though Russian does not discriminate between past and present or future unreal conditions, it is useful to look at both types of sentence to see what translation problems they present to speakers of English. In a sentence which contains a condition that was unreal in the past, English uses a past perfect verb in the *if* clause and *would have* plus a past participle in the result clause.

Вчера мы успели на поезд, только потому что мы торопились. Если **бы** мы **не торопились,** мы **бы опоздали** на поезд.	*Yesterday we made it to the train in time only because we hurried. If we hadn't hurried, we would have been late.*

In a sentence containing a condition that is or will be untrue in the present or the future, English uses the simple past in the *if* clause followed by *would* plus a simple verb in the result clause.

Если **бы** здесь **было** расписание поездов, я **бы знала,** когда отправляется поезд на Харьков.	*If there were a train schedule here, I would know when the train for Kharkov was leaving.*
Если **бы** я завтра не **сдавал** экзамен, я **бы встретился** с вами.	*If I weren't taking a test tomorrow, I would join you.*

The two main points of confusion for English speakers are the correct translation of *if* and the correct translation of *would*.[1]

Because *if* clauses are used in English in both reported speech and unreal conditions, there is a tendency for English speakers to confuse the two in Russian. Notice the differences between reported speech and real and unreal conditions in the following sentences.

REPORTED SPEECH	Приятель спросил меня, **смогу** ли я прийти к нему на свадьбу.	*My friend asked if I would be able to come to his wedding.*
REAL CONDITION	Если мне не **придётся** ехать в командировку, я **пойду** на свадьбу к приятелю.	*If I don't have to be away on business, I will go to my friend's wedding.*
UNREAL CONDITION	Если **бы** мне не **пришлось** ехать в командировку, я **бы пошёл** на свадьбу к приятелю.	*If I didn't have to be away on business, I would go to my friend's wedding.*

Упражнение 3. *Change the sentences with real conditions to sentences with unreal conditions by changing* **если** *to* **если бы** *and making all other necessary changes. Translate your new sentences into English.*

Образец: Мой отчим очень способный человек. Если он будет назначен директором института, он добьётся больших успехов.

Мой отчим очень способный человек. Если бы он был назначен директором института, он бы добился больших успехов.

My stepfather is a very capable man. If he were appointed director of the institute, he would be very successful.

1. Если они разведутся, Маша уедет к своей маме в Москву.
2. Если дети будут хорошо себя вести, мы пойдём в зоопарк.
3. Хорошо, если он в школе получит хорошее музыкальное образование.
4. Моя сестра скоро выходит замуж. Если её муж согласится переехать в её квартиру, они будут жить недалеко от меня.
5. Если ты выедешь из Москвы вечерним поездом, я смогу тебя встретить на вокзале.

---

[1]The situation is further complicated by the fact that some English speakers also use *would* in condition clauses: *If I would have had time, I would have written to my parents.*

6. Если Маша перестанет хорошо учиться, она не получит стипендию.

Упражнение 4. *Use the words given in parentheses to complete the sentences with a negative unreal condition. Translate your sentences into English.*

Образец: Костя приехал бы вовремя, _____ (испортиться машина).

Костя приехал бы вовремя, если бы не испортилась машина.

Kostya would have come on time if his car hadn't broken down.

1. Она бы не ушла от мужа, _____ (разлюбить) его.

2. Я бы не рассказал тебе об этом случае, _____ (знать), что ты об этом никому не скажешь.

3. Маша сказала, что она обязательно бы позвонила в Москве моим друзьям, _____ (потерять) их телефон.

4. Он бы сдал этот экзамен на пятёрку, _____ (волноваться).

5. Я бы не простил Тамару, _____ (любить) её.

Упражнение 5. *Complete the sentences with unreal result clauses. Translate your sentences into English.*

1. Если бы я нарушил закон, _____.

2. Если бы я была президентом США, _____.

3. Если бы она иначе относилась к своей мачехе, _____.

4. Если бы он сделал ей предложение, _____.

5. Если бы они не развелись, _____.

6. Если бы она не была бестактным человеком, _____.

7. Если бы он её поцеловал, _____.

Упражнение 6. *Translate into idiomatic Russian. Write all numbers as words. Pay particular attention to the words* if *and* would.

Yesterday, when I was walking in the park, I noticed two elderly Russians who were sitting on a park bench playing chess. If they hadn't been speaking Russian, I wouldn't have approached them, but speaking Russian is always interesting for me, and so I introduced myself to them and asked if they had been living in America long and where they had come from. They explained that they had come here from Odessa in 1976 and asked if I had ever been in Odessa. I said that I would be in Odessa in the summer. Then one of them said that he had had relatives in Odessa and that if they were still living there, I could visit them. Then they asked if I wanted to play chess, but I told them that my next class would start in ten minutes, at 10:30, and that I was afraid that I would be late. I am so glad that I approached those two Russians. If I had not approached them, I would not have made their acquaintance and learned so many interesting things about Odessa. If the weather is nice tomorrow, I will go to the park again to talk with the two Russians who always play chess there.

Серёжа

In her novella ‹‹Серёжа›› Vera Panova describes how six-year-old Seryozha, together with his mother and his new stepfather, Korostelyov, went to visit Grandma Nastya. During the visit they ate, drank, and conversed. Then Seryozha spilled something on the tablecloth.

Imagine that you are writing a novella. In your work, describe a similar scene. First describe Grandma Nastya's house and its inhabitants and then describe the episode. In your story be sure to answer these questions:

Где живёт бабушка Настя?

С кем она живёт?

Почему Серёжа, мама и Коростелёв пошли в гости к бабушке Насте?

Где сидели гости?

Чем их угощали?

О чём спросил Серёжа?

Как он себя вёл?

Что он пролил на скатерть?

Почему?

Now compare your version with the original passage in Appendix B. Which version do you prefer? Why?

Задания

1. *In ‹‹Серёжа›› Vera Panova also describes Seryozha's feelings the morning after his mother's marriage to Korostelyov. Fill in the blanks in the following passage with any suitable word. Then compare your choices with the original in Appendix B.*

Утром Серёжа _____ и не сразу понял, где он. Почему вместо двух окон _____, и не с той стороны, и не те занавески. Потом _____, что это тёти Пашина комната. Она очень _____: подоконники заставлены цветами, а за зеркало заткнуто павлинье перо. Тётя Паша и Лукьяныч уже встали и ушли, постель их была застлана, подушки уложены горкой. _____ солнце

заставить *to fill*
заткнуть *to stick* /
павлинье перо *peacock feather*

играло в кустах за открытыми окнами. Серёжа вылез из кроватки, снял ———————— рубашку, надел ———————— и вышел в ————————. Дверь в его комнату была закрыта. Он подёргал ручку, — дверь не отворялась. А ему туда нужно было непременно: там ведь находились все его ————————. В том числе ———————— лопата, которой ему вдруг очень захотелось покопать.

куст *bush*

подёргать *to shake* / **ру́чка** *handle* / **отворя́ться** открываться / **непреме́нно** обязательно / **в том числе́** *including* / **лопа́та** *shovel* / **покопа́ть** *to dig*

2. *Your trip to Rome* (Lesson 9) *was a disaster. Complain to your traveling companion about some of the bad choices that were made.* ("If you hadn't, ...")

3. *Answer each of these questions in detail.*

1. Если бы вы переехали в большой новый дом, как бы вы его обставили?

2. Что бы вы делали, если бы вы узнали, что у вас есть двоюродный брат в Советском Союзе?

3. Что бы вы делали, если бы вас обвинили в преступлении, которое вы не совершили?

4. Если бы вы смогли совершить путешествие во времени, когда и где бы вы хотели жить? Почему?

4. *Reread the original passage from* ‹‹Серёжа›› *in Appendix B. What would you do if you were Korostelyov?*

5. *This excerpt is taken from the collection* ‹‹Города и дети››. **Журнал** *refers to the teacher's grade book, while* **дневник** *is the student's assignment book in which assignments and grades are recorded. After reading the excerpt, discuss possible courses of action for Alyosha. Be sure to distinguish between real and unreal conditions in your discussion.*

Совесть

Когда-то была у Алёши двойка. По пению. А так больше не было двоек. Тройки были. Почти что все тройки были. Одна четвёрка была когда-то очень давно. А пятёрок и вовсе не было. Ни одной пятёрки в жизни не было у человека. Ну, не было — так не было, ну что поделаешь! Бывает. Жил Алёша без пятёрок. Рос. Из класса в класс переходил. Получал свои положенные тройки. Показывал всем четвёрку и говорил:

— Вот, давно было.

поло́женный *allotted*

И вдруг — пятёрка! И главное, за что? За пение. Он получил эту пятёрку совершенно случайно. Что-то такое удачно спел — и ему поставили пятёрку. И даже ещё устно похвалили. Сказали: ‹‹Молодец, Алёша!›› Короче говоря, это было очень приятным событием, которое омрачалось одним обстоятельством: он не мог никому показывать эту пятёрку. Поскольку её вписали в журнал, а журнал, понятно, на руки ученикам, как правило, не выдаётся. А дневник свой он дома забыл.

омрача́ться *to be darkened* / **обстоя́тельство** *circumstance*

На уроке арифметики у него созрел план: украсть журнал! Он украдёт журнал, а утром его принесёт обратно. За это время он может с этим журналом обойти всех знакомых и незнакомых. Короче говоря, он улучил момент и украл журнал на переменке. Он сунул журнал себе в сумку и сидит как ни в чём ни бывало. Только сердце у него стучит, что совершенно естественно, поскольку он совершил кражу. Когда учитель вернулся, он так удивился, что журнала нет на месте, что даже ничего не сказал, а стал вдруг какой-то задумчивый. Похоже было, что он сомневался — был журнал на столе или не был, с журналом он приходил или без. Он так и не спросил про журнал; мысль о том, что кто-то из учеников украл его, не пришла ему даже в голову. В его педагогической практике такого случая не было. И он, не дожидаясь звонка, тихо вышел, и видно было, что он здорово расстроен своей забывчивостью.

созре́ть *to ripen*

улучи́ть моме́нт *to seize the moment* / **переме́нка** *recess* / **су́нуть** *to stuff*

здо́рово очень / **забы́вчивость** *forgetfulness*

А Алёша схватил свою сумку и помчался домой. В трамвае он вынул журнал из сумки, нашёл там свою пятёрку и долго глядел на неё. А когда он уже шёл по улице, он вспомнил вдруг, что забыл журнал в трамвае. Когда он это вспомнил, то он прямо чуть не свалился от страха. Он даже сказал ‹‹ой!›› или что-то в этом роде. Первая мысль, какая пришла ему в голову, — это бежать за трамваем. Но он быстро понял (он был всё-таки сообразительный!), что бежать за трамваем нет смысла, раз он уже уехал. Потом много других мыслей пришло ему в голову. Но это были всё такие незначительные мысли, что о них и говорить не стоит.

свали́ться *to fall down*

сообрази́тельный *bright*

Трудно быть богом

Словарь

спосо́бность *ж., к чему?* ability[1]
спосо́бный (спосо́бен) *к чему?*
  able, capable
тала́мт talent
тала́нтливый talented
гениа́льный brilliant
безда́рный ungifted, untalented

интере́с *к чему?* interest
интере́сный interesting
  неинтере́сный uninteresting
интересова́ть (интересу́ю,
  интересу́ешь) *несов.* to
  interest; *сов.* **заинтересова́ть;**
  возвр. **интересова́ться/**
  заинтересова́ться, *кем,*
  чем?[2]
любопы́тство curiosity

любопы́тный curious
внима́ние attention
  обраща́ть ~ *несов., на*
  кого, на что? to direct
  attention; *сов.* **обрати́ть** ~
  (обращу́, обрати́шь)
привлека́ть ~ *несов., на*
  кого, на что? to attract
  attention; *сов.* **привле́чь** ~
  (привлеку́, привлечёшь,
  привлеку́т; привлёк,
  привлекла́)
рассе́янность *ж.* absentmindedness
рассе́янный absent-minded

па́мять *ж.* memory
по́мнить *несов.* to remember

запомина́ть *несов.* to memorize; *сов.* **запо́мнить**

воспомина́ние recollection

вспомина́ть *несов.* to recollect; *сов.* **вспо́мнить**

напомина́ть *несов.*, *кому, о чём?* to remind; *сов.* **напо́мнить**

забыва́ть *несов.* to forget; *сов.* **забы́ть (забу́ду, забу́дешь)**

воображе́ние imagination

представля́ть себе́ *несов.* to imagine; *сов.* **предста́вить себе́ (предста́влю, предста́вишь)**[3]

мечта́ day-dream

мечта́ть *несов.* to day-dream

приду́мывать *несов.* to think up, devise; *сов.* **приду́мать**

удивле́ние surprise

удивля́ть *несов.* to surprise; *сов.* **удиви́ть (удивлю́, удиви́шь)**; *возвр.* **удивля́ться/ удиви́ться** *кому, чему?*

удиви́тельный surprising

наде́жда hope

наде́яться *несов.*, *на кого, на что?* to hope; to rely

ожида́ние expectation

ждать (жду, ждёшь; ждал, ждала́) *несов., кого, что?*; *чего?* to wait; to expect; *сов.* **подожда́ть**[4]

ве́ра belief

ве́рить *несов., кому?*; *в кого, во что?* to believe; *сов.* **пове́рить**[5]

уве́ренность *ж.* certainty, confidence

неуве́ренность *ж.* uncertainty

уве́ренный (уве́рен) *в ком, в чём?* certain, sure

неуве́ренный (неуве́рен) uncertain, unsure

убежде́ние conviction

убежда́ть *несов., в чём?* to convince; *сов.* **убеди́ть**; *возвр.* **убежда́ться/убеди́ться**[6]

убеждённый (убеждён, убеждена́) *в чём?* convinced

убеди́тельный convincing

колеба́ние hesitation

колеба́ться (коле́блюсь, коле́блешься) *несов., в чём?* to waver, hesitate; *сов.* **поколеба́ться**

сомне́ние doubt

сомнева́ться *несов., в ком, в чём?* to doubt

иде́я idea

поня́тие concept, notion

представле́ние idea, notion

содержа́ние content

смысл sense[7]

　　здра́вый ~ common sense

мысль *ж.* thought[7]

мне́ние opinion[8]

　　выража́ть ~ *несов.* to express an opinion; *сов.* **вы́разить ~ (вы́ражу, вы́разишь)**

то́чка зре́ния (*р. мн.* **то́чек**) point of view[8]

взгляд view, opinion

вы́вод conclusion

　　де́лать ~ *несов.* to reach a conclusion; *сов.* **сде́лать ~**

счита́ть *несов.* to consider[9]

дога́дываться *несов., о чём?* to guess; *сов.* **догада́ться**

предложе́ние suggestion, proposal

предлага́ть *несов.* to suggest, propose; *сов.* **предложи́ть (предложу́, предло́жишь)**

замеча́ть *несов.* to notice, observe; *сов.* **заме́тить (замечу, заме́тишь)**

замеча́ние observation, remark

обсужде́ние discussion

обсужда́ть *несов.* to discuss; *сов.* **обсуди́ть (обсужу́, обсу́дишь)**

угова́ривать *несов.* to persuade; *сов.* **уговори́ть**

разбира́ться *несов., в чём?* to examine, understand; *сов.* **разобра́ться (разберу́сь, разберёшься)**[10]

понима́ть *несов.* to understand; *сов.* **поня́ть (пойму́, поймёшь; по́нял, поняла́)**

догова́риваться *несов., с кем, о чём?* to reach an agreement; *сов.* **договори́ться**

и́стина truth[11]

и́стинный true

пра́вда truth[11]

пра́вильный right, correct[11]

ве́рный right, correct[11]

прав, права́, пра́вы *в чём?* right, correct[11]

проверя́ть *несов.* to verify, check; *сов.* **прове́рить**

поправля́ть *несов.* to correct; *сов.* **попра́вить (попра́влю, попра́вишь)**

ошиба́ться *несов., в ком, в чём?* to make a mistake; *сов.* **ошиби́ться (ошибу́сь, ошибёшься; оши́бся, оши́блась)**

оши́бка (*р. мн.* **оши́бок**) *в чём?* mistake

противоре́чие contradiction

противоре́чить *несов., кому, чему?* to contradict

возраже́ние objection

возража́ть *несов., кому, чему?* to object; *сов.* **возрази́ть (возражу́, возрази́шь)**

отрица́ние denial

отрица́ть *несов.* to deny

недоразуме́ние misunderstanding

хотя́ although

как бу́дто as though

несмотря́ *на кого, на что?* despite

благодаря́ *кому, чему?* thanks to[12]

из-за *кого, чего?* due to[12]

с одно́й стороны́ on the one hand

с друго́й стороны́ on the other hand

во-пе́рвых in the first place

во-вторы́х in the second place

пре́жде всего́ first of all

наконе́ц finally

в конце́ концо́в finally

так да́лее (*сокр.* т. д.) so forth, et cetera

тому́ подо́бное (*сокр.* т. п.) so on

на вся́кий слу́чай in any case

всё равно́ all the same

наприме́р for example

то есть (*сокр.* т. е.) that is

таки́м о́бразом thus

тем не ме́нее nevertheless

тем бо́лее all the more

ви́димо apparently

вероя́тно probably

наве́рно probably

несомне́нно undoubtedly

безусло́вно absolutely

действи́тельно really[13]

на са́мом де́ле really[13]

к сча́стью fortunately

к сожале́нию unfortunately

ра́зве really[13]

неуже́ли really[13]

ме́жду про́чим by the way

кста́ти by the way, incidentally

так сказа́ть so to speak

одни́м сло́вом in a word

вообще́ говоря́ generally speaking

попада́ть *несов.* to hit (a target); *сов.* **попа́сть (попаду́, попадёшь; попа́л)**[14]

цель *ж.* goal, target

Vocabulary Notes

[1]The noun **способность** means *ability* both in the sense that one is capable of something and in the sense that one is talented. When it means *talent,* it is typically used in the plural.

У него есть **способность** всегда приходить с большим опозданием.	*He is capable of always arriving late.*
У него большие **способности** к музыке.	*He has great musical ability.*

[2]The perfective verbs **заинтересовать** and **заинтересоваться** refer to the beginning of action.

Меня неожиданно **заинтересовал** этот вопрос.	*That question unexpectedly caught my interest.*
Он **заинтересовался** классической музыкой.	*He became interested in classical music.*

[3]The expression **представлять/представить себе** is more limited than the English *to imagine.* The Russian expression means *to picture something to oneself* and cannot, as a rule, be used without a complement. One exception is the colloquial use of **представлять/представить** by itself in a way that corresponds to *Just imagine!* in English.

Представьте себе, что вы получили новую трёхкомнатную квартиру!	*Imagine that you got a new three-room apartment!*
Я могу **себе представить,** как он, наверно, неловко себя чувствует.	*I can imagine how awkward he probably feels.*
А потом он бросил семью и уехал за границу! **Представляешь!**	*And then he abandoned his family and went abroad! Just imagine!*

[4]The verb **ждать** may take either an accusative or a genitive object. Choose accusative when talking about specific items and genitive when talking about non-specific items and abstractions.

Он **ждёт** свою **жену.**	*He's waiting for his wife.*
Я **жду помощи** от своих друзей.	*I expect help from my friends.*

[5]Russian, like English, distinguishes between *to believe someone* (**верить/ поверить кому?**) and *to believe in something* (**верить/поверить во что?**).

| Я ему **верю**. | *I believe him.* |
| Я **верю в** твою честность. | *I have faith in your honesty.* |

[6]The verbs **убедить** and **убедиться** do not have first-person singular forms.

[7]The words **смысл** and **мысль** are easily confused because they look and sound so much alike. **Смысл** refers to the sense or the point of something, while **мысль** means *thought* in the sense of "product of thinking."

| **Смысл** этого произведения в том, что история повторяется. | *The point of this work is that history repeats itself.* |
| Он высказал очень глубокую **мысль**. | *He expressed a very deep thought.* |

[8]The phrase *in my/your opinion* is translated **по-мо́ему, по-тво́ему, по-ва́шему.** If you want to refer to anyone else's opinion, use **по мнению.** The phrase *from (someone's) point of view* is translated **с точки зрения.**

По-моему, ничего из этого не выйдет.	*In my opinion, nothing will come of it.*
По мнению моей подруги, мне нужно лучше следить за собой.	*In my friend's opinion, I need to take better care of myself.*
С моей точки зрения, это очень верное замечание.	*From my point of view, it's an extremely valid observation.*

[9]The verb **считать** is used either with an accusative direct object and an instrumental complement, or with a subordinate clause that takes the place of the direct object.

| Мы **считаем** своего сына очень талантливым! | *We consider our son very gifted!* |
| Я **считаю,** что он себе противоречит. | *I think that he is contradicting himself.* |

[10]The verb **разбираться/разобраться** means *to sort out* or *to analyze* an idea or a situation so as to understand.

| Я плохо **разбираюсь** в философских идеях. | *I don't understand philosophical ideas very well.* |
| —У меня в кабинете такой беспорядок, что я даже не знаю, что́ где лежит. —Ничего, **разберёмся**. | *My office is such a mess that I don't even know what is where. That's OK, we'll figure it out.* |

[11]English speakers often confuse the various words that mean *truth, true,* and *right.* **Истина** and **правда** are synonymous in meaning although **истина** is the stylist-

ically higher of the two. **Правильный** and **верный** are also synonyms. You may *not,* however, use **правда** as a synonym for **правильный.** Finally, if you want to say that a person (as opposed to an answer) is right, you should use the short form **прав/права/правы** in predicate position.

Это **истинная правда.**	*That's the honest truth.*
Это **правильный** ответ.	*That's the correct answer.*
Это **верное** замечание.	*That's a correct observation.*
Вы меня **неверно** поняли.	*You didn't understand me correctly.*
Вы **правильно** догадались, вы **правы.**	*You guessed correctly; you're right.*

[12]Although **благодаря** and **из-за** may both be translated as *because of,* they are actually antonymous, with **благодаря** carrying positive connotations and **из-за** negative ones.

Благодаря своим способностям, она попала в театральный институт.	*Because of her talent, she got into the theatrical institute.*
Из-за тебя я потерял интерес к занятиям.	*I lost interest in my studies because of you.*

[13]Of the four words that are translated *really,* **действительно** and the more colloquial **на самом деле** are synonyms that refer to truth value. **Разве** and **неужели,** which are interjections expressing surprise, are also close in meaning. **Разве,** the more common of the two, expresses mild disbelief and is often not translated in English, while **неужели** is used for stronger emphasis.

Она **действительно** хочет попросить у вас прощения.	*She really wants to ask your forgiveness.*
Он **на самом деле** очень талантливый человек.	*He really is a very talented person.*
Разве она ещё не ушла?	*Hasn't she gone yet?*
Неужели ты не можешь понять такую простую мысль?!	*Are you really unable to comprehend such a simple thought?!*

[14]The verb **попадать/попасть,** which means *to hit* a target, is also used when speaking of hitting a figurative goal.

Полицейский выстрелил из пистолета и **попал** в цель.	*The policeman fired his pistol and hit the target.*
Спектакль пользовался таким успехом, что на него абсолютно невозможно было **попасть.**	*The show was such a success that it was absolutely impossible to get in.*

Подготовительные упражнения

Complex Sentences

In Lessons 5 and 6 we discussed using adverbial and adjectival clauses to expand sentences. In this lesson we look at some more ways to create complex sentences by using subordinate clauses.

Clauses with кто

You already know how to provide additional information about nouns by using adjectival clauses which begin with the word **который.**

Я сразу узнала девушку, **которая** вошла в комнату.	*I immediately recognized the girl who walked into the room.*

It is also possible to provide additional information about pronouns by using adjectival clauses which begin with the words **кто** (or **чей**) or with **что.** Adjectival clauses beginning with **кто** always refer to people. They may be used to refer to such pronouns as **все, всякий, каждый,** or **любой,** or to refer to the demonstrative pronoun **тот.** When **кто** is the subject of the clause, the verb is generally masculine singular, although it is also possible to use a plural verb in a subordinate clause in which **кто** refers to a plural antecedent.

Я узнала **всех, кто** там был.	*I recognized everyone who was there.*
Все, кто сначала сомневались, в конце концов пришли к одному и тому же выводу.	*All of those who had at first had doubts eventually came to the same conclusion.*
Каждый, кто помнит моего отца, говорит, что я на него похож.	*Everyone who remembers my father says that I look like him.*
Кто не работает, **тот** не ест.	*He who doesn't work, doesn't eat.*

Clauses with что

Adjectival clauses beginning with **что** always refer to things. They may be used to refer to the pronoun **всё** or to the demonstrative pronoun **то.** One uses the pronoun **то** in such sentences primarily to coordinate the main clause of the sentence with the subordinate clause. One must use **то** when the grammar of the main clause requires any usage other than a direct object. When the grammar of the main clause requires an accusative direct object, **то** may be used for emphasis, although it is more commonly omitted. In both cases, **то** may be either translated as *things* or, more typically, not translated at all.

Я сделала **всё, что** смогла.	*I did everything I could.*
Я не верю **тому, что** о нём рассказывают.	*I don't believe the things that they're saying about him.*
Они спорили о **том, что** делать.	*They were arguing about what to do.*

Мы сидели и вспоминали (**то**), **что** с нами происходило прошлым летом.	*We sat and reminisced about what had happened to us last summer.*

It is also possible to use the demonstrative pronoun **то** to coordinate the main clause of a sentence with a subordinate clause beginning with the conjunction **что** (*that*). In sentences of this type the **то, что** phrase is generally either translated into English as *the fact that* or not translated at all. Context is usually sufficient to distinguish this construction from the construction discussed above in which **то** is coordinated with the pronoun **что** (*what*), but in the case of ambiguity, one may mark the stress on the pronoun to distinguish it from the conjunction.

Вчера я совершенно забыла о **том, что** я обещала договориться с ней о встрече.	*Yesterday I completely forgot about the fact that I had promised to schedule an appointment with her.*
Всякая мать мечтает о **том, что** её дети вырастут порядочными людьми.	*Every mother dreams about her children growing up to be decent people.*
Серёжа часто сомневался в **том, чтó** он слышал от бабушки Насти.	*Seryozha frequently doubted the things that he heard from Grandmother Nastya.*

Упражнение 1. *Fill in the blanks with appropriate forms of the given words.*

1. Статья в последнем журнале «Театр» интересна _____ (каждый), кто любит балет.

2. Его мнение было поддержано _____ (все), кто учился в нашей группе.

3. Она была удивлена _____ (то), что произошло.

4. Я напомнил ей о _____ (то), что мне сообщили.

5. Мы не могли простить его за _____ (всё), что он сделал.

6. Он верил _____ (все), кого он знал.

Упражнение 2. *Fill in the blanks with appropriate forms of* **что.** *Add prepositions as needed.*

1. Мне пришлось согласиться с тем, _____ так настаивал мой начальник.

2. Он пытался доказать то, _____ противоречат новейшие взгляды учёных.

3. Лару всегда почему-то интересует то, _____ больше никто не обращает внимание.

4. Папа сказал то, _____ я не могла не согласиться.

5. Марине всегда хотелось возражать тому, _____ были убеждены другие.

6. Неужели произойдёт то, _____ так надеется Оля!

Упражнение 3.   *Complete the sentences. Translate your sentences into English.*

1. То, в чём он сомневался, _____.

2. Того, о чём мы мечтали, _____.

3. То, чему вы удивляетесь, _____.

4. Те, кто увлекается информатикой, _____.

5. Я понимаю тех, кто _____.

6. Он знаком с теми, кто _____.

7. Всем, кого мы убедили, _____.

8. Я знала всех, кто _____.

9. Не каждый, кто обращается к врачу, _____.

10. Не все, кто поступает в институт, _____.

В мире фантазии

Clauses with как

Subordinate clauses beginning with the conjunction **как** are also used in complex sentences. **Как** is generally used instead of **что** following verbs of perception such as **видеть/увидеть,** **слышать/услышать,** **замечать/заметить,** **смотреть/посмотреть,** **слушать/послушать,** and **наблюдать.** This construction sometimes presents difficulties for native speakers of English. Notice in the following examples that the English translation leads you to expect an accusative direct object when Russian syntax in fact requires you to use a nominative subject.

Я смотрела, **как** во дворе играли соседские дети.	*I watched the neighbors' kids playing in the courtyard.*
Мы не заметили, **как** подошёл поезд.	*We didn't notice the train pull in.*

Clauses of time

Adverbial clauses of time are also frequently introduced by conjunctions formed with the word **как**. These conjunctions are **после того как** (*after*), **перед тем как** (*before*), and **до того как** (*before*). Remember that **перед** refers to the immediately preceding period while **до** includes the entire preceding period. The expressions **перед тем как** and **до того как** are used with infinitives if the actions of the main clause and that of the subordinate clause are performed by the same person.

Мне нужно поговорить с тобой, **до того как** мы уедем.	*I need to talk to you before we leave.*
Я долго колебалась, **перед тем как** принять это решение.	*I hesitated for a long time before making that decision.*

The word **пора** is used in a number of expressions dealing with time. The questions **с каких пор?** (*since when?*) and **до каких пор?** (*until when?*) are sometimes answered with a set expression such as **с этих/тех пор** (*since this/that time*) or **до сих пор** (*until now*). It is also possible to answer these questions with a complex sentence containing an adverbial clause beginning with **с тех пор как** (*since*) or **до тех пор, пока... не** (*until*).

Он заметно поседел **с тех пор, как** мы расстались с ним.	*He had become noticeably grayer since we parted.*
Я бродил **до тех пор, пока не** стемнело.	*I strolled around until it got dark.*

Упражнение 4. *Transform simple sentences into complex sentences containing adverbial clauses.*

Образец: Я не видела Лену почти год до нашей случайной встречи в театре.

Я не видела Лену почти год до того, как мы случайно встретились в театре.

1. Только через неделю после нашего разговора, он признался, что он был неправ.

2. Через год после нашей встречи, мы поняли, что любим друг друга.

3. Эти стихи поэта были опубликованы только через 50 лет после его смерти.

4. Через неделю после своего приезда я получила открытку от своих друзей, путешествовавших по Европе.

5. После окончания института им пришлось уехать из Москвы в маленькое село.

6. До поступления в университет Марина два года работала на кафедре истории.

7. Мне придётся к тебе заехать перед началом семинара.

8. Не забудь принять таблетки перед сном.

9. Я всегда напоминаю своим детям мыть руки перед едой.

Упражнение 5. *Combine the following pairs of sentences in a complex sentence containing an adverbial clause of time. Think carefully about which idea you want to subordinate. Translate your new sentences into English.*

Образец: Женя догадался, что я не хочу с ним общаться. Женя обиделся.

После того как Женя догадался, что я не хочу с ним общаться, он обиделся.

After Zhenya guessed that I no longer wanted to associate with him, he took offense.

1. Мы ближе познакомились. Я считал тебя очень легкомысленным.

2. Аня пошла гулять. Мама велела Ане застегнуть шубу на все пуговицы и не забыть надеть перчатки.

3. Я не мог себе представить, что такое «белые ночи». Мы прилетели в Ленинград летом.

4. Я узнала о его бестактном поступке. Мне не хочется с ним общаться.

5. Мама сходила к врачу. Мама стала регулярно принимать лекарство от высокого давления.

Упражнение 6. *Complete the sentences. Translate your sentences into English.*

1. Прежде чем выразить своё мнение, —————————.

2. Прежде чем возразить ему, —————————.

3. Перед тем как начать свой доклад, —————————.

4. Перед тем как высказать своё мнение, —————————.

5. До того как они пришли к этому выводу, —————————.

6. До того как у неё обнаружились способности к языкам,

_____.

7. С тех пор как у них появилась надежда, _____.

8. С тех пор как мы догадались о его планах, _____.

9. После того как она кончила институт, _____.

10. После того как они поженились, _____.

Clauses of place

Adverbial clauses specifying place begin with the words **где, куда,** or **откуда.** Although it is not obligatory to do so, these words are generally coordinated with one of the demonstrative words **там, туда,** or **оттуда** in the main clause. Again, the demonstrative words frequently cannot be translated into English.

Я люблю заниматься **там, где** тихо.	_I like to study where it's quiet._
Мы пошли **туда, куда** вела широкая дорога.	_We went where the wide road led._
Звуки громкой музыки доносились **оттуда, где** веселилась молодёжь.	_The sounds of loud music came from where the young people were having fun._

Упражнение 7.   _Complete the sentences. Translate your sentences into English._

1. Дети бежали туда, где _____.

2. Дети бежали туда, куда _____.

3. Дети бежали туда, откуда _____.

4. Мы любили работать там, где _____.

5. Мы любили работать там, куда _____.

6. Мы любили работать там, откуда _____.

7. Он пришёл оттуда, где _____.

8. Он пришёл оттуда, куда _____.

9. Он пришёл оттуда, откуда _____.

Упражнение 8. _Fill in the blanks with_ **где, куда, откуда, там, туда,** _or_ **оттуда.**

Я хотела летом поехать отдыхать _____, _____ тепло, _____ есть море и _____ можно хорошо провести время. И тогда мы решили поехать в Крым. _____, _____ мы приехали сначала, шёл дождь и мы решили переехать _____, _____ погода была лучше. К счастью, в разных местах в Крыму разный климат и мы остановились _____, _____ уже не нужно было никуда уезжать. Это место называется Пла́нерское (или Коктебе́ль), это то место, _____ жили летом знаменитые русские поэты, _____ отдыхали Воло́шин, Гумилёв, Цвета́ева, _____ они уезжали от петербургского климата.

Qualifying clauses

Some subordinate clauses refer neither to time nor to place but rather provide information about the speaker's attitude toward the information contained within them. Clauses of this type might begin with **как будто** (*as though*), **хотя** (*although*), or, more formally, **несмотря на то, что** (*despite the fact that*).

Они встретились, **как будто** они были близкими друзьями.	*They met as though they were close friends.*
Хотя она была очень рассеянной, она всегда помнила дни рождения своих друзей.	*Even though she was very absentminded, she always remembered her friends' birthdays.*
Он пытается доказать, что он прав, **несмотря на то, что** все ему объясняют, что его идея абсурдная.	*He is trying to prove that he is right despite the fact that everyone is explaining to him that his idea is absurd.*

Other subordinate clauses of this type begin with any interrogative pronoun followed by the emphatic particle **ни** and the optional particle **бы**. Conjunctions formed in this way may be translated as *interrogative word + ever* or as *no matter + interrogative word*: **кто (бы) ни** (*whoever*), **что (бы) ни** (*whatever*),

Мечты

чей (бы) ни (*no matter whose*), **какой (бы) ни** (*no matter what kind*), **как (бы) ни** (*no matter how*), **когда (бы) ни** (*whenever*), **где (бы) ни** (*wherever*), **куда (бы) ни** (*wherever*), **откуда (бы) ни** (*from wherever*), **сколько (бы) ни** (*no matter how many/much*). If a subordinate clause beginning with one of these expressions includes **бы,** the verb of that clause will necessarily appear in the past form. If the subordinate clause does not include **бы,** the tense of the verb will depend on context.

Что бы вы **ни** говорили, он очень способный человек.	*No matter what you say, he's a very capable person.*
Когда бы я к нему **ни** зашла, он всегда занимается.	*Whenever I drop in on him, he's always studying.*
Что я **ни** скажу, тебе всегда кажется, что я неправа.	*No matter what I say, you always think I'm wrong.*

Упражнение 9. *Complete the sentences. Translate your sentences into English.*

1. Чем бы она ни увлекалась, ———————.
2. О чём бы они ни спорили, ———————.
3. С кем бы он ни соглашался, ———————.
4. В чём бы она ни сомневалась, ———————.
5. Кому бы он ни возражал, ———————.
6. Чему бы она ни удивлялась, ———————.
7. Как бы они ни колебались, ———————.

Упражнение 10. *Translate into idiomatic Russian.*

Yesterday evening when I was waiting for a bus, I heard two students talking about what they were planning to do after classes were over in two weeks. The one who was standing closer to me said that as soon as he passed the last exam, he would go someplace where it was warm. His friend answered that although he would very much like to go to the beach for several days, he unfortunately was going to have to work all summer. Then the first one tried to persuade him, but no matter what he said, the second one kept insisting that he couldn't go away this summer even for a few days. Then the bus came and I didn't hear the end of their conversation, but ever since I've been thinking about what conclusion they reached and what I would do if I were in the second student's place.

Вильгельм Телль

Below is a passage from the novel ‹‹Трудно быть богом›› *by the popular science fiction authors Arkady and Boris Strugatsky. In this episode three children are playing "William Tell." First, complete the passage by filling in the blanks with any suitable verb. Then, after comparing your version with the original in Appendix B, write a conclusion for the episode.*

Антон небрежно _____: **небре́жно** *carelessly*

— Например, мы часто _____ в
Вильгельма Телля.

— По очереди, — _____ Пашка.

— Сегодня я _____ с яблоком, а
завтра он.

Анка _____ их.

— Вот как? — медленно _____ она.
— Интересно было бы посмотреть.

— Мы бы с удовольствием, — ехидно _____ **ехи́дно** *maliciously*
Антон. — Яблока вот нет.

Пашка широко _____. Тогда Анка
_____ у него с головы пиратскую
повязку и быстро _____ из неё **повя́зка** *bandanna*
длинный кулёк. **кулёк** *cone*

— Яблоко — это условность, — _____ **усло́вность** *convention*
она. — Вот отличная мишень. _____ в **мише́нь** *target*
Вильгельма Телля.

Антон _____ красный кулёк и
внимательно _____ его. Он
_____ на Анку — глаза у неё были как
щёлочки. А Пашка _____ — ему было **щёлочка** *slit*
весело. Антон _____ ему кулёк.

— ‹‹В тридцати шагах промаха в карту не дам, **про́мах** *miss* (Anton is acting
— ровным голосом _____ он. out his part here.)
— Разумеется, из знакомых пистолетов››.

— ‹‹Право? — _____ Анка и _____
к Пашке: — А ты, мой друг, попадёшь ли в карту
на тридцати шагах?››

Пашка _____ колпак на голове.

— ‹‹Когда-нибудь мы попробуем, — _____
он, скаля зубы. — В своё время я стрелял **ска́лить зу́бы** *to grin*
не худо››. **ху́до** плохо (Also acting.)

Антон _____ и _____ по
тропинке, вслух считая шаги: **тропи́нка** *path*

— Пятнадцать, шестнадцать, семнадцать.

Пашка что-то _____ — Антон не
_____, и Анка громко _____.
Как-то слишком громко.

— Тридцать, — _____ Антон и
_____.

На тридцати шагах Пашка _____ совсем
маленьким. Красный треугольник кулька **треуго́льник** *triangle*
_____ у него на голове, как шуточный **шу́точный колпа́к** *jester's cap*
колпак. Пашка _____. Он всё ещё

_____. Антон _____ и _____
неторопливо натягивать тетиву.

  —Благословляю тебя, отец мой Вильгельм! —
_____ Пашка. — И _____ тебя за
всё, что бы ни случилось.

натя́гивать *to draw /*
тетива́ *bow /*
благословля́ть *to bless*

Задания

1. *Summarize the conversation that took place among Anka, Anton, and Pashka in* ‹‹Трудно быть богом››. *Do not use direct quotation.*

2. *Rewite the conversation that took place among Anka, Anton, and Pashka in* ‹‹Трудно быть богом›› *so that Anka is discouraging the boys rather than encouraging them.*

3. *Write a letter persuading one of the advertisers in Lesson 2, activity 1, to exchange apartments with you.*

4. *You are Konstantin Ptichkin (Lesson 5), and you have no alibi for the murder of Margarita Kurochkina. Persuade the police that you are not guilty.*

5. **Чепуха:** *Working alone or with a partner, for each reading passage below draw up a numbered list of words. The parts of speech you need are specified in a list at the beginning of each passage. Next, transfer your words to the reading passage. Remember to make all necessary grammatical changes. The result may not be great literature, but it will certainly be inspired nonsense. You may compare your versions to the originals in Appendix B.*

Борщ

1. существи́тельное (*noun*)
2. существительное
3. глаго́л (*verb*)
4. существительное
5. существительное
6. числи́тельное (*number*)
7. существительное
8. существительное
9. числительное
10. числительное
11. числительное
12. числительное

Сварить мясной бульон. Свёклу, морковь
и лук мелко нарезать, положить в суповую
кастрюлю, добавить помидоры или томат-пюре,
уксус, сахар и немного _____ (1),
закрыть _____ (2) и поставить овощи
тушить. Овощи перемешивать, чтобы не _____
(3), прибавляя, если нужно, немного _____
(4) или _____ (5).

Через 15-20 минут добавить капусту, всё
перемешать и тушить ещё _____ (6)
минут. Затем овощи залить подготовленным
мясным бульоном, положить перец, соль,
добавить по вкусу немного _____ (7) и
варить до полной готовности овощей. При
подаче на стол в борщ положить _____
(8).

На 500 г мяса — _____ (9) г свёклы,
_____ (10) г свежей капусты, 200 г лука, 2
ст. ложки томата-пюре или _____ (11) г
помидоров, по _____ (12) ст. ложке
уксуса и сахара.

ме́лко *fine*
доба́вить *to add*

переме́шивать *to stir*
прибавля́ть *to add*

Размещение мебели

1. существительное
2. существительное
3. существительное
4. существительное
5. числительное
6. существительное
7. прилага́тельное (*adjective*)
8. существительное мно́жественного числа́ (*plural noun*)
9. сравни́тельная сте́пень прилагательного (*comparative adjective*)
10. прилагательное

Общая комната в 2-5-комнатной квартире
имеет ту особенность, что служит в основном
для _____ (1) и только в отдельных
случаях может быть местом сна или занятий
одного из _____ (2) семьи. Поэтому в
этой комнате организуются зоны отдыха и
обеденная, а при необходимости — зоны сна и
работы.

В зоне отдыха обычно ставят _____
(3), _____ (4) или диван-кровать,

_____ (5) кресла, радиотелеаппаратуру и др.; может здесь быть комбинированный шкаф или стеллаж для _____ (6).

стелла́ж *shelving*

В обеденной зоне располагаются _____ (7) стол, _____ (8), сервант. В качестве спального места _____ (9) всего использовать диван-кровать, кресло-кровать — таким образом, зоны сна и отдыха совмещаются. Если эти предметы будут находиться в глубине комнаты, их несложно изолировать _____ (10) ширмой.

совмеща́ться *to be combined*

ши́рма *screen*

Описание человека

1. сравнительная степень прилагательного
2. цвет
3. числительное
4. прилагательное
5. существительное

— Что представляет собой Алексей Сабу́ров?
— Он немного _____ (1) меня, брюнет, со светлыми глазами, _____ или голубыми — точно не помню. Лет ему _____ (3). Видимо, очень _____ (4). И это несмотря на то, что у него нет двух _____ (5) на правой руке.

Утренний разговор матери с сыном

1. наре́чие (*adverb*)
2. существительное
3. глагол
4. время
5. жи́дкость (*liquid*)
6. существительное
7. существительное

Утро. «Ты очень _____ (1) одеваешься, сынок. Не сиди, надевай _____ (2). Ты уже в майке? Делай зарядку. Так. Быстрей рубаху. Оделся? Почему низ не надеваешь? Как это не знаешь что? Всё перед тобой. Опять не вывернул с вечера колготки? Постель убрал? Садись _____ (3). Уже

ма́йка *undershirt*
руба́ха рубашка

вы́вернуть *to turn right side out*

——————— (4). Сейчас Валя постучит.
Почему ты не хочешь с ней ходить? Пока
темно, будешь ходить с Валей. Сердце у
муравья? А действительно, есть ли сердце у
муравья? Пей ——————— (5) и полощи рот.
Быстрей, быстрей, пожалуйста. Курицу
нельзя убить из рогатки. По-моему, ей
можно только больно сделать. А
собственно, зачем убивать курицу из
рогатки?... А ты ——————— (6) положил в
ранец? Ещё вчера? Вот молодец! Слышишь, Валя
стучит, а ты ещё без ——————— (7). Дай
поцелую. После школы — пулей домой.

мураве́й *ant*

полоска́ть *to rinse*

рога́тка *slingshot*

со́бственно *anyway*

ра́нец *knapsack*

пу́ля *bullet*

6. *Write your own* ‹‹чепуха›› *passage. You may either compose a new original text or adapt one of your old compositions.*

Appendices

Appendix A
Grammatical Tables

Spelling Rules

1. After the letters **Г, К, Х** and **Ж, Ш, Щ, Ч**   write **И** instead of **Ы.**
2. After the letters   **Ж, Ш, Щ, Ч, and Ц**   write **Е** instead of unstressed **О.**
3. After the letters **Г, К, Х** and **Ж, Ш, Щ, Ч, and Ц**   write **У** instead of **Ю** and **А** instead of **Я.**

Basic Endings of Adjectives and Nouns

	Adjectives	Masculine	Neuter	Feminine	Plural
N	*кто/что?*	-ой/-ый/-ий	-ое/-ее	-ая/-яя	-ые/-ие
A	*кого/что?*	........N or G............		-ую/-юю	N or G
G	*кого/чего?*	........-ого/-его........		-ой/-ей	-ых/-их
P	*о ком/о чём?*	........-ом/-ем............		-ой/-ей	-ых/-их

D	*кому/чему?*	........-ому/-ему........	-ой/-ей	-ым/-им
I	*кем/чем?*	........-ым/-им..........	-ой/-ей	-ыми/-ими

	Singular Nouns	Masculine	Neuter	Feminine	Feminine II
N	*кто/что?*	zero	-о/-ё/-е	-а/-я	-ь
A	*кого/что?*	..N or G.............		-у/-ю	-ь
G	*кого/чего?*	..-а/-я.............		-ы/-и	-и
P	*о ком/о чём?*	..-е[1]..................		-е[1]	-и
D	*кому/чему?*	..-у/-ю.............		-е[1]	-и
I	*кем/чем?*	..-ом/-ём/-ем.....		-ой/-ёй/-ей	-ью

[1]Do not write **-ие** in the oblique cases; write instead **-ии: Василии, здании, Марии.**

	Plural Nouns	Masculine	Neuter	Feminine	Feminine II
N	*кто/что?*	-ы/-и;-а/-я	-а/-я	-ы/-и	-и
A	*кого/что?*	.....................N or G...................			
G	*кого/чего?*	-ов/-ёв/-ев;-ей	.......zero........		-ей
P	*о ком/о чём?*	.....................-ах/-ях...................			
D	*кому/чему?*	.....................-ам/-ям...................			
I	*кем/чем?*	.....................-ами/-ями...................			

Personal Pronouns

N	*кто/что?*	я	ты	он	она́	ты	вы	они́
A	*кого/что?*	меня́	тебя́	его́	её	нас	вас	их
G	*кого/чего?*	меня́	тебя́	его́	её	нас	вас	их
P	*о ком/о чём?*	мне	тебе́	нём	ней	нас	вас	них
D	*кому/чему?*	мне	тебе́	ему́	ей	нам	вам	им
I	*кем/чем?*	мной	тобо́й	им	ей	на́ми	ва́ми	и́ми

Cardinal and Ordinal Numbers

(1) оди́н/одно́/одна́/одни́, пе́рвый; (2) два/две, второ́й; (3) три, тре́тий; (4) четы́ре, четвёртый; (5) пять, пя́тый; (6) шесть, шесто́й; (7) семь, седьмо́й; (8) во́семь, восьмо́й; (9) де́вять, девя́тый; (10) де́сять, деся́тый; (11) оди́ннадцать, оди́ннадцатый; (12) двена́дцать, двена́дцатый; (13) трина́дцать, трина́дцатый; (14) четы́рнадцать, четы́рнадцатый; (15) пятна́дцать, пятна́дцатый; (16) шестна́дцать, шестна́дцатый; (17) семна́дцать, семна́дцатый; (18) восемна́дцать, восемна́дцатый; (19) девятна́дцать, девятна́дцатый; (20) два́дцать, двадца́тый; (30) три́дцать, тридца́тый; (40) со́рок,

сороковóй; (50) пятьдесят, пятидесятый; (60) шестьдесят, шестидесятый; (70) сéмьдесят, семидесятый; (80) вóсемьдесят, восмидесятый; (90) девянóсто, девянóстый; (100) сто, сóтый

Declension of Cardinal Numbers

N	*кто/что?*	два/две	три	четы́ре	пять	оди́ннадцать
A	*когó/что?*	..........N or G............			пять	оди́ннадцать
G	*когó/чего?*	двух	трёх	четырёх	пяти́	оди́ннадцати
P	*о ком/о чём?*	двух	трёх	четырёх	пяти́	оди́ннадцати
D	*комý/чему?*	двум	трём	четырём	пяти́	оди́ннадцати
I	*кем/чем?*	двумя́	тремя́	четырьмя́	пятью́	оди́ннадцатью

N	*кто/что?*	сорок	пятьдеся́т	девянóсто	сто
A	*когó/что?*	сорок	пятьдеся́т	девянóсто	сто
G	*когó/чего?*	сорокá	пяти́десяти	девянóста	ста
P	*о ком/о чём?*	сорокá	пяти́десяти	девянóста	ста
D	*комý/чему?*	сорокá	пяти́десяти	девянóста	ста
I	*кем/чем?*	сорокá	пятью́десятью	девянóста	ста

Appendix B
Original Texts

Lesson 1, Activity 2

Вы помните, ребята, как Миша и Маша учились вести себя за столом, правильно держать ложку и вилку. А когда мама попросила их накрыть на стол, сделали всё как надо: поставили мелкие тарелки для второго, на них — глубокие тарелки для первого, ложки положили перед тарелками, ножи — справа, вилки — слева и возле каждой тарелки — салфетку.

Lesson 2, Activity 2

Незнайка очнулся в совсем незнакомом месте. Он лежал на кровати. Незнайку разбудили какие-то голоса. Открыв глаза, он завертел ими в разные стороны и увидел, что лежит в чужой комнате. По углам стояли маленькие креслица. На стенах висели коврики и картины с изображением разных цветов. У окна стоял круглый столик на одной ножке. Неподалеку был письменный стол с принадлежностями для письма. Рядом стоял книжный шкаф. У самой дальней стены, возле дверей, было большое <u>зеркало</u>. Перед <u>зеркалом</u> стояли две малышки и разговаривали.

Lesson 10, Activity 2

—На горячий суп дуть нельзя, а надо помешать ложкой, чтобы скорее остывал. И локти на стол класть тоже нельзя!

—А от котлеты надо отламывать кусочки вилкой, — добавила Маша.

—И косточки от компота класть на блюдечко.

—Молодцы! — похвалила мама.

И вы, ребята, подумайте: что ещё эти дети делали неправильно?

Lesson 11, Composition

... Пришли к маленькому домику с двумя маленькими окошками на улицу. И двор был маленький, и комнатки. Ход в комнатки был через кухню с огромной русской печкой. Бабушка Настя вышла навстречу и сказала:

—Поздравляю вас.

Должно быть, был какой-то праздник. Серёжа ответил, как отвечала в таких случаях тётя Паша:

—И вас также.

Он осмотрелся: игрушек не видно, даже никаких фигурок, что ставят для украшения, — только скучные вещи для спанья и еды. Серёжа спросил:

—У вас игрушки есть?

(Может быть, есть, но спрятаны.)

—Вот чего нет, того нет, — отвечала бабушка Настя. — Детей маленьких нет, ну и игрушек нет. Съешь конфетку.

—Синяя стеклянная вазочка с конфетами стояла на столе среди пирогов. Все сели за стол. Коростелёв открыл штопором бутылку и налил в рюмки тёмно-красное вино.

—Серёже не надо, — сказала мама.

Вечно так: сами пьют, а ему не надо. Как самое лучшее, так ему не дают.

Но Коростелёв сказал:

—Я немножко. Пусть тоже за нас выпьет.

И налил Серёже рюмочку, из чего Серёжа заключил, что с ним, пожалуй, не пропадёшь.

Все стали стукаться рюмками, и Серёжа стукался.

Тут была ещё одна бабушка. Серёже сказали, что это не просто бабушка, а прабабушка, так он её чтоб и называл. Коростелёв, впрочем, звал её бабушкой без «пра». Серёже она ужасно не понравилась. Она сказала:

—Он зальёт скатерть.

Он действительно пролил на скатерть немного вина, когда стукался. Она сказала:

— Ну, конечно.

Lesson 11, Activity 1

Утром Серёжа проснулся и не сразу понял, где он. Почему вместо двух окон три, и не с той стороны, и не те занавески. Потом он разобрался, что это тёти Пашина комната. Она очень красивая: подоконники заставлены цветами, а за зеркало заткнуто павлинье перо. Тётя Паша и Лукьяныч уже встали и ушли, постель их была застлана, подушки уложены горкой. Раннее солнце играло в кустах за открытыми окнами. Серёжа вылез из кроватки, снял длинную рубашку, надел трусики и вышел в столовую. Дверь в его комнату была закрыта. Он подёргал ручку, — дверь не отворялась. А ему туда нужно было непременно: там ведь находились все его игрушки. В том числе новая лопата, которой ему вдруг очень захотелось покопать.

Lesson 12, Composition

Антон небрежно сказал:

— Например, мы часто играем в Вильгельма Телля.

— По очереди, — подхватил Пашка. — Сегодня я стою с яблоком, а завтра он.

Анка оглядела их.

— Вот как? — медленно сказала она. — Интересно было бы посмотреть.

— Мы бы с удовольствием, — ехидно сказал Антон. — Яблока вот нет.

Пашка широко ухмылялся. Тогда Анка сорвала у него с головы пиратскую повязку и быстро свернула из неё длинный кулёк.

— Яблоко — это условность, — сказала она. — Вот отличная мишень. Сыграем в Вильгельма Телля.

Антон взял красный кулёк и внимательно осмотрел его. Он взглянул на Анку — глаза у неё были как щёлочки. А Пашка развлекался — ему было весело. Антон протянул ему кулёк.

— ‹‹В тридцати шагах промаха в карту не дам, — ровным голосом сказал он. — Разумеется, из знакомых пистолетов››.

— ‹‹Право? — сказала Анка и обратилась к Пашке: — А ты, мой друг, попадёшь ли в карту на тридцати шагах?››

Пашка пристраивал колпак на голове.

— ‹‹Когда-нибудь мы попробуем, — сказал он, скаля зубы. — В своё время я стрелял не худо››.

Антон повернулся и пошёл по тропинке, вслух считая шаги:

— Пятнадцать, шестнадцать, семнадцать.

Пашка что-то сказал — Антон не расслышал, и Анка громко рассмеялась. Как-то слишком громко.

— Тридцать, — сказал Антон и повернулся.

На тридцати шагах Пашка выглядел совсем маленьким. Красный треугольник кулька торчал у него на голове, как шуточный колпак. Пашка ухмылялся. Он всё ещё играл. Антон нагнулся и стал неторопливо натягивать тетиву.

— Благословляю тебя, отец мой Вильгельм! — крикнул Пашка. — И благодарю тебя за всё, что бы ни случилось.

Lesson 12, Activity 5

Борщ

Сварить мясной бульон. Свёклу, морковь и лук мелко нарезать, положить в суповую кастрюлю, добавить помидоры или томат-пюре, уксус, сахар и немного бульона с жиром, закрыть крышкой и поставить овощи тушить. Овощи перемешивать, чтобы не пригорели, прибавляя, если нужно, немного бульона или воды.

Через 15-20 минут добавить капусту, всё перемешать и тушить ещё 20 минут. Затем овощи залить подготовленным мясным бульоном, положить перец, соль, добавить по вкусу немного уксуса и варить до полной готовности овощей. При подаче на стол в борщ положить сметану.

На 500 г мяса — 300 г свёклы, 200 г свежей капусты, 200 г лука, 2 ст. ложки томата-пюре или 100 г помидоров, по 1 ст. ложке уксуса и сахара.

‹‹Книга о вкусной и здоровой пище››

Размещение мебели

Общая комната в 2–5-комнатной квартире имеет ту особенность, что служит в основном для отдыха и только в отдельных случаях может быть местом сна или занятий одного из членов семьи. Соответственно назначению в этой комнате организуются зоны отдыха и обеденная, а при необходимости — зоны сна и рабочая.

В зоне отдыха обычно ставят журнальный столик, диван или диван-кровать, два-три кресла, радиотелеаппаратуру и др.; может здесь быть комбинированный шкаф или стеллаж для книг.

В обеденной зоне располагаются обеденный стол, стулья, сервант. В качестве спального места удобнее всего использовать диван-кровать, кресло-кровать — таким образом, зоны сна и отдыха совмещаются. Если эти предметы будут находиться в глубине комнаты, их несложно изолировать переносной ширмой.

‹‹Дом, в котором мы живём››

Описание человека

— Что представляет собой Алексей Сабуров?

— Он немного <u>выше</u> меня, брюнет, со светлыми глазами, светло-серыми или голубыми — точно не помню. Лет ему <u>тридцать-тридцать два</u>. Видимо, очень <u>сильный</u>. И это несмотря на то, что у него нет двух <u>пальцев</u> на правой руке.

‹‹Я следователь››

Утренний разговор матери с сыном

Утро. ‹‹Ты очень <u>медленно</u> одеваешься, сынок. Не сиди, надевай <u>майку</u>. Ты уже в майке? Делай зарядку. Так. Быстрей рубаху. Оделся? Почему низ не надеваешь? Как это не знаешь что? Всё перед тобой. Опять не вывернул с вечера колготки? Постель убрал? Садись <u>завтракать</u>. Уже <u>восемь</u>. Сейчас Валя постучит. Почему ты не хочешь с ней ходить? Пока темно, будешь ходить с Валей. Сердце у муравья? А действительно, есть ли сердце у муравья? Пей <u>кофе</u> и полощи рот. Быстрей, быстрей, пожалуйста. Курицу нельзя убить из рогатки. По-моему, ей можно только больно сделать. А собственно, зачем убивать курицу из рогатки?... А ты <u>кеды</u> положил в ранец? Ещё вчера? Вот молодец! Слышишь, Валя стучит, а ты ещё без <u>пальто</u>. Дай поцелую. После школы — пулей домой.

‹‹Кров››

Appendix C
Common Errors

1   число: Я собираю кни́гу. Я собираю книги.

2   род: Мо́я дедушка живёт там. Мой дедушка живёт там.

3   падеж: Я ва́м слушаю. Я вас слушаю.

4   лицо: Они наве́щаем родителей. Они навещают родителей.

5   время: Вчера я чита́ю газету. Вчера я читал газету.

6   вид: Мы начали позавтракать. Мы начали завтракать.

7   спряжение: Они хо́дут на занятия. Они ходят на занятия.

8   возвратный глагол: Урок начина́ет в восемь часов. Урок начинается в восемь часов.

9   часть речи: Москва хорошо́ город. Москва хороший город.

10   орфография: Сево́дня он отдыхает. Сегодня он отдыхает.

11   пунктуация: Я не зна́ю где портфель. Я не знаю, где портфель.

12   порядок слов: Это Ива́на родители. Это родители Ивана.

13   выбор слов: Он работает в́ заводе. Он работает на заводе.

14   синтаксис: Я хочу ва́с ответить. Я хочу, чтобы вы ответили.

15   англицизм: У меня ниче́го сидеть на. Мне некуда сесть.

16?   смысл: Я поступил все в Киеве, кото́ром тоже не работят.

17+   ещё одно слово: Мой брат игра́ет шахматы. Мой брат играет в шахматы.

Self-Evaluation*

	1D	1F	2D	2F	3D	3F	4D	4F	Total
1. Number	—	—	—	—	—	—	—	—	___
2. Gender	—	—	—	—	—	—	—	—	___
3. Case	—	—	—	—	—	—	—	—	___
4. Person	—	—	—	—	—	—	—	—	___
5. Tense	—	—	—	—	—	—	—	—	___
6. Aspect	—	—	—	—	—	—	—	—	___
7. Conjugation	—	—	—	—	—	—	—	—	___
8. Refl. Verb	—	—	—	—	—	—	—	—	___
9. Speech Part	—	—	—	—	—	—	—	—	___
10. Spelling	—	—	—	—	—	—	—	—	___
11. Punctuation	—	—	—	—	—	—	—	—	___
12. Word Order	—	—	—	—	—	—	—	—	___
13. Word Choice	—	—	—	—	—	—	—	—	___
14. Syntax	—	—	—	—	—	—	—	—	___
15. Anglicism	—	—	—	—	—	—	—	—	___
16. Meaning	—	—	—	—	—	—	—	—	___
17. Add a Word	—	—	—	—	—	—	—	—	___
TOTAL	—	—	—	—	—	—	—	—	___

*1D = First Draft, 1F = First Final, etc.

Glossaries

- Unpredictable noun patterns, including those with fill vowels and shifting stress, are provided in parentheses. Singular forms are labeled for case. Plural forms are cited in the order of cases used in Appendix A, that is, nominative, accusative, genitive, prepositional, dative, instrumental: **дочь** (*р.* **до́чери**, *мн.* **до́чери, дочере́й, дочеря́х, дочеря́м, дочерьми́**).
- Gender is indicated for all nouns ending in **-ь: бровь** *ж.,* **день** *м.*
- The genitive is provided for all nouns that are cited in the plural only: **джи́нсы** (*р.* **джи́нсов**).
- The genitive is provided for adjectives that function as nouns: **сла́дкое** (*р.* **сла́дкого**).
- Unpredictable forms derived from adjectives, including adverbs and comparatives, are provided in parentheses: **лёгкий** (**легко́,** *ср.* **ле́гче**).
- Adjectives whose short forms are commonly used in predicative position are cited together with the short form: **голо́дный** (**го́лоден, голодна́**).
- Conjugation information is not provided for first-conjugation verbs like **читать** or for second-conjugation verbs like **говори́ть.** The conjugation of second-conjugation verbs whose infinitives end in **-ать/-ять** and of all verbs whose infinitives end with **-еть** is indicated by Roman numerals in parentheses: **лежа́ть** (II), **стоя́ть** (II), **потеть** (I), **велеть** (II).
- Unpredictable conjugation patterns, including those with consonant alternations

and shifting stress, are provided in parentheses: **лечь** (**ля́гу, ля́жешь, ля́гут; лёг, легла́; ляг**).

- All verbs are labeled for aspect. Complete conjugation information for both partners of an imperfective/perfective pair is listed under the imperfective entry only.
- The government of verbs is indicated by interrogatives: **беспоко́иться** *о ком, о чём?*
- The symbol ~ is used in subentries to indicate that the main entry is to be repeated with no alteration.
- Bracketed numbers following an entry refer to the lesson in which the word is introduced. If there is more than one number, the second number refers to the vocabulary notes. The notation [10.5], for example, means Lesson 10, vocabulary note 5.

Сокращения

безл.	безличная форма	impersonal	*imps.*
вн.	винительный падеж	accusative	*a.*
возвр.	возвратный глагол	reflexive	*refl.*
дт.	дательный падеж	dative	*d.*
ж.	женский род	feminine	*f.*
им.	именительный падеж	nominative	*nm.*
м.	мужской род	masculine	*m.*
мн.	множественное число	plural	*pl.*
нареч.	наречие	adverb	*adv.*
нескл.	несклоняемое	indeclinable	*indcl.*
несов.	несовершенный вид	imperfective	*impf.*
опред.	определённый глагол	determinate	*det.*
офиц.	официальное	official	*off.*
пр.	предложный падеж	prepositional	*pr.*
разг.	разговорное	colloquial	*coll.*
род.	родительный падеж	genitive	*g.*
с.	средний род	neuter	*n.*
сов.	совершенный вид	perfective	*perf.*
сокр.	сокращение	abbreviation	*abr.*
ср.	сравнительная степень	comparative	*cp.*
тв.	творительный падеж	instrumental	*i.*
тк. ед.	только единственное число	singular only	*sing.*
уменьш.	уменьшительное	diminutive	*dim.*
v.i.	intransitive verb		
v.t.	transitive verb		

Русско-английский словарь

абрико́с apricot [1]

ава́рия accident, wreck; **попада́ть в ава́рию** *несов.;* **попа́сть в ава́рию (попаду́, попадёшь; попа́л)** *сов.* to have an accident [8]

авто́бус bus [8]

а́дрес (*мн.* **адреса́**) address [2]

аккура́тность *ж.* punctuality, neatness [4]

аккура́тный punctual, neat [4]

акти́вный active [4]

анги́на angina (severe sore throat) [7]

апельси́н orange [1.5]

аппендици́т appendicitis [7.4]

аппети́т appetite [1]

апте́ка pharmacy [7]

арбу́з watermelon [1]

аре́ст arrest [5]

арестова́ть *see* **аресто́вывать** [5]

аресто́вывать *несов.;* **арестова́ть (аресту́ю, аресту́ешь)** *сов., за что?* to arrest [5]

аспира́нт graduate student [10]

аспира́нтка (*р.* **аспира́нток**) graduate student [10]

аспиранту́ра graduate school [10]

аспири́н aspirin [7]

аттеста́т зре́лости high school diploma [10]

аудито́рия classroom (in college) [10]

аэропо́рт (в аэропорту́) airport [9]

ба́бушка (*р. мн.* **ба́бушек**) grandmother [11]

балко́н (на) balcony [2]

ба́нка (*р. мн.* **ба́нок**) jar, can; **стекля́нная ~** jar; **консе́рвная ~** can [1]

ба́нки cupping-glasses [7.10]

бара́нина lamb [1]

бато́н French loaf [1]

бе́гать *несов.;* **бежа́ть (бегу́, бежи́шь, бегу́т)** *опред.;* **побежа́ть** *сов.* to run [8]

бежáть *see* бéгать [8]
бéжевый beige [2]
бездáрный ungifted, untalented [12]
безотвéтственный irresponsible [4]
безуслóвно absolutely [12]
бéлый white [2]
бельё *тк. ед.* underwear [3]
беспокóить *несов.* to worry; *возвр.*
　беспокóиться *о ком, о чём?* [4]
бестáктный tactless [11]
бинт bandage [7]
бинтовáть (бинтýю, бинтýешь)
　несов.; перебинтовáть *сов.* to
　bandage [7]
биогрáфия biography [4]
биолóгия biology [10]
бить (бью, бьёшь) *несов.;*
　побить *сов.* to hit, beat [5]
благодаря́ *кому, чему?* thanks to
　[12.12]
блéдный pale [3]
близкий (*ср.* ближе) close, near [2]
блондин fair-haired man [3]
блондинка (*р. мн.* блондинок)
　fair-haired woman [3]
блýзка (*р. мн.* блýзок) blouse [3]
блю́до dish [1]
блю́дце (*р. мн.* блю́дец) saucer [1]
бок (*мн.* бокá) side [7]
болéзнь *ж.* illness [7]
болéть (I) *несов., чем?* to be sick
　[7.4]
болéть (II) *несов.* to hurt [7.4]
боль *ж.* pain [7]
больнáя (*р.* больнóй) patient [7]
больница hospital; класть в
　больницу (кладý, кладёшь;
　клал) *несов.;* положить в
　больницу (положý, положишь)
　сов. to put in a hospital; ложиться
　в больницу *несов.;* лечь в
　больницу (ля́гу, ля́жешь,
　ля́гут; лёг, леглá) *сов.* to go
　to a hospital; лежáть в больнице
　(II) *несов.* to be in a hospital;
　выписываться из больницы
　несов.; выписаться из больницы
　(выпишусь, выпишешься) *сов.* to
　be discharged from a hospital [7]
бóльно *безл., кому?* painful [7]
больнóй (бóлен, больнá,
　больны́) sick [7.3]
больнóй (*р.* больнóго) patient [7]

большóй (*ср.* бóльше) big [2]
бородá (*вн.* бóроду, *мн.*
　бóроды, бород) beard [3]
борóться (борю́сь, бóрешься)
　*несов., с кем, против чего, за
　что?* to struggle, fight [5]
бортпроводник flight attendant [9]
бортпроводница flight attendant [9]
борьбá struggle, fight [5]
ботинок (*р.* ботинка, *р. мн.*
　ботинок) man's shoe [3]
боя́ться (II) *несов., кого, чего?*
　to fear, be afraid of [5]
брак marriage [11]
браслéт bracelet [3]
брат (*мн.* брáтья) brother;
　двою́родный ~ cousin [11]
брать (берý, берёшь; брал,
　бралá) *несов.;* взять (возьмý,
　возьмёшь; взял, взялá)
　сов. to take [6]
брести *see* бродить [8]
бритва razor [6]
брить (брéю, брéешь) *несов.;*
　побрить *сов.* to shave; *возвр.*
　бриться/побриться [6.1]
бровь *ж.* eyebrow [3]
бродить (брожý, брóдишь)
　несов.; брести (бредý,
　бредёшь; брёл, брелá)
　опред.; побрести *сов.* to stroll [8.4]
бронхит bronchitis [7]
бросáть *несов.;* брóсить
　(брóшу, брóсишь) *сов.* to
　abandon [5]; to throw [6]; to stop, quit
　[11.7]
брóсить *see* бросáть [5] [6] [11]
брю́ки (*р.* брюк) trousers [3]
брюнéт dark-haired man [3]
брюнéтка (*р. мн.* брюнéток)
　dark-haired woman [3]
будильник alarm clock [6]
будить (бужý, бýдишь) *несов.;*
　разбудить *сов.* to awaken *v.t.* [6.5]
бýдни (*р.* бýдней) weekdays [9]
бýдто as though [12]
бýдущее (*р.* бýдущего) the future
　[9]
бýдущий future, next [9.7]
бульвáр (на) boulevard [8]
бутылка (*р. мн.* бутылок) bottle [1]
буфéт buffet [2]
бухáнка (*р. мн.* бухáнок) loaf [1]

быва́ть *несов.* to be [2.8]
бы́вший former [9]

ваго́н coach, railway car;
 спа́льный ~ sleeping car;
 купе́йный ~ sleeping car;
 мя́гкий ~ first, "soft" class car;
 жёсткий ~ second, "hard" class car [9]
ва́нна bathtub [2.4]; bath [6];
 принима́ть ва́нну *несов.;*
 приня́ть ва́нну (приму́,
 при́мешь; при́нял, приняла́)
 сов. to take a bath [6]
ва́нная (*р.* **ва́нной**) bathroom [2.4]
варе́нье preserves [1]
вари́ть (варю́, ва́ришь) *несов.;*
 свари́ть *сов.* to boil (food) [1.7]
вдова́ (*мн.* **вдо́вы**) widow [11]
вдове́ц (*р.* **вдовца́**) widower [11]
ве́жливость *ж.* courtesy, politeness [11]
ве́жливый courteous, polite [11]
везти́ *see* **вози́ть** [8]
век (*мн.* **века́**) century [9]
веле́ть (II) *несов. и сов.* to order,
 command [7]
велосипе́д bicycle [8]
велосипеди́ст bicyclist [8]
ве́ра belief [12]
ве́рить *несов.;* **пове́рить** *сов.,*
 кому; в кого, во что? to believe
 [12.5]
ве́рность *ж.* faithfulness [5]
ве́рный faithful [5]; right, correct [12.11]
вероя́тно probably [12]
вертолёт helicopter [9]
ве́рхний upper [2]
вес weight [2]
весели́ться *несов.* to have fun [4.5]
весёлый (ве́село) cheerful, fun [4.5]
весе́нний spring [9]
ве́сить (ве́шу, ве́сишь) *несов.* to
 weigh *v.i.* [6.2]
весна́ (*мн.* **вёсны, вёсен,**
 вёснах) spring [9]
весну́шка (*р. мн.* **весну́шек**) freckle
 [3]
весну́шчатый freckled [3]
вести́ *see* **води́ть** [8]
вести́ себя́ (веду́, ведёшь; вёл;
 вела́) *несов.* to behave, conduct
 oneself [11.3]
весы́ (*р.* **весо́в**) scales [6]
ветря́нка chicken pox [7]

ветчина́ ham [1]
ве́чер (*мн.* **вечера́**) evening [9]
вече́рний evening [9]
ве́шалка (*р. мн.* **ве́шалок**) coatrack [2]
ве́шать *несов.;* **пове́сить (пове́шу,**
 пове́сишь) *сов.* to hang *v.t.* [1]
взве́сить *see* **взве́шивать** [6]
взве́шивать *несов.;* **взве́сить**
 (взве́шу, взве́сишь) *сов.* to weigh
 v.t.; возвр. **взве́шиваться/**
 взве́ситься [6.2]
взгляд view, opinion [12]
взлёт take off [9]
взлета́ть *несов.;* **взлете́ть (взлечу́,**
 взлети́шь) *сов.* to take off [9]
взлете́ть *see* **взлета́ть** [9]
взросле́ть (I) *несов.;* **повзросле́ть**
 сов. to grow up [4]
взро́слый (*р.* **взро́слого**) adult,
 grown-up [4]
взять *see* **брать** [6]
ви́димо apparently [12]
ви́лка (*р. мн.* **ви́лок**) fork [1]
вина́ fault [11]
вино́ wine [1]
виногра́д *тк. ед.* grapes [1]
висе́ть (вишу́, виси́шь) *несов.* to
 hang *v.i.* [1]
витами́н vitamin [7]
включа́ть *несов.;* **включи́ть** *сов.* to
 turn on [2]
включи́ть *see* **включа́ть** [2]
вкус taste [1]
вку́сный tasty [1]
влюби́ться *see* **влюбля́ться** [5]
влюблённый (влюблён,
 влюблена́) *в кого?* infatuated, in
 love [5]
влюбля́ться *несов.;* **влюби́ться**
 (влюблю́сь, влю́бишься) *сов., в*
 кого? to fall in love [5]
вне́шность *ж.* appearance [3]
внима́ние attention; **обраща́ть ~**
 несов.; **обрати́ть ~ (обращу́,**
 обрати́шь) *сов., на кого, на*
 что? to direct attention;
 привлека́ть ~ *несов.;* **привле́чь ~**
 (привлеку́, привлечёшь,
 привлеку́т; привлёк,
 привлекла́) *сов., к кому, к чему?* to
 attract attention [12]
внима́тельный considerate, courteous
 [4]

внук grandson [11]

внучка (*р. мн.* **внучек**) granddaughter [11]

вовремя *нареч.* in/on time [9]

во-вторых in the second place [12]

водитель *м.* driver [8.2]

водительские права (*р.* **прав**) driver's license [8]

водить (**вожу, водишь**) *несов.* to drive (a vehicle) [8.3]

водить (**вожу, водишь**) *несов.;* **вести** (**веду, ведёшь; вёл, вела**) *опред.;* **повести** *сов.* to lead [8]

возить (**вожу, возишь**) *несов.;* **везти** (**везу, везёшь; вёз, везла**) *опред.;* **повезти** *сов.* to transport [8.3]

возможность *ж.* possibility [10]

возможный possible [10]

возражать *несов.;* **возразить** (**возражу, возразишь**) *сов., кому, на что?* to object [12]

возражение objection [12]

возразить *see* **возражать** [12]

возраст age [4]

вокзал (**на**) terminal [9]

волновать (**волную, волнуешь**) *несов.* to agitate, upset; *возвр.* **волноваться** [4.4]

волосы (*р.* **волос, волосах**) hair [3]

вольнослушатель *м.* auditor [10]

воображение imagination [12]

вообще говоря generally speaking [12]

во-первых in the first place [12]

вор (*мн.* **воры, воров**) thief [5]

воровать (**ворую, воруешь**) *несов.* to steal [5]

воровство petty theft [5]

воротник (*р.* **воротника**) collar [3]

воскликнуть *see* **восклицать** [7]

восклицание exclamation [7]

восклицать *несов.;* **воскликнуть** (**воскликну, воскликнешь**) *сов.* to exclaim [7]

воспаление лёгких pneumonia [7]

воспитание upbringing [11]

воспитанный (**воспитан**) well-bred [11]

воспитать *see* **воспитывать** [11]

воспитывать *несов.;* **воспитать** *сов.* to bring up, raise; *возвр.* **воспитываться/воспитаться** [11]

воспоминание recollection [12]

враг (*р.* **врага**) enemy [5]

вражда hostility [5]

враждебный hostile [5]

врать (**вру, врёшь; врал, врала, врали**) *несов.;* **соврать** *сов.* to lie [4]

врач (*р.* **врача**) doctor; **обращаться к врачу** *несов.,* **обратиться к врачу** (**обращусь, обратишься**) *сов.* to consult a doctor; **вызывать врача** *несов.;* **вызвать врача** (**вызову, вызовешь**) *сов.* to send for a doctor [7]

вредный harmful [7]

временный temporary [9]

время *с.* (*р.* **времени,** *тв.* **временем,** *мн.* **времена, времён, временах**) time; ~ **года** season [9]; ~ **от времени** from time to time [9]; **в/за последнее** ~ recently [9.4]; **во** ~ *чего?* during [9.10]

вспоминать *несов.;* **вспомнить** *сов.* to recollect [12]

вспомнить *see* **вспоминать** [12]

вспотеть *see* **потеть** [7]

вставать (**встаю, встаёшь**) *несов.;* **встать** (**встану, встанешь**) *сов.* to get up [1]

встать *see* **вставать** [1]

встретить *see* **встречать** [5]

встреча (**на**) meeting [5]

встречать *несов.;* **встретить** (**встречу, встретишь**) *сов.* to meet; *возвр.* **встречаться/встретиться с кем?** [5.1,2]

вуз (**высшее учебное заведение**) institution of higher education [10.4]

вчера *нареч.* yesterday [9]

вчерашний yesterday [9]

вывод conclusion; **делать** ~ *несов.;* **сделать** ~ *сов.* to reach a conclusion [12]

выглядеть (**выгляжу, выглядишь**) *несов.* to look, appear [3.1]

выздоравливать *несов.;* **выздороветь** (I) *сов.* to recover [7] вы́здороветь *see* выздора́вливать [7]

вы́йти за́муж *see* выходи́ть за́муж [11]

выключа́ть *несов.;* вы́ключить *сов.* to turn off [2]

вы́ключить *see* выключа́ть [2]

вы́мыть *see* мыть [6]

вынима́ть *несов.;* вы́нуть (вы́ну, вы́нешь) *сов.* to take out [6]

вы́нуть *see* вынима́ть [6]

вы́пить *see* пить [1]

вы́расти *see* расти́ [4]

вы́рвать *see* рвать [7]

высо́кий (высоко́; *ср.* вы́ше) tall [2]

высота́ height [2]

вы́спаться *see* высыпа́ться [6]

вы́стрелить *see* стреля́ть [5]

высыпа́ться *несов.;* вы́спаться (вы́сплюсь, вы́спишься) *сов.* to get enough sleep [6]

вы́тереть *see* вытира́ть [6]

вытира́ть *несов.;* вы́тереть (вы́тру, вы́трешь; вы́тер, вы́терла) *сов.* to wipe, dry [6]

вы́учить *see* учи́ть [10]

выходи́ть за́муж (выхожу́, выхо́дишь) *несов.;* вы́йти за́муж (вы́йду, вы́йдешь; вы́шла) *сов.* to marry (said of a woman) [11]

выходно́й день *м.* (*р.* дня) day off [9]

вы́честь *see* вычита́ть [9]

вычита́ние subtraction [9]

вычита́ть *несов.;* вы́честь (вы́чту, вы́чтешь; вы́чел, вы́чла) *сов., из чего?* to subtract [9.12]

вью́щийся wavy [3]

газ natural gas [2]

га́зовый gas [2]

га́лстук tie [3]

гениа́льный brilliant [12]

геогра́фия geography [10]

ги́бнуть (ги́бну, ги́бнешь; гиб, ги́бла) *несов.;* поги́бнуть *сов.* to die [4.3]

гипс cast; класть в ~ (кладу́, кладёшь; клал) *несов.;* положи́ть в ~ (положу́, поло́жишь) *сов.* to put in a cast [7]

гла́дкий smooth, straight [3]

глаз (*мн.* глаза́, глаз) eye [3]

глубина́ depth [2]

глубо́кий (глубоко́; *ср.* глу́бже) deep [2]; глубо́кая таре́лка (*р. мн.* таре́лок) soup plate [1]

гнать *see* гоня́ть [8]

говя́дина beef [1]

год (в году́, *мн.* го́ды, годо́в) year [9]

голова́ (*вн.* го́лову, *мн.* го́ловы, голо́в, голова́х) head [7]

го́лод hunger [1]

голо́дный (го́лоден, голодна́) hungry [1]

голубо́й light blue [2]

гоня́ть *несов.;* гнать (гоню́, го́нишь; гнал, гнала́) *опред.;* погна́ть *сов.* to chase [8]

горди́ться (горжу́сь, горди́шься) *несов., кем, чем?* to be proud [4]

го́рдый proud [4]

го́рло throat [7]

го́род (*мн.* города́) city [8]

городско́й city, urban [8]

горо́шек *тк. ед.* (*р.* горо́шка, *р. 2* горо́шку) peas [1]; в горо́шек dotted [3]

горчи́ца mustard [1]

горчи́чник mustard plaster [7.10]

го́рький bitter [1]

гостеприи́мный hospitable [2]

гостеприи́мство hospitality [2]

гости́ная (*р.* гости́ной) living room [2]

гости́ница hotel [9]

гость *м.* guest; приходи́ть в го́сти (прихожу́, прихо́дишь) *несов.;* прийти́ в го́сти (приду́, придёшь; пришёл, пришла́) *сов.* to visit; быть в гостя́х *несов.* to visit, be a guest [2]

гото́вить (гото́влю, гото́вишь) *несов.;* пригото́вить *сов.* to cook [1]; to prepare; *возвр.* гото́виться/пригото́виться к чему? [10]

граби́тель *м.* robber [5]

гра́бить (гра́блю, гра́бишь) *несов.;* огра́бить *сов.* to rob [5]

гра́дусник thermometer [7]

грамм (*р. мн.* гра́ммов и грамм) gram [1.5]

грани́ца border; **е́здить за грани́цу
(е́зжу, е́здишь)** *несов.;* **е́хать за
грани́цу (е́ду, е́дешь)** *опред.;*
пое́хать за грани́цу *сов.* to go
abroad; **быть за грани́цей**
несов. to be abroad [9]
гриб (*р.* **гриба́**) mushroom [1]
грипп influenza [7]
грома́дный enormous [2]
гру́бый crude, rude [11]
грудь *ж.* chest, breast [7]
грузови́к truck [8]
гру́ша pear [1]
губа́ (*мн.* **гу́бы**) lip [3]; **кра́сить
гу́бы (кра́шу, кра́сишь)** *несов.;*
накра́сить гу́бы *сов.* to put on
lipstick [6]
губна́я пома́да lipstick [6]
гуля́ть (I) *несов.;* **погуля́ть**
сов. to go for a walk [8.4]
густо́й (*ср.* **гу́ще**) thick [3]

давле́ние blood pressure;
высо́кое ~ high blood pressure;
измеря́ть ~ *несов.;* **изме́рить**
сов., кому? to take someone's blood
pressure [7.4]
далёкий (**далеко́;** *ср.* **да́льше**) far
[2]
да́та date [9]
дверь *ж.* door [2]
дви́гать *несов.;* **дви́нуть** (**дви́ну,
дви́нешь**) *сов.* to move; *возвр.*
дви́гаться/дви́нуться [6]
движе́ние movement, motion [6]; traffic
[8]
дви́нуть *see* **дви́гать** [6]
дво́йка (*р. мн.* **дво́ек**) D (grade) [10]
дворе́ц (*р.* **дворца́**) palace [8]
де́вочка (*р. мн.* **де́вочек**) girl [4]
де́вушка (*р. мн.* **де́вушек**) young
woman [4]
де́душка (*р. мн.* **де́душек**) grandfather
[11]
действи́тельно really [12.13]
дека́н dean [10.5]
деле́ние division [9]
дели́ть (**делю́, де́лишь**) *несов.;*
раздели́ть *сов., на что?* to divide
[9.12]
делово́й practical, businesslike [4]

день *м.* (*р.* **дня**) day [9];
выходно́й ~ day off [9]; **~
рожде́ния** birthday [4]
дереве́нский rural, village [8]
дере́вня (*р. мн.* **дереве́нь**) village,
country [8]
де́рево wood [2]
деревя́нный wooden [2]
держа́ть (**держу́, де́ржишь**)
несов. to hold [6]
деся́ток (*р.* **деся́тка**) ten [1.9]
де́ти *see* **ребёнок** [4]
де́тская (*р.* **де́тской**) nursery [2]
де́тский children's, child's [4]; **~ сад
(в саду́)** kindergarten [10.1]
де́тство childhood [4]
джи́нсы (*р.* **джи́нсов**) jeans [3]
диа́гноз diagnosis; **ста́вить ~
(ста́влю, ста́вишь)** *несов.;*
поста́вить ~ *сов., кому?* to
diagnose [7]
дива́н couch [2]
дипло́м college diploma [10]
дипло́мная рабо́та graduation thesis
[10]
диссерта́ция dissertation [10]
длина́ length [2]
дли́нный long [2]
дневно́й day, daytime, [9]
добира́ться *несов.;* **добра́ться
(доберу́сь, добе́рёшься;
добра́лся, добрала́сь)** *сов., до
чего?* to reach, get as far as [8]
добра́ться *see* **добира́ться** [8]
добросо́вестный conscientious [4]
доброта́ kindness [4]
до́брый (**добр, добра́,
добры́**) kind [4]
дове́рие trust [4]
дове́рить *see* **доверя́ть** [4]
дове́рчивый trusting [4]
доверя́ть *несов.;* **дове́рить** *сов.,
кому?* to trust [4]
дово́льный (**дово́лен, дово́льна**)
кем, чем? pleased, satisfied [4]
догада́ться *see* **дога́дываться** [12]
дога́дываться *несов.;* **догада́ться**
сов., о чём? to guess [12]
догова́риваться *несов.;*
договори́ться *сов., с кем, о чём?*
to reach an agreement [12]

договори́ться *сов.* *see*
  догова́риваться [12]
доказа́тельство evidence, proof [5]
доказа́ть *see* дока́зывать [5]
дока́зывать *несов.;* доказа́ть
  (докажу́, дока́жешь) *сов.* to
  prove [5]
докла́д oral report, paper; де́лать ~
  несов.; сде́лать ~ *сов.* to give a
  report [10]
до́ктор нау́к (*мн.* доктора́) doctor
  of sciences [10.9]
дом (*мн.* дома́) house, building;
  жило́й ~ apartment building [2.1]
допра́шивать *несов.;* допроси́ть
  (допрошу́, допро́сишь) *сов.* to
  interrogate [5]
допроси́ть *see* допра́шивать [5]
доро́га (на) road [8]
достава́ть (достаю́, достаёшь)
  несов.; доста́ть (доста́ну,
  доста́нешь) *сов.* to reach, obtain [6]
доста́ть *see* достава́ть [6]
достига́ть *несов.;* дости́гнуть
  (дости́гну, дости́гнешь;
  дости́г, дости́гла) *сов., чего?*
  to reach [8]
дости́гнуть *see* достига́ть [8]
достопримеча́тельность *ж.* sight
  (point of interest) [8]
доце́нт assistant/associate professor
  [10.9]
дочь *ж.* (*р.* до́чери, *мн.* до́чери,
  дочере́й, дочеря́х,
  дочеря́м, дочерьми́) daughter
  [11]
драгоце́нности (*р.*
  драгоце́нностей) jewelry, valuables
  [3]
дра́ка fight, scuffle [5]
дра́ться (деру́сь, дерёшься;
  дра́лся, драла́сь) *несов.;*
  подра́ться *сов., с кем?* to fight [5]
друг (*мн.* друзья́, друзе́й) friend
  [5.2]
дру́жба friendship [5]
дру́жный friendly [5]
духи́ (*р.* духо́в) perfume [6]
духо́вка (*р. мн.* духо́вок) oven [1]
душ shower [6]; принима́ть ~ *несов.;*
  приня́ть ~ (приму́, при́мешь;

при́нял, приняла́) *сов.* to take a
  shower [6]
души́ть (душу́, ду́шишь) *несов.;*
  задуши́ть *сов.* to strangle [5]
души́ться (душу́сь, ду́шишься)
  несов.; надуши́ться *сов., чем?* to
  put on perfume [6]
ды́ня melon [1]
дя́дя *м.* (*р. мн.* дя́дей) uncle [11]

еда́ *тк. ед.* food [1.1]
едини́ца F (grade) [10]
е́здить (е́зжу, е́здишь) *несов.;*
  е́хать (е́ду, е́дешь) *опред.;*
  пое́хать *сов.* to go (by vehicle) [8.3]
есть (ем, ешь, ест, еди́м,
  еди́те, едя́т; ел, е́ла; ешь)
  несов.; съесть и пое́сть *сов.* to
  eat [1.2]
е́хать *see* е́здить [8]

жа́дный greedy [4]
жаке́т jacket [3.4]
жа́ловаться (жа́луюсь,
  жа́луешься) *несов.;*
  пожа́ловаться *сов., кому, на
  кого, на что?* to complain [7]
жа́рить *несов.;* пожа́рить *сов.* to
  fry, broil [1]
ждать (жду, ждёшь; ждал,
  ждала́) *несов.;* подожда́ть *сов.,
  кого, что, чего?* to wait, expect
  [12.4]
желе́зная доро́га railroad [9]
железнодоро́жный railroad, railway
  [9]
жёлтый yellow [2]
желу́док (*р.* желу́дка) stomach [7.1]
жена́ (*мн.* жёны) wife [11]
жена́т *на ком?* married (said of a man)
  [11]
жени́ться (женю́сь, же́нишься)
  несов. и сов., на ком? to marry
  (said of a man) [11]
жени́х (*р.* жениха́) bridegroom,
  fiancé [11]
же́нский female, feminine [4]
же́нщина woman [4]
жесто́кий cruel [4]
живо́й (жив, жива́, жи́вы) alive,
  living [4]; lively [4]

живо́т (*р.* живота́) stomach [7.1]

жизнь *ж.* life [4]

жило́й дом (*мн.* дома́) apartment building [2]

жить (живу́, живёшь; жил, жила́, жи́ли) *несов.* to live [4]

заболева́ть *несов.;* заболе́ть (I) *сов., чем?* to get sick [7]

заболе́ть *see* заболева́ть [7]

забыва́ть *несов.;* забы́ть (забу́ду, забу́дешь) *сов.* to forget [12]

забы́ть *see* забыва́ть [12]

заве́дующий ка́федрой (*р.* заве́дующего) department head [10.5]

за́втра *нареч.* tomorrow [9]

за́втрак breakfast [1]

за́втракать *несов.;* поза́втракать *сов.* to eat breakfast [1]

за́втрашний tomorrow [9]

загоре́лый tanned [3]

зада́ние assignment; дома́шнее ~ homework; сдава́ть ~ (сдаю́, сдаёшь) *несов.;* сдать ~ (сдам, сдашь, сдаст, сдади́м, сдади́те, сдаду́т; сдал, сдала́) to turn in an assignment [10]

зада́ча problem [10]

задержа́ть *see* заде́рживать [5]

заде́рживать *несов.;* задержа́ть (задержу́, заде́ржишь) *сов.* to detain [5]

за́дний back [2]

задуши́ть *see* души́ть [5]

заинтересова́ть *see* интересова́ть [12]

зака́т sunset [9]

зако́н law; наруша́ть ~ *несов.;* нару́шить ~ *сов.* to break a law [5]

законспекти́ровать *see* конспекти́ровать [10]

заку́ска (*р. мн.* заку́сок) appetizer [1]

заме́тить *see* замеча́ть [12]

замеча́ние observation, remark [12]

замеча́ть *несов.;* заме́тить (заме́чу, заме́тишь) *сов.* to notice, observe [12]

за́мужем *за кем?* married (said of a woman) [11]

занаве́ски (*р.* занаве́сок) curtains, drapes [2]

занима́ться *несов., чем?* to study [10]

зано́за splinter [7]

занози́ть (заножу́, занози́шь) *сов.* to get a splinter [7.8]

заня́тие (на) *по чему?* class; практи́ческое ~ lab [10.7]

запакова́ть *see* пакова́ть [9]

за́пах smell; чу́вствовать ~ (чу́вствую, чу́вствуешь) *несов.* to smell [1.3]

запла́кать *see* пла́кать [11.5]

запомина́ть *несов.;* запо́мнить *сов.* to memorize [12]

запо́мнить *see* запомина́ть [12]

запрети́ть *see* запреща́ть [7]

запреща́ть *несов.;* запрети́ть (запрещу́, запрети́шь) *сов., кому?* to forbid [7]

заража́ть *несов.;* зарази́ть (заражу́, зарази́шь) *сов., чем?* to infect; *возвр.* заража́ться/ зарази́ться [7]

зарази́ть *see* заража́ть [7]

зара́зный contagious [7]

зара́нее *нареч.* beforehand, in advance [9]

заря́дка calisthenics; де́лать заря́дку *несов.;* сде́лать заря́дку *сов.* to do calisthenics; [6]

засну́ть *see* засыпа́ть [6]

застёгивать *несов.;* застегну́ть (застегну́, застегнёшь) *сов.* to button, zip; *возвр.* застёгиваться/ застегну́ться [3]

застегну́ть *see* застёгивать [3]

засыпа́ть *несов.;* засну́ть (засну́, заснёшь) *сов.* to fall asleep [6]

зате́м *нареч.* subsequently [9]

затормози́ть *see* тормози́ть [8]

зачёт pass (grade) [10]

защити́ть *see* защища́ть [5]

защища́ть *несов.;* защити́ть (защищу́, защити́шь) *сов.* to defend; *возвр.* защища́ться/ защити́ться [5]

зда́ние building [2.1]

здоро́ваться *несов.;* поздоро́ваться *сов., с кем?* to say hello [11]

здоро́вый (здоро́в) healthy [7.3]
здоро́вье health [7]
зева́ть *несов.;* зевну́ть (зевну́,
  зевнёшь) *сов.* to yawn [6]
зевну́ть *see* зева́ть [6]
зелёный green [2]
зе́ркало (*мн.* зеркала́) mirror [2]
зима́ (*мн.* зи́мы) winter [9]
зи́мний winter [9]
злой mean [4]
знако́мить (знако́млю,
  знако́мишь) *несов.;* познако́мить
  сов., с кем? to introduce; *возвр.*
  знако́миться/познако́миться
  to meet [5.1]
знако́мый (знако́м) familiar [5]
знако́мый (*р.* знако́мого)
  acquaintance [5.2]
знобить *несов., безл., кого?* to have
  a chill [7.6]
зо́лото gold [3]
золото́й gold [3]
зонт (*р.* зонта́) umbrella [3]
зо́нтик umbrella [3]
зуб (*мн.* зу́бы, зубо́в) tooth [3];
  чи́стить зу́бы (чи́щу, чи́стишь)
  несов.; почи́стить зу́бы *сов.* to
  brush one's teeth [6]
зубна́я па́ста toothpaste [6]
зубна́я щётка (*р. мн.* щёток)
  toothbrush [6]

иде́я idea [12]
идти́ *see* ходи́ть [8]
избало́ванный (избало́ван) spoiled
  [11]
извине́ние apology [11]
извини́ться *see* извиня́ться [11]
извиня́ться *несов.;* извини́ться
  сов., перед кем, за что? to
  apologize [11]
издева́ться *несов., над кем, из-за
  чего?* to mock [5]
из-за *кого, чего?* due to [12.12]
изме́на treason, unfaithfulness [5]
измени́ть *see* изменя́ть [5]
изменя́ть *несов.;* измени́ть
  (изменю́, изме́нишь) *сов., кому, с
  кем?* to betray, be unfaithful [5]
измере́ние measurement [2]
изме́рить *see* измеря́ть [2]

измеря́ть *несов.;* изме́рить
  сов. to measure [2]; ~
  температу́ру, давле́ние *кому?*
  to take temperature, blood pressure [7]
изуча́ть *несов.* to study; изучи́ть
  (изучу́, изу́чишь) *сов.* to learn
  [10]
изучи́ть *see* изуча́ть [10]
инде́йка (*р. мн.* инде́ек) turkey [1]
институ́т institute [10.4]
инсу́льт stroke [7.4]
интеллиге́нтный cultured [4]
интере́с *к чему?* interest [12]
интере́сный interesting [12]
интересова́ть (интересу́ю,
  интересу́ешь) *несов.;*
  заинтересова́ть *сов.,* to interest;
  возвр. интересова́ться/
  заинтересова́ться *кем, чем?* [12.2]
инфа́ркт heart attack [7.4]
информа́тика computer science [10]
и́скренний sincere [4]
и́скренность *ж.* sincerity [4]
испе́чь *see* печь [1]
испо́лниться *see* исполня́ться [4]
исполня́ться *несов., кому?;*
  испо́лниться *сов.* to turn (an age)
  [4.2]
испо́ртить (испо́рчу, испо́ртишь)
  сов. to ruin; *возвр.* испо́ртиться
  [6.9]
испуга́ть *see* пуга́ть [5]
и́стина truth [12.11]
и́стинный true [12]
исто́рия history [10]

кабине́т study [2]; office [10];
  лингафо́нный ~ language laboratory
  [10]
каза́ться (кажу́сь, ка́жешься)
  несов.; показа́ться *сов., кем, чем?*
  to seem [2]
кака́о *ср., нескл.* cocoa [1]
календа́рь *м.* (*р.*
  календаря́) calendar [9]
ка́менный stone [2]
ка́мень *м.* (*р.* ка́мня) stone [2]
ками́н fireplace [2]
кандида́т нау́к candidate of sciences
  [10.9]
кани́кулы (*р.* кани́кул) (на) school
  vacation [9]

капри́зничать *несов.* to behave willfully [11]

капри́зный willful [11]

капу́ста cabbage [1]

ка́рий brown, hazel (eyes) [3]

карма́н pocket [3]

карто́фель *м., тк. ед.* potatoes [1.6]

карто́шка potatoes [1.6]

кастрю́ля saucepan [1]

ката́ть *несов.;* **кати́ть (качу́, ка́тишь)** *опред.;* **покати́ть** *сов.* to roll [8]

ката́ться *несов.* to go for a ride [8.5]

кати́ть *see* **ката́ть** [8]

ка́федра (на) department [10.5]

ка́ша cooked cereal [1.4]

ка́шель *м.* (*р.* **ка́шля**) cough [7]

ка́шлять *несов.* to cough [7]

кашта́новый chestnut [3]

каю́та cabin, stateroom [9]

квадра́тный square [2]

кварта́л block [8.1]

кварти́ра apartment; **отде́льная** ~ separate apartment; **коммуна́льная** ~ communal apartment [2]

ке́пка (*р. мн.* **ке́пок**) cap [3]

кефи́р (*р.* 2 **кефи́ру**) kefir (yogurt-like drink) [1]

кило́ *разг., нескл.* kilogram [1]

килогра́мм (*р. мн.* **килогра́ммов** *и* **килогра́мм**) kilogram [1.5]

киломе́тр kilometer [2]

кирпи́ч (*р.* **кирпича́**) brick [2]

кирпи́чный brick [2]

ки́слый sour [1]

класс classroom (in school) [10.2]; grade [10.2]; class [10.2]

класть (кладу́, кладёшь; клал) *несов.;* **положи́ть (положу́, поло́жишь)** *сов.* to lay [1]; ~ **в больни́цу** to put in a hospital [7]

кле́тка (*р. мн.* **кле́ток**) check; **в кле́тку** checkered, plaid [3]

кле́тчатый checkered, plaid [3]

ключ (*р.* **ключа́**) *от чего?* key [9]

кно́пка (*р. мн.* **кно́пок**) snap [3]

ковёр (*р.* **ковра́**) carpet [2]

ко́врик rug [2]

ко́жа leather [3]

ко́жаный leather [3]

колбаса́ sausage, salami [1]

колго́тки (*р.* **колго́ток**) pantyhose, tights [3]

колеба́ние hesitation [12]

колеба́ться (колеблюсь, коле́блешься) *несов.,* **поколеба́ться** *сов., в чём?* to waver, hesitate [12]

коле́но (*мн.* **коле́ни, коле́ней**) knee [7]

коли́чество quantity [1]

кольцо́ (*мн.* **ко́льца, коле́ц, ко́льцах**) ring [3]

командиро́вка (*р. мн.* **командиро́вок**) business trip [9.2]

ко́мната room [2]

комо́д dresser [2]

компре́сс compress [7.10]

коне́ц (*р.* **конца́**) end [9]; **в конце́ концо́в** finally [12]

консервато́рия conservatory [10]

конспе́кт summary, notes [10]

конспекти́ровать (конспекти́рую, конспекти́руешь) *несов.;* **законспекти́ровать** *сов.* to outline, summarize, take notes on [10]

контро́льная (*р.* **контро́льной**) *по чему?* test, quiz [10.8]

конфе́ты (*р.* **конфе́т**) candy [1]

конфо́рка (*р. мн.* **конфо́рок**) burner [1]

конча́ть *несов.,* **ко́нчить** *сов.* to finish; *возвр.* **конча́ться/ ко́нчиться** [9]

ко́нчить *see* **конча́ть** [9]

кора́бль *м.* (*р.* **корабля́**) ship [9]

коридо́р hall [2]

кори́чневый brown [2]

корми́ть (кормлю́, ко́рмишь) *несов.;* **покорми́ть** *сов., чем?* to feed [11]

коро́бка (*р. мн.* **коро́бок**) box [1]

коро́ткий (ко́ротко; *ср.* **коро́че)** short [2]

корь *ж.* measles [7]

костю́м suit [3]

ко́фе *м., нескл.* coffee [1]

кофе́йник coffee pot [1]

ко́фта sweater, blouse [3.4]

ко́фточка (*р. мн.* **ко́фточек**) sweater [3]

кошма́р nightmare [6]
кра́жа theft [5]
краса́вец handsome man [3]
краса́вица beautiful woman [3]
краси́вый beautiful, handsome [3]
кра́сить (**кра́шу, кра́сишь**) *несов.;*
покра́сить *сов.* to paint [2.7]
кра́сить (**кра́шу, кра́сишь**) *несов.;*
накра́сить *сов.;* ~ **гу́бы** to put on
lipstick; ~ **но́гти** to paint one's nails;
возвр. **кра́ситься/накра́ситься**
to put on makeup [6]
кра́ска (*р. мн.* **кра́сок**) paint [2]
кра́сный red [2]
красть (**краду́, крадёшь; крал**)
несов.; **укра́сть** *сов.* to steal [5]
кре́пкий (*ср.* **кре́пче**) strong [3]
кре́сло (*р. мн.* **кре́сел**) armchair [2]
криво́й crooked [3]
крова́ть *ж.* bed;
односпа́льная ~ single bed;
двухспа́льная ~ double bed [2]
кроссо́вка (*р. мн.* **кроссо́вок**)
tennis shoe [3]
кру́глый round [3]
кружи́ться голова́ (**кру́жится**)
несов., у кого? to be dizzy [7]
кры́ша roof [2]
кста́ти by the way, incidentally [12]
кудря́вый curly [3]
купе́ *нескл., с.* sleeping compartment
[9]
ку́рица chicken [1]
курно́сый snubnosed [3]
курс (**на**) class (year of study);
course *по чему?* [10.6,7]
курсова́я рабо́та term paper [10]
ку́ртка (*р. мн.* **ку́рток**) jacket [3.4]
кусо́к (*р.* **куска́**) piece, slice [1]
ку́хня (*р. мн.* **ку́хонь**) kitchen [1]

лаборато́рия laboratory [10]
ла́зить (**ла́жу, ла́зишь**) *несов.;*
лезть (**ле́зу, ле́зешь; лез,**
ле́зла) *опред.;* **поле́зть** *сов.* to
climb [8]
ла́мпа lamp; **насто́льная** ~ table
lamp [2]
ла́сковый affectionate [4]

ле́вый left [2]
лёгкие (*р.* **лёгких**) lungs [7];
воспале́ние лёгких pneumonia [7]
лёгкий (**легко́;** *ср.* **ле́гче**) light [2];
easygoing [4]
легкомы́сленный frivolous [4]
лежа́ть (II) *несов.;* **полежа́ть**
сов. to lie [1.10]; ~ **в больни́це** to
be in a hospital [7]
лезть *see* **ла́зить** [8]
лека́рство *от чего?* medicine;
принима́ть ~ *несов.;* **приня́ть** ~
(**приму́, при́мешь; при́нял,**
приняла́) *сов.* to take medicine
[7.9]
ле́кция (**на**) *по чему?* lecture [10.7]
лени́вый lazy [4]
ле́нта ribbon [3]
лень *ж.* laziness [4.6]
ле́стница stairs [2]
лета́ть *несов.;* **лете́ть** (**лечу́,**
лети́шь) *опред.;* **полете́ть** *сов.* to
fly [8]
лете́ть *see* **лета́ть** [8]
ле́тний summer [9]
ле́то summer [9]
лечи́ть (**лечу́, ле́чишь**) *несов., от*
чего? to treat; *возвр.* **лечи́ться** [7]
лечь *see* **ложи́ться** [1] [6] [7]
лжи́вый deceitful [4]
лимо́н lemon [1]
лимона́д (*р. 2* **лимона́ду**) soda pop
[1]
литр liter [1]
лифт elevator [2]
лицо́ (*мн.* **ли́ца**) face; **к лицу́** *кому?*
becoming [3.3]
лоб (*р.* **лба**) forehead [3]
лови́ть (**ловлю́, ло́вишь**) *несов.;*
пойма́ть *сов.* to catch [5]
ло́дка (*р. мн.* **ло́док**) boat [9]
ложи́ться (**ложу́сь, ложи́шься**)
несов.; **лечь** (**ля́гу, ля́жешь,**
ля́гут; лёг, легла́; ляг) *сов.* to
lie down [1]; ~ **спать** to go to bed
[6]; ~ **в больни́цу** to go to a hospital
[7]
ло́жка (*р. мн.* **ло́жек**) spoon;
столо́вая ~ tablespoon;
ча́йная ~ teaspoon [1]
ложь *ж.* lie [4]

ло́коть *м.* (*р.* **ло́ктя,** *р. мн.*
локте́й) elbow [7]

лома́ть *несов.;* **слома́ть** *сов.* to
break [6.9]; to fracture [7.8]; *возвр.*
лома́ться/слома́ться

лук *тк. ед.* (*р. 2* **лу́ку**) onions [1]

лысе́ть (I) *несов.;* **облысе́ть** *сов.* to
grow bald [3]

лы́сый bald [3]

люби́ть (**люблю́, лю́бишь**) *несов.;*
полюби́ть *сов.* to like, love [5.3]

любо́вь (*р.* **любви́,** *тв.*
любо́вью) love [5]

любопы́тный curious [12]

любопы́тство curiosity [12]

лю́ди *see* **челове́к** [4]

ма́зать (**ма́жу, ма́жешь**) *несов.;*
пома́зать и **сма́зать** *сов., чем?* to
apply (ointment) [7]

мазь *ж.* ointment [7]

майоне́з mayonnaise [1]

макаро́ны (*р.* **макаро́н**) macaroni
[1]

ма́ленький (*ср.* **ме́ньше**) little [2]

ма́льчик boy [4]

ма́сло butter, oil; **сли́вочное** ~ sweet
cream butter; **расти́тельное** ~
vegetable oil [1]

матема́тика mathematics [10]

матра́с mattress [6]

мать (*мн.* **ма́тери,**
матере́й) mother [11]

маха́ть (**машу́, ма́шешь**) *несов.;*
махну́ть (**махну́, махнёшь**)
сов., кому, чем? to wave [6]

махну́ть *see* **маха́ть** [6]

ма́чеха stepmother [11.1]

маши́на car; **легкова́я** ~ passenger
car; **грузова́я** ~ truck;
пожа́рная ~ fire engine;
милице́йская ~ police car [8]

ме́бель *ж., тк. ед.* furniture [2]

мёд (*р. 2* **мёду**) honey [1]

медици́нская сестра́ (*мн.*
сёстры, сестёр,
сёстрах) nurse [7]

медсестра́ (*мн.* **медсёстры,**
медсестёр,
медсёстрах) nurse [7]

междунаро́дные отноше́ния
international relations [10]

ме́жду про́чим by the way [12]

ме́лкий (*ср.* **ме́льче**) shallow [2];
ме́лкая таре́лка (*р. мн.* **таре́лок**)
dinner plate [1]

мёртвый dead [4.3]

метр meter [2]

метро́ *нескл., с.* subway [8]

мех fur [3]

мехово́й fur [3]

мечта́ daydream [12]

мечта́ть *несов.* to daydream [12]

миксту́ра от ка́шля cough syrup [7]

милиционе́р Soviet policeman [5]

мили́ция *тк. ед.* Soviet police [5]

миллиме́тр millimeter [2]

ми́лый nice, sweet [3]

минера́льная вода́ mineral water [1]

мину́та minute [9]

мир peace [5]

мири́ть *несов.;* **помири́ть** *сов.* to
reconcile; *возвр.* **мири́ться/**
помири́ться *с кем, с чем?* [5]

ми́рный peaceful [5]

мне́ние opinion; **выража́ть** ~ *несов.;*
вы́разить ~ (**вы́ражу, вы́разишь**)
сов. to express an opinion [12.8]

мо́да fashion, style [3]

мо́дный fashionable [3]

мо́лния zipper; **на мо́лнии** zippered
[3]

молодёжный youth [4]

молодёжь *ж., тк. ед.* young people [4]

молодо́й (*ср.* **моло́же**) young [4]

мо́лодость *ж.* youth [4]

молоко́ milk [1]

морко́вка carrots [1.7]

морко́вь *ж., тк. ед.* carrots [1.7]

моро́женое (*р.* **моро́женого**) ice
cream [1]

морщи́на wrinkle [3]

морщи́нистый wrinkled [3]

мост (**на мосту́,** *мн.*
мосты́) bridge [8]

мотоци́кл motorcycle [8]

мотоцикли́ст motorcyclist [8]

мочь (**могу́, мо́жешь, мо́гут;**
мог, могла́) *несов.;* **смочь**
сов. to be able [10]

мра́чный gloomy [4]

муж (*мн.* **мужья́**) husband [11]

мужско́й male, masculine [4]

мужчи́на man, male [4]

мускули́стый   brawny, muscular [3]

мча́ться (мчусь, мчи́шься)
несов.; **помча́ться** *сов.*   to rush [8]

мы́ло   soap [6]

мысль *ж.*   thought [12.7]

мыть (мо́ю, мо́ешь) *несов.;* **вы́мыть**
и **помы́ть** *сов.*   to wash; ~ го́лову,
во́лосы   to wash one's hair, shampoo;
возвр. **мы́ться/вы́мыться** и
помы́ться [6.1]

мя́гкий (*ср.* мя́гче)   gentle [4]

мя́со   meat [1]

на́бережная (*р.* на́бережной)
(на)   embankment [8]

наблюда́ть   to observe [5]

наве́рно   probably [12]

на́волочка (*р. мн.*
на́волочек)   pillowcase [6]

надева́ть *несов.,* надеть (наде́ну,
наде́нешь) *сов., на кого, на что?*
to put on [3.5]

наде́жда   hope [12]

наде́ть   *see* надева́ть [3]

наде́яться *несов., на кого, на*
что?   to hope; to rely [12]

надуши́ться   *see* души́ться [6]

наизу́сть *нареч.*   by memory [10]

накану́не *чего?*   the day before [9]

наклони́ться   *see* наклоня́ться [6]

наклоня́ться *несов.;* наклони́ться
(наклоню́сь, накло́нишься)
сов.   to bend over [6]

наконе́ц   finally [12]

накра́сить   *see* кра́сить [6]

накрыва́ть на стол *несов.;* **накры́ть**
на стол (накро́ю, накро́ешь)
сов., к чему?   to set the table [1]

накры́ть   *see* накрыва́ть [1]

налива́ть *несов.;* нали́ть (налью́,
нальёшь; нали́л, налила́)
сов.   to pour [11]

нали́ть   *see* налива́ть [11]

намёк   hint [5]

намека́ть *несов.;* **намекну́ть**
(намекну́, намекнёшь) *сов., на*
что?   to hint [5]

намекну́ть   *see* намека́ть [5]

напада́ть *несов.;* **напа́сть** (нападу́,
нападёшь; напа́л) *сов., на кого,*
на что?   to attack [5]

напа́сть   *see* напада́ть [5]

напомина́ть *несов.;* **напо́мнить** *сов.,*
кому, о чём?   to remind [12]

напо́мнить   *see* напомина́ть [12]

направля́ться *несов.;*
напра́виться (напра́влюсь,
напра́вишься) *сов.*   to be bound for
[8]

наприме́р   for example [12]

на са́мом де́ле   really [12.13]

на́сморк   head cold [7]

наста́ивать *несов.,* настоя́ть (II)
сов., на чём?   to insist [4]

насто́йчивый   insistent [4]

настоя́ть   *see* наста́ивать [4]

настоя́щее (*р.* настоя́щего)   the
present [9]

настоя́щий   present [9]

настрое́ние   mood [11]

научи́ть   *see* учи́ть [10]

наха́льный   impudent [4]

наха́льство   impudence [4]

находи́ться (нахожу́сь,
нахо́дишься) *несов.*   to be located
[1]

нача́ло   beginning [9]

нача́ть   *see* начина́ть [9]

начина́ть *несов.;* нача́ть (начну́,
начнёшь; на́чал, начала́)
сов.   to begin; *возвр.* начина́ться/
нача́ться [9]

неаккура́тность *ж.*   lack of
punctuality, carelessness [4]

неаккура́тный   lacking punctuality,
careless [4]

неве́ста   bride, fiancée [11]

невнима́тельный   discourteous [4]

невозмо́жный   impossible [10]

невоспи́танный (невоспи́тан)
ill-bred [11]

неде́ля   week [9]

недобросо́вестный   unconscientious
[4]

недове́рчивый   distrustful [4]

недово́льный (недово́лен,
недово́льна) *кем, чем?*   displeased,
dissatisfied [4]

недоразуме́ние   misunderstanding [12]

незачёт   fail (grade) [10]

незнако́мый (незнако́м)   unfamiliar
[5]

неинтере́сный   uninteresting [12]

нейскренний   insincere [4]

некраси́вый ugly [3]

немолодо́й old [4]

ненави́деть (ненави́жу, ненави́дишь) *несов.* to hate [5]

не́нависть *ж.* hatred [5]

необходи́мость *ж.* necessity [10]

необходи́мый necessary, essential [10]

необщи́тельный unsociable [4]

неосторо́жный imprudent [4]

не́рвничать *несов.* to be nervous [4.4]

не́рвный nervous [4.4]

нескро́мный immodest [4]

несме́лый timid [4]

несморя́ *на кого, на что?* despite [12]

несомне́нно undoubtedly [12]

несправедли́вый unjust, unfair [4]

нести́ *see* носи́ть [8]

неуве́ренность *ж.* uncertainty [12]

неуве́ренный (неуве́рен) *в ком, в чём?* uncertain, unsure [12]

неудовлетвори́тельно unsatisfactory (grade) [10]

неуже́ли really [12.13]

нече́стный dishonest [4]

ни́жний lower [2]

ни́зкий *(ср. ни́же)* short, low [2]

новосе́лье (на) housewarming [2]

нога́ *(вн. но́гу, мн. но́ги, ног, нога́х)* foot, leg [7]

нож *(р. ножа́)* knife [1]

но́мер *(мн. номера́)* room [9]

нос *(мн. носы́)* nose [3]

носи́льщик porter [9]

носи́ть (ношу́, но́сишь) *несов.* to wear [3.5]

носи́ть (ношу́, но́сишь) *несов.;* нести́ (несу́, несёшь; нёс, несла́) *опред.;* понести́ *сов.* to carry [8]

носо́к *(р. носка́)* sock [3]

ночева́ть (ночу́ю, ночу́ешь) *несов. и сов.* to spend the night [9]

ночно́й night [9]; ночна́я руба́шка *(р. мн. руба́шек)* nightgown [3]

ночь *ж.* night [9]

обая́ние charm [3]

обая́тельный charming [3]

обвине́ние accusation [5]

обвини́ть *see* обвиня́ть [5]

обвиня́ть *несов.;* обвини́ть *сов. в чём?* to accuse [5]

обе́д dinner [1]

обе́дать *несов.;* пообе́дать *сов.* to eat dinner [1]

обже́чь *see* обжига́ть [7]

обжига́ть *несов.;* обже́чь (обожгу́, обожжёшь, обожгу́т; обжёг, обожгла́) *сов.* to burn; *возвр.* обжига́ться/обже́чься [7.8]

оби́да offense [5]

оби́деть *see* обижа́ть [5]

оби́дный offensive [5]

оби́дчивый touchy [5]

обижа́ть *несов.;* оби́деть (оби́жу, оби́дишь) *сов.* to offend; *возвр.* обижа́ться/оби́деться *на кого, на что?* [5]

облысе́ть *see* лысе́ть [3]

обме́н exchange [2]

обме́нивать *несов.;* обменя́ть *сов., на что?* to exchange; *возвр.* обме́ниваться/обменя́ться *чем?* [2.2]

обменя́ть *see* обме́нивать [2]

о́бморок fainting spell; па́дать в ~ *несов.;* упа́сть в ~ (упаду́, упадёшь; упа́л) *сов.* to faint [7]

обнима́ть *несов.;* обня́ть (обниму́, обни́мешь; о́бнял, обняла́) *сов.* to embrace; *возвр.* обнима́ться/обня́ться [11]

обня́ть *see* обнима́ть [11]

образова́ние education; нача́льное ~ primary, elementary education; сре́днее ~ secondary education; вы́сшее ~ higher education; специа́льное ~ special education [10]

обста́вить *see* обставля́ть [2]

обставля́ть *несов.;* обста́вить (обста́влю, обста́вишь) *сов., чем?* to furnish [2]

обсуди́ть *see* обсужда́ть [12]

обсужда́ть *несов.;* обсуди́ть (обсужу́, обсу́дишь) *сов.* to discuss [12]

обсужде́ние discussion [12]

о́бувь *ж.* footwear [3]

обуче́ние course of study [10]

обща́ться *несов., с кем?* to socialize, associate (with) [4]

общи́тельный sociable [4]

объём volume, capacity [2]

о́вощи (*р.* **овоще́й**) vegetables [1]

огра́бить *see* **гра́бить** [5]

ограбле́ние robbery, burglary [5]

огро́мный huge [2]

огуре́ц (*р.* **огурца́**) cucumber [1]

одева́ть *несов.;* **оде́ть** (**оде́ну, оде́нешь**) *сов., во что?* to dress; *возвр.* **одева́ться/оде́ться** [3.5]

оде́жда *тк. ед.* clothes, clothing [3]

оде́тый (**оде́т**) *во что?* dressed [3.5]

оде́ть *see* **одева́ть** [3.5]

одея́ло blanket [6]

одновреме́нный simultaneous [9]

ожере́лье necklace [3]

ожида́ние expectation [12]

ожо́г burn [7]

озно́б chills [7]

оказа́ться *see* **ока́зываться** [2]

ока́зываться *несов.;* **оказа́ться** (**окажу́сь, ока́жешься**) *сов., кем, чем?* to prove (to be) [2]

оканчивать *несов.;* **око́нчить** *сов.* to graduate (from) [10]

окно́ (*мн.* **о́кна, о́кон**) window [2]

око́нчить *see* **ока́нчивать** [10]

окра́ина (**на**) outskirts [8]

опа́здывать *несов.;* **опозда́ть** *сов., куда?* to be late [9]

опа́сность *ж.* danger [5]

опа́сный dangerous [5]

опера́ция operation; **де́лать опера́цию** *несов.;* **сде́лать опера́цию** *сов., кому?* to perform an operation [7]

описа́ние description [3]

описа́ть *see* **опи́сывать** [3]

опи́сывать *несов.;* **описа́ть** (**опишу́, опи́шешь**) *сов.* to describe [3]

опозда́ть *see* **опа́здывать** [9]

оправда́ние justification, excuse [5]

оправда́ть *see* **опра́вдывать** [5]

опра́вдывать *несов.;* **оправда́ть** *сов.* to justify, excuse; *возвр.* **опра́вдываться/оправда́ться** *перед кем, в чём?* [5]

опуска́ть *несов.;* **опусти́ть** (**опущу́, опу́стишь**) *сов.* to lower [6]

опусти́ть *see* **опуска́ть** [6]

опуха́ть *несов.;* **опу́хнуть** (**опу́хну, опу́хнешь; опу́х, опу́хла**) *сов.* to swell [7]

опу́хнуть *see* **опуха́ть** [7]

ора́нжевый orange [2]

ору́жие *тк. ед.* weapon [5]

осе́нний autumn [9]

о́сень *ж.* autumn [9]

осма́тривать *несов.;* **осмотре́ть** (II) *сов.* to examine [7]

осмотре́ть *see* **осма́тривать** [7]

остава́ться (**остаю́сь, остаёшься**) *несов.;* **оста́ться** (**оста́нусь, оста́нешься**) *сов., кем, чем?* to be; to remain [2.9]

остана́вливать *несов.;* **останови́ть** (**остановлю́, остано́вишь**) *сов.* to stop; *возвр.* **остана́вливаться/останови́ться** [8]

останови́ть *see* **остана́вливать** [8]

остано́вка (*р. мн.* **остано́вок**) (**на**) stop [8.1]

оста́ться *see* **остава́ться** [2]

осторо́жность *ж.* caution [4]

осторо́жный cautious [4]

о́стрый spicy, hot [1]

отве́т answer [10]

отве́тственный responsible [4]

отве́тить *see* **отвеча́ть** [10]

отвеча́ть *несов.;* **отве́тить** (**отве́чу, отве́тишь**) *сов., кому, на что?* to answer [10]

отвыка́ть *несов.;* **отвы́кнуть** (**отвы́кну, отвы́кнешь; отвы́к, отвы́кла**) *сов., от кого, от чего?* to become unaccustomed [11]

отвы́кнуть *see* **отвыка́ть** [11]

оте́ц (*р.* **отца́**) father [11]

отка́з refusal [5]

отказа́ться *see* **отка́зываться** [5]

отка́зываться *несов.;* **отказа́ться** (**откажу́сь, отка́жешься**) *сов., от чего?* to refuse [5]

открове́нность *ж.* frankness [4]

открове́нный frank [4]

отли́чно excellent (grade) [10]

отме́тка (*р. мн.* **отме́ток**) grade; **ста́вить отме́тку** (**ста́влю, ста́вишь**) *несов.;* **поста́вить отме́тку** *сов.* to give a grade; **получа́ть отме́тку** *несов.;*

получи́ть отме́тку (получу́, полу́чишь) to get a grade [10]
относи́ться (отношу́сь, отно́сишься) *несов.;* отнести́сь (отнесу́сь, отнесёшься; отнёсся, отнесла́сь) *сов., к кому́, к чему́?* to relate to [5]
отноше́ния (*р.* отноше́ний) relationship [5]
отпра́виться *see* отправля́ться [8]
отправля́ться *несов.;* отпра́виться (отпра́влюсь, отпра́вишься) *сов.* to depart [8]
о́тпуск (*мн.* отпуска́) vacation [9]
отрица́ние denial [12]
отрица́ть *несов.* to deny [12]
отстава́ть (отстаю́т) *несов.* to run slow (clock) [9]
о́тчим stepfather [11]
оцара́пать *see* цара́пать [7]
ошиба́ться *несов.;* ошиби́ться (ошибу́сь, ошибёшься; оши́бся, оши́блась) *сов., в ком, в чём?* to make a mistake [12]
ошиби́ться *see* ошиба́ться [12]
оши́бка (*р. мн.* оши́бок) *в чём?* mistake [12]

па́дать *несов.;* упа́сть (упаду́, упадёшь; упа́л) *сов.* to fall [6]
пакова́ть (паку́ю, паку́ешь) *несов.;* запакова́ть to pack [9]
па́лец (*р.* па́льца) finger, toe [7.2]
пальто́ *с., нескл.* overcoat [3]
па́мятник *кому?* statue, monument [8]
па́мять *ж.* memory [12]
парикма́хер barber, hairdresser [6]
парикма́херская (*р.* парикма́херской) barber shop, beauty parlor [6]
парк park [8]
парохо́д steamship, liner [9]
па́хнуть (па́хну, па́хнешь; пах, па́хла) *несов., чем?* to smell *v.i.* [1.3]
па́чка (*р. мн.* па́чек) pack, package [1]
перебинтова́ть *see* бинтова́ть [7]
пере́дний front [2]
пере́дняя (*р.* пере́дней) entrance hall [2]

перекрёсток (*р.* перекрёстка) (на) intersection [8]
перело́м fracture [7]
переодева́ться *несов.;* переоде́ться (переоде́нусь, переоде́нешься) *сов., во что?* to change clothes [3.5]
переоде́ться *see* переодева́ться [3]
переса́дка (*р. мн.* переса́док) transfer [8]
переса́живаться *несов.;* пересе́сть (переся́ду, переся́дешь; пересе́л) *сов.* to transfer [8]
пересе́сть *see* переса́живаться [8]
перестава́ть (перестаю́, перестаёшь) *несов.;* переста́ть (переста́ну, переста́нешь) *сов.* to stop [11.7]
переста́ть *see* перестава́ть [11]
переу́лок (*р.* переу́лка) side street [8]
перехо́д crossing, crosswalk [8]
пе́рец (*р.* пе́рца, *р. 2* пе́рцу) pepper [1]
пе́речница pepper shaker [1]
пери́од period, time [9.5]
перро́н (на) platform [9]
пе́рсик peach [1]
перча́тка (*р. мн.* перча́ток) glove [3]
пёстрый multicolored [2]
пече́нье cookie [1]
печь (пеку́, печёшь, пеку́т; пёк, пекла́) *несов.;* испе́чь *сов.* to bake [1.8]
пешехо́д pedestrian [8]
пи́во beer [1]
пиджа́к (*р.* пиджака́) sport jacket, blazer [3.4]
пижа́ма pajamas [3]
пило́т pilot [9]
пиро́г (*р.* пирога́) pie [1]
пиро́жное (*р.* пиро́жного) pastry [1]
пирожо́к (*р.* пирожка́) small pie [1]
пистоле́т gun [5]
пи́сьменный written [10]
пить (пью, пьёшь; пил, пила́) *несов.,* вы́пить и попи́ть *сов.* to drink [1.2]

пи́ща *тк. ед.* food [1.1]

пла́вать *несов.;* плыть (плыву́, плывёшь; плыл, плыла́) *опред.;* поплы́ть *сов.* to swim, sail [8]

пла́кать (пла́чу, пла́чешь) *несов.;* запла́кать *сов.* to cry [11.5]

пла́стырь *м.* bandaid [7]

плато́к (*р.* платка́) head scarf [3]

пла́тье (*р. мн.* пла́тьев) dress [3]

плащ (*р.* плаща́) raincoat [3]

племя́нник nephew [11]

племя́нница niece [11]

плечо́ (*мн.* пле́чи, плеч, плеча́х) shoulder [7]

плита́ (*мн.* пли́ты) stove [1]

пло́хо bad (grade) [10]

пло́щадь *ж.* area [2]; public square [8]

плыть *see* пла́вать [8]

побежа́ть *see* бе́гать [8]

поби́ть *see* би́ть [5]

побрести́ *see* броди́ть [8]

побри́ть *see* бри́ть [6]

поведе́ние behavior [11]

повезти́ *see* вози́ть [8]

пове́рить *see* ве́рить [12]

поверну́ть *see* повора́чивать [6]

пове́сить *see* ве́шать [1]

повести́ *see* води́ть [8]

повзросле́ть *see* взросле́ть [4]

повора́чивать *несов.;* поверну́ть (поверну́, повернёшь) *сов.* to turn; *возвр.* повора́чиваться/ поверну́ться [6.7]

поги́бнуть *see* ги́бнуть [4]

погна́ть *see* гоня́ть [8]

погуля́ть *see* гуля́ть [8]

подава́ть (подаю́, подаёшь) *несов.;* пода́ть (пода́м, пода́шь, пода́ст, подади́м, подади́те, подаду́т; по́дал, подала́) *сов., куда́?* (докуме́нты) to apply [10]; (на стол) to serve [11]

пода́ть *see* подава́ть [10]

подборо́док (*р.* подборо́дка) chin [3]

подва́л basement [2.3]

поднима́ть *несов.;* подня́ть (подниму́, подни́мешь; по́днял, подняла́) *сов.* to pick up [6.8]; *возвр.* поднима́ться/ подня́ться to ascend [8]

подня́ть *see* поднима́ть [6]

подогрева́ть *несов.;* подогре́ть (I) *сов.* to heat (food) [1]

подогре́ть *see* подогрева́ть [1]

подея́льник comforter cover [6]

подожда́ть *see* ждать [12]

подозрева́ть *несов., в чём?* to suspect [5]

подозре́ние suspicion [5]

подозри́тельный suspicious [4]

подоко́нник (на) windowsill [2]

подража́ние imitation [11]

подража́ть *несов., кому?* to imitate [11]

подра́ться *see* дра́ться [5]

подро́сток (*р.* подро́стка) teenager [4]

подру́га (female) friend [5.2]

поду́шка (*р. мн.* поду́шек) pillow [6]

по́езд (*мн.* поезда́) train; ско́рый ~ express train; пассажи́рский ~ passenger train; това́рный ~ freight train [9]

пое́здка (*р. мн.* пое́здок) trip [9.2]

пое́сть *see* есть [1]

пое́хать *see* е́здить [8]

пожа́ловаться *see* жа́ловаться [7]

пожа́рить *see* жа́рить [1]

пожа́ть ру́ку *see* пожима́ть ру́ку [11]

пожени́ться (пожéнятся) *сов.* to marry (said of a couple) [11]

пожило́й elderly [4]

пожима́ть ру́ку *несов.;* пожа́ть ру́ку (пожму́, пожмёшь) *сов., кому?* to shake someone's hand [11]

поза́втракать *see* за́втракать [1]

позавчера́ *нареч.* day before yesterday [9]

по́здний (*ср.* по́зже) late [9]

поздоро́ваться *see* здоро́ваться [11]

поздра́вить *see* поздравля́ть [11]

поздравле́ние congratulation [11]

поздравля́ть *несов.;* поздра́вить (поздра́влю, поздра́вишь) *сов., с чем?* to congratulate [11]

познако́мить *see* знако́мить [5]

пойма́ть *see* лови́ть [5]

пойти́ *see* ходи́ть [8]

пока́ while, until [9.9]

показа́ться *see* каза́ться [2]
поката́ться *see* ката́ться [8]
покати́ть *see* ката́ть [8]
поколеба́ться *see* колеба́ться [12]
покорми́ть *see* корми́ть [11]
покра́сить *see* кра́сить [2]
пол (на полу́, *мн.* полы́) floor [2]
по́лдень *м.* (*р.* по́лдня) noon [9]
полежа́ть *see* лежа́ть [1]
поле́зный useful, healthful [7]
поле́зть *see* ла́зить [8]
полете́ть *see* лета́ть [8]
по́лзать *несов.;* ползти́ (ползу́, ползёшь; полз, ползла́) *опред.;* попо́лзти́ *сов.* to crawl [8]
ползти́ *see* по́лзать [8]
поликли́ника clinic [7]
политоло́гия political science [10]
полице́йский (*р.* полице́йского) policeman [5]
поли́ция *тк. ед.* police [5]
по́лка (*р. мн.* по́лок) shelf [2]; berth; ни́жняя ~ lower berth; ве́рхняя ~ upper berth [9]
полне́ть (I) *несов.;* пополне́ть *сов.* to gain weight [3.2]
по́лночь *ж.* midnight [9]
по́лный plump [3.2]
положи́ть *see* класть [1] [7]
полоса́тый striped [3]
поло́ска (*р. мн.* поло́сок) stripe; в поло́ску striped [3]
полоте́нце (*р. мн.* полоте́нец) towel [6]
полюби́ть *see* люби́ть [5]
пома́зать *see* ма́зать [7]
помидо́р tomato [1.5]
помири́ть *see* мири́ть [5]
по́мнить *несов.* to remember [12]
помча́ться *see* мча́ться [8]
помы́ть *see* мыть [6]
понести́ *see* носи́ть [8]
понима́ть *несов.;* поня́ть (пойму́, поймёшь; по́нял, поняла́) *сов.* to understand [12]
поно́с diarrhea [7.7]
поня́тие concept, notion [12]
поня́ть *see* понима́ть [12]
пообе́дать *see* обе́дать [1]
попада́ть *несов.;* попа́сть (попаду́, попадёшь; попа́л) *сов.* to hit (a target) [12.14] ~ в ава́рию to be in a wreck [8]
попа́сть *see* попада́ть [12]
попи́ть *see* пить [1]
поплы́ть *see* пла́вать [8]
поползти́ *see* по́лзать [8]
пополне́ть *see* полне́ть [3]
попра́вить *see* поправля́ть [12] [7]
поправля́ть *несов.;* попра́вить (попра́влю, попра́вишь) *сов.* to correct [12]; *возвр.* поправля́ться *несов.;* попра́виться (попра́влюсь, попра́вишься) *сов.* to get well [7]
поприве́тствовать *see* приве́тствовать [11]
попро́бовать *see* про́бовать [10]
попыта́ться *see* пыта́ться [10]
порва́ть *see* рвать [6]
поре́з cut [7]
поре́зать *see* ре́зать [7]
порт (в порту́) port [9]
поря́дочный decent [4]
посади́ть *see* сажа́ть [1]
поса́дка (*р. мн.* поса́док) boarding [9]
посиде́ть *see* сиде́ть [1]
поскользну́ться (поскользну́сь, поскользнёшься) *сов.* to slip (and fall) [6]
после́дний last, latest [9.6]
послеза́втра *нареч.* day after tomorrow [9]
послу́шаться *see* слу́шаться [11]
посове́товаться *see* сове́товаться [10]
поспо́рить *see* спо́рить [5]
поссо́риться *see* ссо́риться [5]
поста́вить *see* ста́вить [1]
постара́ться *see* стара́ться [10]
постаре́ть *see* старе́ть [4]
посте́ль *ж.* bed; стели́ть ~ (стелю́, сте́лишь) *несов.;* постели́ть ~ *сов.* to make a bed [6.6]
посте́льное бельё bed linen [6]
постоя́ть *see* стоя́ть [1]
постри́чь *see* стричь [6]
поступа́ть *несов.;* поступи́ть (поступлю́, посту́пишь) *сов.,* куда́? to enroll [10]
поступи́ть *see* поступа́ть [10]
посу́да *тк. ед.* dishes [1]

потащи́ть *see* таска́ть [8]

потéть (I) *несов.;* вспотéть *сов.* to sweat [7]

потолóк (*р.* потолкá) ceiling [2]

потóм *нареч.* then, next [9.8]

поторопи́ться *see* торопи́ться [8]

потрéбовать *see* трéбовать [10]

потуши́ть *see* туши́ть [1]

поýжинать *see* ýжинать [1]

похвали́ть *see* хвали́ть [11]

похóж, похóжа, похóжи *на кого, на что?* resembling, like [4]

пóхороны (*р.* похорóн, похоронáх) (на) funeral [4]

похудéть *see* худéть [3]

поцеловáть *see* целовáть [11]

почини́ть *see* чини́ть [6]

почýвствовать *see* чýвствовать [7]

пóяс (*мн.* поясá) belt (woman's) [3]

прабáбушка (*р. мн.* прабáбушек) great-grandmother [11]

прáвда   truth [12.11]

прáвильный   right, correct [12.11]

прáвнук   great-grandson [11]

прáвнучка (*р. мн.* прáвнучек) great-granddaughter [11]

прáвый   right [2]; прав, правá, прáвы *в чём?* right, correct [12.11]

прадéдушка (*р. мн.* прадéдушек) great-grandfather [11]

предлагáть *несов.;* предложи́ть (предложý, предлóжишь) *сов.* to suggest, propose [12]

предложéние   suggestion; proposal; [11] [12] дéлать ~ *несов.;* сдéлать ~ *сов.; кому?* to propose [11]

предложи́ть *see* предлагáть [12]

предмéт   subject; факультати́вный ~ elective [10]

предстáвить *see* представля́ть [5] [12]

представлéние   idea, notion [12]

представля́ть *несов.;* предстáвить (предстáвлю, предстáвишь) *сов., кому?* to introduce; *возвр.* представля́ться/предстáвиться [5.1]; представля́ть себé *несов.* to imagine [12.3]

предыдýщий   preceding [9]

прéжде всегó   first of all [12]

прéжний   previous [9]

презирáть *несов., за что?* to despise [5]

презрéние *к кому, к чему?* contempt [5]

прекрати́ть *see* прекращáть [11.4]

прекращáть *несов.;* прекрати́ть (прекращý, прекрати́шь) *сов.* to stop [11.7]

преподавáтель *м.* instructor [10.9]

преподавáтельница   instructor [10.9]

преподавáть (преподаю́, преподаёшь) *несов., кому?* to teach

преступлéние   crime [5]

престýпник   criminal [5]

престýпный   criminal [5]

прибáвить *see* прибавля́ть [9]

прибавля́ть *несов.;* прибáвить (прибáвлю, прибáвишь) *сов., к чему?* to add [9.12]

приближáться *несов.;* прибли́зиться (прибли́жусь, прибли́зишься) *сов., к кому, к чему?* to approach [8]

прибли́зиться *see* приближáться [8]

прибывáть *несов.;* прибы́ть (прибýду, прибýдешь; при́был, прибылá, при́были) *сов., офиц.* to arrive [8]

прибы́ть *see* прибывáть [8]

привéтствие   greeting [11]

привéтствовать (привéтствую, привéтствуешь) *несов.;* поприветствовать *сов.* to greet, welcome [11]

приви́вка (*р. мн.* приви́вок) *от чего?* vaccination; дéлать приви́вку *несов.;* сдéлать приви́вку *сов., кому?* vaccinate [7]

привлекáтельный   attractive [3]

привыкáть *несов.;* привы́кнуть (привы́кну, привы́кнешь; привы́к, привы́кла) *сов., к кому, к чему?* to become accustomed [11]

привы́кнуть *see* привыкáть [11]

привы́чка (*р. мн.* привы́чек) habit, custom [11]

пригласи́ть *see* приглашáть [2]

приглашáть *несов.;* пригласи́ть (приглашý, пригласи́шь) *сов.* to invite [2]

приглаше́ние   invitation [2]
при́город   suburb [8]
при́городный   suburban [8]
приготóвить   *see* готóвить [1] [10]
приду́мать   *see* приду́мывать [12]
приду́мывать *несов.;* приду́мать
   сов. to think up, devise [12]
приёмый   foster, adopted [11]
приземли́ться   *see*
   приземля́ться [9]
приземля́ться *несов.;*
   приземли́ться *сов.* to land [9]
признава́ться (признаю́сь,
   признаёшься) *несов.;*
   призна́ться *сов., кому, в чём?* to
   admit, confess [5]
призна́ться   *see* признава́ться [5]
приле́жный   diligent [4]
приме́р   example [10]
принима́ть *несов.;* приня́ть
   (приму́, при́мешь; при́нял,
   приняла́) *сов.* to receive [2]; to
   accept [10]; ~ лека́рство   to take
   medicine [7]
приня́ть   *see* принима́ть [2] [10]
присни́ться   *see* сни́ться [6]
при́стань *ж.* (на)   pier, dock [9]
прихóжая (*р.* прихóжей)
   entrance hall [2]
причеса́ть   *see* причёсывать [6]
причёска (*р. мн.* причёсок)
   hairdo; де́лать причёску *несов.;*
   сде́лать причёску *сов., кому?* to
   do someone's hair [6]
причёсывать *несов.;* причеса́ть
   (причешу́, причёшешь) *сов.* to
   comb; *возвр.* причёсываться/
   причеса́ться [6.1]
прия́тель *м.*   friend [5.2]
прия́тельница   friend [5.2]
прия́тный   pleasant [3]
прóбовать (прóбую, прóбуешь)
   несов.; попрóбовать *сов.* to try
   [10.11]
прова́ливаться *несов.;*
   провали́ться (провалю́сь
   прова́лишься) *сов.* to fail; ~ на
   экза́мене   to fail an exam [10]
провали́ться   *see* прова́ливаться
   [10]
прове́рить   *see* проверя́ть [12]
проверя́ть *несов.;* прове́рить
   сов. to verify, check [12]

проводи́ть   *see* провожа́ть [9]
проводни́к   conductor [9]
проводни́ца   conductor [9]
провожа́ть *несов.;* проводи́ть
   (провожу́, провóдишь) *сов.* to
   see off [9]
продолжа́ть *несов.* to continue;
   продóлжить *сов.; возвр.*
   продолжа́ться/продóлжиться
   [9]
продолже́ние   continuation [9]
продóлжить   *see* продолжа́ть [9]
проду́кты (*р.* проду́ктов)   groceries
   [1]
произойти́   *see* происходи́ть [5]
происходи́ть (происхóдит,
   происхóдят) *несов.;* произойти́
   (произойдёт, произойду́т;
   произошёл, произошлó) *сов.* to
   happen, occur [5]
пройти́   *see* проходи́ть [10]
промежу́ток (*р.* промежу́тка)
   interval, period [9.5]
просну́ться   *see* просыпа́ться [6]
проспе́кт (на)   avenue [8]
прости́ть   *see* проща́ть [11]
прости́ться   *see* проща́ться [11]
прострóй (*ср.* прóще)   simple [4]
простóрный   spacious [2]
простота́   simplicity [4]
просту́да   cold [7]
простуди́ться   *see* простужа́ться
   [7]
простужа́ться *несов.;*
   простуди́ться (простужу́сь,
   просту́дишься) *сов.* to catch a
   cold [7]
просту́женный (просту́жен)   having
   a cold [7]
простыня́ (*мн.* прóстыни,
   прóстынь, простыня́х)   sheet
   [6]
просыпа́ться *несов.;* просну́ться
   (просну́сь, проснёшься)
   сов. to awaken *v.i.* [6.5]
противоре́чие   contradiction [12]
противоре́чить *несов., кому, чему?*
   to contradict [12]
протя́гивать *несов.;* протяну́ть
   (протяну́, протя́нешь) *сов.* to
   extend, offer [6]
протяну́ть   *see* протя́гивать [6]
профе́ссор   professor [10.9]

проходи́ть (прохожу́,
прохо́дишь) *несов.;* пройти́
(пройду́, пройдёшь; прошёл,
прошла́) *сов.* to cover (a subject)
[10]

про́шлое (*р.* про́шлого) the past [9]

про́шлый past, last [9.6]

проща́ние farewell, parting [11]

проща́ть *несов.;* прости́ть
(прощу́, прости́шь) *сов.* to
forgive, pardon [11.6]

проща́ться *несов.;* прости́ться
(прощу́сь, прости́шься) *сов., с
кем?* to say good-bye [11]

проще́ние forgiveness, pardon [11]

пры́гать *несов.;* пры́гнуть
(пры́гну, пры́гнешь) *сов.* to jump
[6]

пры́гнуть *see* пры́гать [6]

ПТУ (профессиона́льно-
техни́ческое учи́лище) vocational
school [10.3]

пуга́ть *несов.;* испуга́ть *сов.* to
frighten; *возвр.* пуга́ться/
испуга́ться *кого, чего?* [5]

пу́говица button [3]

путеше́ствие journey, travel [9.2]

путеше́ствовать (путеше́ствую,
путеше́ствуешь) *несов.* to travel
[9.2]

путь (*р.* пути́, *пр.* пути́, *дт.* пути́,
тв. путём; *мн.* пути́, путе́й) way
[9.2]

пыта́ться *несов.;* попыта́ться
сов. to try [10.11]

пятёрка (*р. мн.* пятёрок) A
(grade) [10]

равноду́шие indifference [4]

равноду́шный indifferent [4]

раз (*мн.* разы́, раз) instance,
occasion [9]

разбива́ть *несов.;* разби́ть
(разобью́, разобьёшь) *сов.* to
break, shatter; *возвр.* разбива́ться/
разби́ться [6.9]

разбира́ться *несов.;*
разобра́ться (разберу́сь,
разберёшься) *сов., в чём?* to
examine, understand [12.10]

разби́ть *see* разбива́ть [6]

разбуди́ть *see* буди́ть [6]

ра́зве really [12.13]

разведённый (разведён,
раведена́) separated, divorced [11]

развести́сь *see* разводи́ться [11]

развлека́ть *несов.;* развле́чь
(развлеку́, развлечёшь,
развлеку́т; развлёк,
развлекла́) *сов.* to entertain, amuse;
возвр. развлека́ться/
развле́чься *чем?* [4.5]

развлече́ние entertainment,
amusement [4.5]

развле́чь *see* развлека́ть [4]

разво́д divorce [11]

разводи́ться (развожу́сь,
разво́дишься) *несов.;* развести́сь
(разведу́сь, разведёшься;
развёлся, развела́сь) *сов.* to
separate, divorce [11]

разгова́ривать *несов.* to converse
[4]

разгово́рчивый talkative [4]

раздева́ть *несов.;* разде́ть
(разде́ну, разде́нешь) *сов.* to
undress; *возвр.* раздева́ться/
разде́ться [3.5]

раздели́ть *see* дели́ть [9]

разде́тый (разде́т) undressed [3]

разде́ть *see* раздева́ть [3]

раздража́ть *несов.;* раздражи́ть
сов. to irritate; *возвр.*
раздража́ться/раздражи́ться
[4]

раздражи́тельный irritable [4]

раздражи́ть *see* раздража́ть [4]

разлюби́ть (разлюблю́,
разлю́бишь) *сов.* to stop loving
[5]

разме́р size, dimensions [2]

ра́зница *в чём?* difference [4.1]

ра́зность *ж.* difference [9]

ра́зный different [4]

разобра́ться *see* разбира́ться
[12]

разреша́ть *несов.;* разреши́ть *сов.,
кому?* to permit [7]

разреше́ние permission [7]

разреши́ть *see* разреша́ть [7]

райо́н district, area [8]

райо́нный district, area [8]

ра́ковина sink [2]

ра́на injury, wound [7]

ра́неный (ра́нен) injured, wounded
[7]

ра́нить *несов. и сов.* to injure, wound [7]

ра́нний (*ср.* ра́ньше) early [9]

расписа́ние schedule [10]

рассве́т sunrise [9]

рассе́янность *ж.* absentmindedness [12]

рассе́янный absentminded [12]

расстава́ние parting [5]

расстава́ться (**расстаю́сь, расстаёшься**) *несов.;* **расста́ться** (**расста́нусь, расста́нешься**) *сов., с кем?* to part [5]

расста́ться *see* **расстава́ться** [5]

расстёгивать *несов.;* **расстегну́ть** (**расстегну́, расстегнёшь**) *сов.* to unbutton, unzip; *возвр.* **расстёгиваться/ расстегну́ться** [3]

расстегну́ть *see* **расстёгивать** [3]

расстра́иваться *несов.;* **расстро́иться** *сов.* to become upset [11]

расстро́енный (**расстро́ен**) upset [11]

расстро́иться *see* **расстра́иваться** [11]

расстро́йство желу́дка diarrhea [7.7]

расти́ (**расту́, растёшь; рос, росла́**) *несов.;* **вы́расти** *сов.* to grow [4]

растя́гивать *несов.;* **растяну́ть** (**растяну́, растя́нешь**) *сов.* to strain, sprain [7.8]

растяже́ние strain, sprain [7]

растяну́ть *see* **растя́гивать** [7]

расчёска (*р. мн.* **расчёсок**) comb [6]

рвать (**рву, рвёшь; рвал, рвала́**) *несов.;* **порва́ть** *сов.* to tear [6]

рвать (**рвёт**) *несов.;* **вы́рвать** (**вы́рвет**) *сов., безл., кого?* to vomit [7.6]

рво́та vomiting [7]

ребёнок (*р.* ребёнка; *мн.* де́ти, дете́й, де́тях, де́тям, детьми́) child, infant [4]

ревнова́ть (**ревну́ю, ревну́ешь**) *несов., к кому?* to be jealous [5.4]

ре́вность *ж.* jealousy [5]

ре́дкий (*ср.* ре́же) sparse [3]

ре́зать (**ре́жу, ре́жешь**) *несов.;* **поре́зать** *сов.* to cut [7.8]

результа́т result [9]

рейс flight [9.1]

реме́нь *м.* (*р.* ремня́) belt (man's) [3]

ресни́ца eyelash [3]

реце́пт prescription; **выпи́сывать** ~ *несов.;* **вы́писать** ~ (**вы́пишу, вы́пишешь**) to prescribe [7]

реша́ть *несов.;* **реши́ть** *сов.* to solve [10]

реше́ние solution [10]

реши́ть *see* **реша́ть** [10]

рис (*р. 2* ри́су) rice [1]

ро́бкий (*ср.* ро́бче) timid [4]

ро́бость *ж.* timidity [4]

рове́сник man of the same age [4]

рове́сница woman of the same age [4]

ро́вный even [3]

роди́тели (*р.* роди́телей) parents [11]

роди́ться *see* **рожда́ться** [4]

ро́дственник relative [11]

ро́дственница relative [11]

рожда́ться *несов.;* **роди́ться** (**рожу́сь, роди́шься; роди́лся, родила́сь**) *сов.* to be born [4]

ро́зовый pink [2]

роня́ть *несов.;* **урони́ть** (**уроню́, уро́нишь**) *сов.* to drop [6]

рост height [3]

рот (*р.* рта, во рту) mouth [3]

руба́шка (*р. мн.* руба́шек) shirt; **ночна́я** ~ nightgown [3]

рука́ (*вн.* ру́ку, *мн.* ру́ки, рук, рука́х) hand, arm [7]

рука́в (*мн.* рукава́) sleeve [3]

руководи́тель *м.* advisor [10]

румя́ный rosy [3]

ру́сый brown (hair) [3]

ры́ба fish [1]

ры́жий red (hair) [3]

рюкза́к (*р.* рюкзака́) backpack [9]

рю́мка (*р. мн.* рю́мок) wine glass [1]

сади́ться (**сажу́сь, сади́шься**) *несов.;* **сесть** (**ся́ду, ся́дешь;**

сел) *сов.* to sit down [1]; to board [8]; ~ **в тюрьму́** to go to prison [5]

сажа́ть *несов.;* **посади́ть (посажу́, поса́дишь)** *сов.* to seat [1]; ~ **в тюрьму́** to put in prison [5]

сала́т (*р. 2* сала́ту) salad [1]

салфе́тка (*р. мн.* салфе́ток) napkin [1]

самолёт airplane [9]

самолюби́вый proud, vain [4]

самоуве́ренный (самоуве́рен) self-confident [4]

санда́лия sandal [3]

сантиме́тр centimeter [2]

сапо́г (*р.* сапога́, *р. мн.* сапо́г) boot [3]

са́хар (*р. 2* са́хару) sugar [1]

сва́дьба (*р. мн.* сва́деб) (на) wedding [11]

свари́ть *see* вари́ть [1]

свёкла *тк. ед.* beets [1]

свёкор (*р.* свёкра) father-in-law (husband's father) [11.2]

свекро́вь *ж.* mother-in-law (husband's mother) [11.2]

свет light [2]

све́тлый (светло́) light [2.6]

светофо́р traffic signal [8]

свида́ние (на) appointment, date; назнача́ть ~ *несов.;* назна́чить ~ *сов., с кем?* to make an appointment [5]

свиде́тель *м.* witness [5]

свини́на pork [1]

сви́нка mumps [7]

сви́тер (*мн.* свитера́) sweater [3.4]

сдава́ть (сдаю́, сдаёшь) *несов.;* сдать (сдам, сдашь, сдаст, сдади́м, сдади́те, сдаду́т; сдал, сдала́) *сов.* to rent; [2.2]; ~ зада́ние to turn in an assignment [10]; ~ экза́мен to take, pass an exam [10]

сдать *see* сдава́ть [2] [10]

сего́дня *нареч.* today [9]

сего́дняшний today [9]

седо́й gray (hair) [3]

секу́нда second [9]

село́ (*мн.* сёла) village, settlement [8]

се́льский rural, village [8]

семе́йный family [11]

семе́стр semester [10]

семина́р (на) *по чему?* seminar [10]

семья́ (*мн.* се́мьи, семе́й, се́мьях) family [11]

серва́нт sideboard [2]

се́рдце (*мн.* сердца́, серде́ц) heart [7]

серебро́ silver [3]

сере́бряный silver [3]

середи́на middle [9]

серёжка (*р. мн.* серёжек) earring

се́рый gray [2]

серьга́ (*мн.* се́рьги, серёг, серьга́х) earring [3]

серьёзный serious [4]

сестра́ (*мн.* сёстры, сестёр, сёстрах) sister; двою́родная ~ cousin [11]

сесть *see* сади́ться [1]

сиде́ть (сижу́, сиди́шь) *несов.;* посиде́ть *сов.* to sit [1.10]; ~ в тюрьме́ to be in prison [5]

симпати́чный nice, likeable [3]

симпто́м symptom [7]

си́ний dark blue [2]

синте́тика synthetic material [3]

синтети́ческий synthetic [3]

синя́к (*р.* синяка́) bruise [7]

сирота́ (*мн.* си́роты) *м. и ж.* orphan [11]

ска́терть *ж.* (*р. мн.* скатерте́й) tablecloth [1]

скла́дывать *несов.;* сложи́ть (сложу́, сло́жишь) *сов.* to add [9.12]

сковорода́ (*мн.* ско́вороды, сковоро́д, сковорода́х) (на) frying pan [1]

сковоро́дка (*р. мн.* сковоро́док) (на) frying pan [1]

ско́рая по́мощь *ж.* ambulance [7]

скро́мный modest [4]

скрыва́ть *несов.;* скрыть (скро́ю, скро́ешь) *сов.* to hide; *возвр.* скрыва́ться/скры́ться [6]

скрыть *see* скрыва́ть [6]

скула́стый with high cheekbones [3]

скупо́й miserly [4]

ску́чный boring [4]

сла́бый weak [3]

сла́дкий (*ср.* сла́ще) sweet [1]

сла́дкое (*р.* сла́дкого) dessert [1]

следи́ть за собо́й (слежу́, следи́шь) *несов.* to take care of oneself [7]

сле́дователь *м.* inspector, investigator [5]

сле́довать (сле́дую, сле́дуешь) *несов.;* **после́довать** *сов., кому?* to follow; ~ **приме́ру** to follow an example [11]

сле́дующий next [9.7]

сли́ва plum [1]

сли́вки (*р.* **сли́вок**) cream [1]

сложе́ние build [3]; addition [9]

сложи́ть *see* **скла́дывать** [9]

слома́ть *see* **лома́ть** [6] [7]

слу́чай instance; **на вся́кий ~** in any case [12]

случа́ться *несов.;* **случи́ться** *сов.* to happen, occur [5]

случи́ться *see* **случа́ться** [5]

слу́шаться *несов.;* **послу́шаться** *сов., кого?* to mind [11]

сма́зать *see* **ма́зать** [7]

сме́лость *ж.* boldness [4]

сме́лый bold [4]

смерть *ж.* death [4]

смета́на sour cream [1]

смешно́й funny [4]

смея́ться (смею́сь, смеёшься) *несов., над кем, над чем?* to laugh [4]

смути́ться *see* **смуща́ться** [11]

смуща́ться *несов.;* **смути́ться (смущу́сь, смути́шься)** *сов.* to become embarrased [11]

смысл sense; **здра́вый ~** common sense [12.7]

снача́ла *нареч.* at first [9]

снима́ть *несов.;* **снять (сниму́, сни́мешь; снял, сняла́)** *сов.* to rent [2.2]; *с кого, с чего?* to take off [3]

сни́ться *несов.;* **присни́ться** *сов., кому?* to dream [6.4]

снять *see* **снима́ть** [2] [3]

собира́ться *несов.;* **собра́ться (соберу́сь, соберёшься; собра́лся, собрала́сь)** *сов.* to get ready; to plan [9.3]

собо́р cathedral [8]

собра́ться *see* **собира́ться** [9]

сове́т advice; **дава́ть ~ (даю́, даёшь)** *несов.;* **дать ~ (дам,** **дашь, даст, дади́м, дади́те, даду́т; дал, дала́)** *сов., кому?* to give advice [10]

сове́товать *несов.;* **посове́товать** *сов., кому, о чём?* to advise; *возвр.* **сове́товаться/посове́товаться с кем, о чём?** to consult [10]

совра́ть *see* **врать** [4]

согласи́ться *see* **соглаша́ться** [5]

соглаша́ться *несов.;* **согласи́ться (соглашу́сь, согласи́шься)** *сов., с кем, с чем, на что?* to agree [5]

содержа́ние content [12]

сожале́ние pity; **к сожале́нию** unfortunately [12]

сок (*р. 2* **со́ку**) juice [1]

со́лнечный sunny [2]

со́лнце sun, sunlight [2]

соло́нка (*р. мн.* **соло́нок**) salt cellar, shaker [1]

соль *ж.* salt [1]

сомнева́ться *несов., в ком, в чём?* to doubt [12]

сомне́ние doubt [12]

сон (*р.* **сна**) sleep, dream; **ви́деть сон (ви́жу, ви́дишь)** *несов.* to have a dream [6.4]

сопе́рник rival [5]

сосе́д (*мн.* **сосе́ди, сосе́дей, сосе́дях**) neighbor [2]

сосе́дка (*р. мн.* **сосе́док**) neighbor [2]

сосе́дний neighboring [2]

соси́ска (*р. мн.* **соси́сок**) hot dog [1]

сочине́ние composition [10]

спа́льня (*р. мн.* **спа́лен**) bedroom [2]

спаса́ть *несов.;* **спасти́ (спасу́, спасёшь; спас, спасла́)** to save [5]

спасти́ *see* **спаса́ть** [5]

спать (сплю, спишь; спал, спала́) *несов.* to sleep; **ложи́ться ~** *несов.;* **лечь ~ (ля́гу, ля́жешь, ля́гут; лёг, легла́; ляг)** *сов.* to go to bed [6]

специа́льность *ж.* major [10]

спеши́ть *несов.* to run fast (clock) [9]

спина́ (*мн.* **спи́ны**) back [7]

спле́тничать *несов.* to gossip [5]

спле́тня (*р. мн.* **спле́тен**) gossip [5]

споко́йный calm, relaxed [4]

спор disagreement, argument [5]

спо́рить *несов.;* **поспо́рить** *сов.* to disagree, argue [5.4]

спосо́бность *ж., к чему?* ability [12.1]

спосо́бный (спосо́бен) *к чему?* able, capable [12]

справедли́вость *ж.* justice, fairness [4]

справедли́вый just, fair [4]

спуска́ться *несов.;* **спусти́ться** (**спущу́сь, спу́стишься**) *сов.* to descend [8]

спусти́ться *see* **спуска́ться** [8]

спу́тник fellow traveller [9]

спу́тница fellow traveller [9]

сравне́ние comparison [4]

сра́внивать *несов.;* **сравни́ть** *сов., с кем, с чем?* to compare [4]

сравни́ть *see* **сра́внивать** [4]

сре́дний average [2]

срок term, period, deadline [9.5]

ссо́ра quarrel [5]

ссо́риться *несов.;* **поссо́риться** *сов., с кем, из-за чего?* to quarrel [5.4]

ста́вить (ста́влю, ста́вишь) *несов.;* **поста́вить** *сов.* to stand *v.t.* [1]; ~ **часы́** to set a watch, clock [9]; ~ **отме́тку** to give a grade [10]

стака́н glass [1]

станови́ться (становлю́сь, стано́вишься) *несов.;* **стать** (**ста́ну, ста́нешь**) *сов.* to stand *v.i.* [1]; *кем, чем?* to become [2]

ста́нция (на) station [8]

стара́ться *несов.;* **постара́ться** *сов.* to try [10.11]

старе́ть (I) *несов.;* **постаре́ть** *сов.* to age, grow old [4]

стари́к (*р.* **старика́**) old man [4]

ста́рость *ж.* old age [4]

стару́ха old woman [4]

ста́рый (*ср.* **ста́рше**) old [4]

стать *see* **станови́ться** [1] [2]

стекло́ glass [2]

стекля́нный glass [2]

стена́ (*вн.* **сте́ну**, *мн.* **сте́ны, стен, стена́х**) wall [2]

сте́пень *ж.* degree; ~ **бакала́вр** bachelor's degree; **маги́стерская** ~ master's degree; **кандида́тская** ~ candidate degree; **до́кторская** ~ doctoral degree [10.9]

стира́льная маши́на washing machine [2]

стол (*р.* **стола́**) table; **обе́денный** ~ dinner table; **пи́сьменный** ~ desk [2]

сто́лик table; **журна́льный** ~ coffee table; **туале́тный** ~ vanity [2]

столи́ца capital [8]

столи́чный capital [8]

столо́вая (*р.* **столо́вой**) dining room [2]

сторона́ (*вн.* **сто́рону**, *мн.* **сто́роны, сторо́н, сторона́х**) side [2]; **с одно́й стороны́** on the one hand; **с друго́й стороны́** on the other hand [12]

стоя́нка (*р. мн.* **стоя́нок**) (**на**) stand [8]

стоя́ть (II) *несов.;* **постоя́ть** *сов.* to stand *v.i.* [1.10]

стреля́ть *несов.;* **вы́стрелить** *сов., в кого, во что, из чего?* to shoot [5]

стри́жка (*р. мн.* **стри́жек**) haircut [6]

стричь (**стригу́, стрижёшь, стригу́т; стриг, стри́гла**) *несов.;* **постри́чь** *сов.* to cut, trim (hair, nails); *возвр.* **стри́чься/ постри́чься** [6.3]

стро́гий (*ср.* **стро́же**) strict [4]

стро́йный slender [3.2]

студе́нт college student [10.10]

студе́нтка (*р. мн.* **студе́нток**) college student [10.10]

стул (*мн.* **сту́лья**) chair [2]

сты́дно *безл., кому, за что?* shameful [11.4]

судьба́ (*мн.* **су́дьбы, су́деб**) fate, destiny [4]

су́мка (*р. мн.* **су́мок**) purse [3]; bag [9]

су́мма sum [9]

су́тки (*р.* **су́ток**) 24-hour period [9]

схвати́ть *see* **хвата́ть** [6]

сча́стье fortune; **к сча́стью** fortunately [12]

счита́ть *несов.* to consider [12.9]

съесть *see* **есть** [1]

сын (*мн.* **сыновья́**) son [11]

сыр (*р. 2* **сы́ру**) cheese [1]

сы́тый (сыт, сыта́) full [1]

табле́тка (*р. мн.* **табле́ток**) pill [7]

так да́лее (**т. д.**) so forth, et cetera [12]

таки́м о́бразом thus [12]

такси́ *нескл., с.* taxi; **вызыва́ть ~** *несов.;* **вы́звать ~** (**вы́зову, вы́зовешь**) to call a taxi; **брать ~** (**беру́, берёшь; брал, брала́**) *несов.;* **взять ~** (**возьму́, возьмёшь; взял, взяла́**) *сов.* to take a taxi; **лови́ть ~** (**ловлю́, ло́вишь**) *несов.;* **пойма́ть ~** *сов.* to catch a cab [8]

так сказа́ть so to speak [12]

такт tact [11]

такти́чный tactful [11]

тала́нт talent [12]

тала́нтливый talented [12]

тамо́жня (**на**) customs; **проходи́ть тамо́жню** (**прохожу́, прохо́дишь**) *несов.;* **пройти́ тамо́жню** (**пройду́, пройдёшь; прошёл, прошла́**) to go through customs [9]

та́почка (*р. мн.* **та́почек**) slipper [3]

таре́лка (*р. мн.* **таре́лок**) plate; **ме́лкая ~** dinner plate; **глубо́кая ~** soup plate [1]

таска́ть *несов.;* **тащи́ть** (**тащу́, та́щишь**) *опред.;* **потащи́ть** *сов.* to pull, drag [8]

тащи́ть *see* **таска́ть** [8]

творо́г ricotta cheese [1]

телефо́н telephone [2]

тем бо́лее all the more [12]

тем не ме́нее nevertheless [12]

темнота́ darkness [2]

тёмный (**темно́**) dark [2]

температу́ра temperature, fever; **измеря́ть температу́ру** *несов.;* **изме́рить температу́ру** *сов., кому?* to take someone's temperature [7]

терапе́вт internist [7]

термо́метр thermometer [7]

терпели́вый tolerant, patient [4]

терпе́ние tolerance, patience [4]

терпе́ть (**терплю́, те́рпишь**) *несов.* to tolerate [4]

тесть *м.* father-in-law (wife's father) [11]

тётя (*р. мн.* **тётей**) aunt [11]

те́хникум vocational school [10.3]

тече́ние course; **в ~** *чего?* during [9.10]

тёща mother-in-law (wife's mother) [11]

ткань *ж.* fabric, material [3]

тогда́ *нареч.* then [9.8]

то есть (**т. е.**) that is [12]

толсте́ть (I) *несов.* to gain weight [3.2]

то́лстый (*ср.* **то́лще**) thick [2; 3.2]

толщина́ thickness [2]

тому́ подо́бное (**т. п.**) so on [12]

то́нкий (*ср.* **то́ньше**) thin [2; 3.2]

тормози́ть (**торможу́, тормози́шь**) *несов.;* **затормози́ть** *сов.* to brake [8]

торопи́ться (**тороплю́сь, торо́пишься**) *несов.;* **поторопи́ться** *сов.* to be in a hurry [8]

торт cake [1]

торше́р floor lamp [2]

то́чка зре́ния (*р. мн.* **то́чек**) point of view [12.8]

тошни́ть *несов., безл., кого?* to be nauseated [7.6]

тошнота́ nausea [7]

трамва́й streetcar, tram [8]

тре́бование demand, requirement [10]

тре́бовать (**тре́бую, тре́буешь**) *несов.;* **потре́бовать** *сов.* to demand, require; *возвр.* **тре́боваться / потре́боваться** [10]

тро́гать *несов.;* **тро́нуть** (**тро́ну, тро́нешь**) *сов.* to touch [6]

тро́йка (*р. мн.* **тро́ек**) C (grade) [10]

тролле́йбус trolleybus [8]

тро́нуть *see* **тро́гать** [6]

тротуа́р (**на**) sidewalk [8]

тру́дный difficult [4]

трудолюби́вый industrious [4]

трус coward [4]

трусли́вый cowardly [4]

тру́сость *ж.* cowardice [4]

туале́т bathroom, toilet [2.4]

ту́мбочка (*р. мн.* **ту́мбочек**) nightstand [2]

ту́фля (*р. мн.* **ту́фель**) shoe (woman's); **~ на каблуке́** highheeled shoes; **~ без каблука́** flats [3] туши́ть (тушу́, ту́шишь) *несов.;* потуши́ть *сов.* to stew, roast [1.8]

тюрьма́ (*мн.* тю́рьмы, тю́рем) prison; сажа́ть в тюрьму́ *несов.;* посади́ть в тюрьму́ (посажу́, поса́дишь) *сов.* to put in prison; сади́ться в тюрьму́ (сажу́сь, сади́шься) *несов.;* сесть в тюрьму́ (ся́ду, ся́дешь; сел) *сов.* to go to prison; сиде́ть в тюрьме́ (сижу́, сиди́шь) *несов.* to be in prison [5]

тяжёлый (тяжело́) heavy [2]; difficult [4]

убеди́тельный convincing [12]

убеди́ть *see* убежда́ть [12]

убежда́ть *несов.;* убеди́ть *сов., в чём?* to convince; *возвр.* убежда́ться/убеди́ться [12.6]

убежде́ние conviction [12]

убеждённый (убеждён, убеждена́) *в чём?* convinced [12]

убива́ть *несов.;* уби́ть (убью́, убьёшь) *сов.* to kill, murder [5]

уби́йство murder [5]

уби́йца *м. и ж.* murderer [5]

убира́ть *несов.;* убра́ть (уберу́, уберёшь; убра́л, убрала́) *сов.* to pick up, clean [6.8]

уби́ть *see* убива́ть [5]

убо́рная (*р.* убо́рной) bathroom, toilet [2.4]

убра́ть *see* убира́ть [6]

уважа́ть *несов., за что?* to respect [5]

уваже́ние *к кому, к чему?* respect [5]

уве́ренность *ж.* certainty, confidence [12]

уве́ренный (уве́рен) *в ком, в чём?* certain, sure [12]

угова́ривать *несов.;* уговори́ть *сов.* to persuade [12]

уговори́ть *see* угова́ривать [12]

у́гол (*р.* угла́, в/на углу́) corner [2]

угости́ть *see* угоща́ть [11]

угоща́ть *несов.;* угости́ть (угощу́, угости́шь) *сов., чем?* to treat [11.8]

угрожа́ть *несов., кому, чем?* to threaten [5]

угрю́мый gloomy [4]

удава́ться (удаётся) *несов.;* уда́ться (уда́стся; удало́сь) *сов., безл., кому?* to succeed [10.12]

удали́ться *see* удаля́ться [8]

удаля́ться *несов.;* удали́ться (удалю́сь, уда́лишься) *сов., от кого, от чего?* to move away from [8]

уда́р blow [5]

уда́рить *see* ударя́ть [5]

ударя́ть *несов.;* уда́рить *сов.* to strike [5]

уда́ться *see* удава́ться [10]

удиви́тельный surprising [12]

удиви́ть *see* удивля́ть [12]

удивле́ние surprise [12]

удивля́ть *несов.;* удиви́ть (удивлю́, удиви́шь) *сов.* to surprise; *возвр.* удивля́ться/удиви́ться *кому, чему?* [12]

удо́бство convenience [2.5]

удовлетвори́тельно satisfactory (grade) [10]

удово́льствие satisfaction, pleasure [4.5]

у́жин supper [1]

у́жинать *несов.;* поу́жинать *сов.* to eat supper [1]

у́зкий (*ср.* у́же) narrow [2]

уко́л injection, shot; де́лать ~ *несов.;* сде́лать ~ *сов., кому?* to give an injection [7]

укра́сть *see* красть [5]

украше́ния (*р.* украше́ний) costume jewelry, decorations [3]

у́ксус (*р.* 2 у́ксусу) vinegar [1]

у́лица (на) street [8]

умере́ть *see* умира́ть [4.2]

умира́ть *несов.;* умере́ть (умру́, умрёшь; у́мер, умерла́, у́мерли) *сов.* to die [4.3]

умножа́ть *несов.;* умно́жить *сов., на что?* to multiply [9.12]

умноже́ние multiplication [9]

умно́жить *see* умножа́ть [9]

умыва́ться *несов.;* умы́ться (умо́юсь, умо́ешься) *сов.* to wash hands and face [6]

умы́ться *see* умыва́ться [6]

университе́т university [10.4]

унита́з toilet [2.4]

упа́сть *see* па́дать [6]

упражне́ние exercise [10]

упрёк reproach [5]

упрека́ть *несов.;* **упрекну́ть**
(**упрекну́, упрекнёшь**) *сов., в*
чём? to reproach [5]

упрекну́ть *see* упрека́ть [5]

упря́мство stubbornness [4]

упря́мый stubborn, obstinate [4]

уро́дливый ugly, hideous [3]

уро́к (**на**) *чего?* lesson, class [10.2]

урони́ть *see* роня́ть [6]

успева́ть *несов.;* **успе́ть** (I) *сов.* to
have, be on time [9.11]

успе́ть *see* успева́ть [9]

успока́ивать *несов.;* **успоко́ить**
сов. to calm, reassure; *возвр.*
успока́иваться/успоко́иться [4]

успоко́ить *see* успока́ивать [4]

устава́ть (**устаю́, устаёшь**) *несов.;*
уста́ть (**уста́ну, уста́нешь**)
сов. to get tired [6]

уста́ть *see* устава́ть [6]

у́стный oral [10]

усы́ (*р.* **усо́в**) moustache [3]

утеша́ть *несов.;* **уте́шить** *сов.* to
comfort [11]

уте́шить *see* утеша́ть [11]

у́тка (*р. мн.* **у́ток**) duck [1]

у́тренний morning [9]

у́тро morning [9]

уха́живать *несов., за кем?* to court
[5]

у́хо (*мн.* **у́ши, уше́й**) ear [3]

уча́щийся (*р. мн.* **уча́щегося**)
student, pupil [10.10]

уче́бный educational, academic;
~ **год** academic year [10]

учени́к (*р.* **ученика́**) student, pupil
[10.10]

учени́ца student, pupil [10.10]

учи́лище specialized school;
профессиона́льно-техни́ческое ~
(**ПТУ**) vocational school [10.3]

учи́тель *м.* (*мн.* **учителя́**) teacher
[10]

учи́тельница teacher [10]

учи́ть (**учу́, у́чишь**) *несов.* to
study; **вы́учить** *сов.* to learn [10]

учи́ть (**учу́, у́чишь**) *несов.;*
научи́ть *сов., чему?* to teach; *возвр.*
учи́ться/научи́ться to study; to
learn [10]

уша́нка (*р. мн.* **уша́нок**) hat with
earflaps [3]

факульте́т (**на**) school (within a
university) [10.5]

фигу́ра figure [3]

фи́зика physics [10]

физкульту́ра physical education [10]

филоло́гия philology (language and
literature) [10]

филосо́фия philosophy [10]

фиоле́товый violet [2]

фо́рма uniform; **вое́нная** ~ military
uniform; **шко́льная** ~ school uniform
[3]

фо́рточка (*р. мн.* **фо́рточек**)
ventilation window [2]

фру́кты (*р.* **фру́ктов**) fruit [1]

хала́т bathrobe [3]

хара́ктер personality, disposition [4]

хвали́ть (**хвалю́, хва́лишь**) *несов.;*
похвали́ть *сов., за что?* to praise
[11]

хва́статься *несов., кем, чем?* to brag
[4]

хвастли́вый boastful [4]

хвасту́н braggart [4]

хвата́ть *несов.;* **схвати́ть**
(**схвачу́, схва́тишь**) *сов.* to grab
[6]

хи́мия chemistry [10]

хиру́рг surgeon [7]

хи́трость *ж.* cleverness, cunning [4]

хи́трый clever, cunning [4]

хлеб bread [1]

хло́пок (*р.* **хло́пка**) cotton [3]

ходи́ть (**хожу́, хо́дишь**) *несов.;*
идти́, (**иду́, идёшь; шёл, шла**)
опред.; **пойти́** *сов.* to go (on foot)
[8]

хозя́ин (*мн.* **хозя́ева,**
хозя́ев) host [2]

хозя́йка (*р. мн.* **хозя́ек**) hostess
[2]

холоди́льник refrigerator [1]

холосто́й single (said of a man) [11]

хорошо́ good (grade)

хотя́ although [12]

хра́брость *ж.* bravery [4]

хра́брый brave [4]

ху́денький skinny [3.2]

худе́ть (I) *несов.;* похуде́ть
сов. to lose weight [3]
худо́й skinny [3.2]

цара́пать *несов.;* оцара́пать *сов.* to
scratch [7]
цара́пина scratch [7]
цвет (*мн.* цвета́) color [2]
цветно́й colored [2]
целова́ть (целу́ю, целу́ешь) *несов.;*
поцелова́ть *сов.* to kiss; *возвр.*
целова́ться/поцелова́ться [11]
цель *ж.* goal, target [12]
центр downtown [8]
центра́льный central [8]
це́рковь *ж.* (*р.* це́ркви, *мн.*
це́ркви, церкве́й)
church [8]

чай (*р.* 2 ча́ю) tea [1]
ча́йник teapot, kettle [1]
час (*р.* часа́, в часу́, *мн.*
часы́) hour [9]
часы́ (*р.* часо́в) clock, watch;
ста́вить ~ (ста́влю, ста́вишь)
несов.; поста́вить ~ *сов.* to set a
clock, watch [9]
ча́шка (*р. мн.* ча́шек) cup [1]
челове́к (*мн.* лю́ди, люде́й,
лю́дях, лю́дям,
людьми́) person [4]
челове́ческий human [4]
чемода́н suitcase [9]
черда́к (*р.* чердака́) (на) attic [2.3]
чёрный black [2]
че́стность *ж.* honesty [4]
че́стный honest [4]
четвёрка (*р. мн.* четвёрок) B
grade [10]
че́тверть *ж.* quarter [10]
чини́ть (чиню́, чи́нишь) *несов.;*
почини́ть *сов.* to repair, mend [6]
число́ date [9]
чиха́ть *несов.;* чихну́ть (чихну́,
чихнёшь) *сов.* to sneeze [7]
чихну́ть *see* чиха́ть [7]
чу́вствовать (чу́вствую,
чу́вствуешь) *несов.;*
почу́вствовать (почу́вствую,
почу́вствуешь) *сов.* to feel [7.5];
~ за́пах *чего?* to smell [1.3]

шали́ть *несов.* to play pranks [11]
ша́лость *ж.* prank [11]
шалу́н (*р.* шалуна́) mischievous boy
[11]
шалу́нья (*р. мн.* шалу́ний)
mischievous girl [11]
шампа́нское (*р.* шампа́нского)
champagne [1]
шампу́нь *м.* shampoo [6]
ша́пка (*р. мн.* ша́пок) hat [3.4]
шарф muffler [3]
шате́н brown-haired man [3]
шате́нка (*р.* шате́нок) brown-haired
woman [3]
шёлк silk [3]
шёлковый silk [3]
шерсть *ж.* wool [3]
шерстяно́й wool [3]
ше́я neck [7]
ширина́ width [2]
широ́кой (широко́; *ср.* ши́ре) wide
[2]
широкопле́чий broad-shouldered [3]
шкаф (в шкафу́, *мн.* шкафы́) wardrobe;
платяно́й ~ closet, wardrobe;
кни́жный ~ bookcase;
посу́дный ~ cupboard [2]
шко́ла school [10]
шко́льник schoolboy [10]
шко́льница schoolgirl [10]
шко́льный school [10]
шля́па hat [3.4]
шо́рты (*р.* шорт) shorts [3]
шоссе́ *нескл. с.* (на) highway [8]
шофёр driver [8.2]
шу́ба fur coat [3]
шути́ть (шучу́, шу́тишь) *несов.* to
joke [4]

ще́дрый generous [4]
щека́ (*вн.* щёку, *мн.* щёки,
щёк, щека́х) cheek [3]
щётка (*р. мн.* щёток) brush [6]

эгои́зм selfishness [4]
эгои́ст selfish person [4]
эгоисти́чный selfish [4]
экза́мен examination;
вступи́тельный ~ entrance
examination; выпускно́й ~ exit
examination; сдава́ть ~ (сдаю́,
сдаёшь) *несов.;* сдать ~ (сдам,
сдашь, сдаст, сдади́м,

сдади́те, сдаду́т; сдал, сдала́)
сов.   to take, pass an examination;
прова́ливаться на экза́мене
несов.; **провали́ться на
экза́мене (провалю́сь,
прова́лишься)** *сов.*
to fail an examination [10.8]
**экзаменацио́нная
се́ссия**   examination week [10]
эконо́мика   economics [10]
эконо́мный   economical [4]
экскурсово́д   excursion leader [9]
электри́ческий   electric [2]
электри́чество   electricity [2]
электри́чка (*р. мн.* **электри́чек**)
разг.   commuter train [9]
энерги́чный   energetic [4]
эта́ж (*р.* **этажа́**)   floor, story [2]

ю́бка (*р. мн.* **ю́бок**)   skirt [3]
ю́ноша *м.* (*р. мн.* **ю́ношей**)   young man
[4]
я́блоко (*мн.* **я́блоки,
я́блок**)   apple [1]
яви́ться   *see* **явля́ться** [2]
явля́ться *несов.;* **яви́ться
(явлю́сь, я́вишься)** *сов., кем,
чем?*   to be; to appear [2.8,9]
я́года   berry [1]
я́зва   ulcer [7]
яйцо́ (*мн.* **я́йца, яи́ц,
я́йцах**)   egg [1]
я́ркий (*ср.* **я́рче**)   bright [2.6]
я́сли (*р.* **я́слей**)   nursery school
[10.1]
я́щик   drawer [2]

Англо-русский словарь

A пятёрка (*g. pl.* пятёрок) (*grade*) [10]

abandon броса́ть *impf.*; бро́сить (бро́шу, бро́сишь) *perf.* [5]

ability спосо́бность *f., к чему?* [12.1]

able спосо́бный (спосо́бен) *к чему?* [12]; **to be ~** мочь (могу́, мо́жешь, мо́гут; мог, могла́) *impf.*; смочь *perf.* [10]

abroad за грани́цей (*location*); за грани́цу (*destination*) [9]

absentminded рассе́янный [12]

absentmindedness рассе́янность *f.* [12]

absolutely безусло́вно [12]

academic уче́бный; **~ year** уче́бный год [10]

accept принима́ть *impf.*; приня́ть (приму́, при́мешь; при́нял, приняла́) *perf.* [10]

accident ава́рия [8]; **to be in an ~** попада́ть в ава́рию *impf.*; попа́сть в ава́рию (попаду́, попадёшь; попа́л) *perf.*

accusation обвине́ние [5]

accuse обвиня́ть *impf.*; обвини́ть *perf., в чём?* [5]

accustomed, to become ~ привыка́ть *impf.*; привы́кнуть (привы́кну, привы́кнешь; привы́к, привы́кла) *perf., к кому, к чему?* [11]

acquaintance знако́мый (*g.* знако́мого) [5.2]

active акти́вный [4]

add прибавля́ть *impf.*; приба́вить (приба́влю, приба́вишь) *perf., к чему?* [9.12]; скла́дывать *impf.*; сложи́ть (сложу́, сло́жишь) *perf.* [9.12]

addition сложе́ние [9]

address а́дрес (*pl.* адреса́) [2]

admit признава́ться (признаю́сь, признаёшься) *impf.*; призна́ться *perf., кому, в чём?* [5]

adopted приёмный [11]

adult взро́слый (*g.* взро́слого) [4]

advance, in ~ зара́нее *adv.* [9]

advice сове́т; **to give ~** дава́ть сове́т (даю́, даёшь) *impf.;* дать сове́т (дам, дашь, даст, дади́м, дади́те, даду́т; дал, дала́) *perf., кому?* [10]

advise сове́товать (сове́тую, сове́туешь) *impf.;* посове́товать *perf., кому?* [10]

advisor руководи́тель *m.* [10]

affectionate ла́сковый [4]

afraid, to be ~ боя́ться (II) *impf., кого, чего?* [5]

age во́зраст [4]; **to age** старе́ть (I) *impf.;* постаре́ть *perf.* [4]; **to reach an ~** исполня́ться *impf.;* испо́лниться *perf., кому?* [4.2]; **person of the same ~** рове́сник; рове́сница [3]

agitate волнова́ть (волну́ю, волну́ешь) *impf.; refl.* волнова́ться [4.4]

agree соглаша́ться *impf.;* согласи́ться (соглашу́сь, согласи́шься) *perf., с кем, с чем, на что?* [5]; догова́риваться *impf.;* договори́ться *perf., с кем, о чём?* [12]

airplane самолёт [9]

airport аэропо́рт (в аэропорту́) [9]

alarm clock буди́льник [6]

alive живо́й (жив, жива́, жи́вы) [4]

although хотя́ [12]

ambulance ско́рая по́мощь *f.* [7]

amuse развлека́ть *impf.;* развле́чь (развлеку́, развлечёшь, развлеку́т; развлёк, развлекла́) *perf.; refl.* развлека́ться/ развле́чься чем? [4.5]

amusement развлече́ние [4.5]

answer отве́т [10]; отвеча́ть *impf.;* отве́тить (отве́чу, отве́тишь) *perf., кому, на что?* [10]

apartment кварти́ра; **separate ~** отде́льная кварти́ра; **communal ~** коммуна́льная кварти́ра [2]; **~ house** жило́й дом (*pl.* дома́) [2]

apologize извиня́ться *impf.;* извини́ться *perf., перед кем?* [11]

apology извине́ние [11]

apparently ви́димо [12]

appear явля́ться *impf.;* яви́ться (явлю́сь, я́вишься) *perf., кем, чем?* [2.8,9]; вы́глядеть (вы́гляжу, вы́глядишь) *impf.* [3.1]

appearance вне́шность *f.* [3]

appendicitis аппендици́т [7.4]

appetite аппети́т [1]

appetizer заку́ска (*g. pl.* заку́сок) [1]

apple я́блоко (*pl.* я́блоки, я́блок) [1]

apply ма́зать (ма́жу, ма́жешь) *impf.;* пома́зать *and* сма́зать *perf.* (*ointment*) [7]; подава́ть докуме́нты (подаю́, подаёшь) *impf.;* пода́ть докуме́нты (пода́м, пода́шь, пода́ст, подади́м, подади́те, подаду́т; по́дал, подала́) *perf., куда?* [10]

appointment свида́ние (на); **to make an ~** назнача́ть свида́ние *impf.;* назна́чить свида́ние *perf., с кем?* [5]

approach приближа́ться *impf.;* прибли́зиться (прибли́жусь, прибли́зишься) *perf., к кому, к чему?* [8]

apricot абрико́с [1]

area пло́щадь *f.* [2]; райо́н; райо́нный [8]

argue спо́рить *impf.;* поспо́рить *perf.* [5.4]

argument спор [5]

arm рука́ (*a.* ру́ку, *pl.* ру́ки, рук, рука́х) [7]

armchair кре́сло (*g. pl.* кре́сел) [2]

arrest аре́ст [5]; **to arrest** арасто́вывать *impf.;* арестова́ть (аресту́ю, аресту́ешь) *perf., за что?* [5]

arrive прибыва́ть *impf.;* прибы́ть (прибу́ду, прибу́дешь; при́был, прибыла́, при́были) *perf., off.* [8]

ascend поднима́ться *impf.;* подня́ться (подниму́сь, подни́мешься) *perf.* [8]

asleep, to fall ~ засыпа́ть *impf.;* засну́ть (засну́, заснёшь) *perf.* [6]

aspirin аспири́н [7]

assignment зада́ние; **to turn in an ~** сдава́ть зада́ние (сдаю́, сдаёшь) *impf.;* сдать зада́ние (сдам, сдашь, сдаст, сдади́м, сдади́те, сдаду́т; сдал, сдала́) *perf.* [10]

associate общáться *impf.*, *с кем?* [4]

as though как бýдто [12]

attack напáдать *impf.*; напáсть (нападý, нападёшь; напáл) *perf.*, *на кого, на что?* [5]

attention внимáние; **to direct ~** обращáть внимáние *impf.*; обратúть внимáние (обращý, обратúшь) *perf.*, *на кого, на что?*; **to attract ~** привлекáть внимáние *impf.*; привлéчь внимáние (привлекý, привлечёшь, привлекýт; привлёк, привлеклá) *perf.*, *к кому, к чему?* [12]

attic чердáк (*g.* чердакá) (на) [2.3]

attractive привлекáтельный [3]

auditor вольнослýшатель *m.* [10]

aunt тётя (*g. pl.* тётей) [11]

autumn óсень *f.*; осéнний [9]

avenue проспéкт (на) [8]

average срéдний [2]

awaken *v.t.* будúть (бужý, бýдишь) *impf.*; разбудúть *perf.* [6.5]; *v.i.* просыпáться *impf.*; проснýться (проснýсь, проснёшься) *perf.* [6.5]

B четвёрка (*g. pl.* четвёрок) (*grade*) [10]

back зáдний [2]; спинá (*pl.* спúны) [7]

backpack рюкзáк (*g.* рюкзакá) [9]

bad плóхо (*grade*) [10]

bag сýмка (*g. pl.* сýмок) [9]

bake печь (пекý, печёшь, пекýт; пёк, пеклá) *impf.*; испéчь *perf.* [1.8]

balcony балкóн (на) [2]

bald лы́сый [3]; **to grow ~** лысéть (I) *impf.*; облысéть *perf.* [3]

bandage бинт [7]; **to bandage** бинтовáть (бинтýю, бинтýешь) *impf.*; перебинтовáть *perf.*, *кому?* [7]

bandaid плáстырь *m.* [7]

barber парикмáхер [6]

barber shop парикмáхерская (*g.* парикмáхерской) [6]

basement подвáл [2.3]

bath вáнна [6]; **to take a ~** принимáть вáнну *impf.*; принять вáнну (примý, прúмешь; прúнял, принялá) *perf.* [6]

bathrobe халáт [3]

bathroom вáнная (*g.* вáнной) [2.4]; туалéт [2.4]; убóрная (*g.* убóрной) [2.4]

bathtub вáнна [2.4]

be бывáть *impf.* [2.8]; являться *impf.*; явúться (явлю́сь, я́вишься) *perf. кем, чем?* [2.8,9]; оставáться (остаю́сь, остаёшься) *impf.*; остáться (остáнусь, остáнешься) *perf.*, *кем, чем?* [2.9]; **to prove to be** окáзываться *impf.*; оказáться (окажýсь, окáжешься) *perf.*, *кем, чем?* [2]

beard бородá (*a.* бóроду, *pl.* бóроды, борóд) [3]

beat бить (бью, бьёшь) *impf.*; побúть *perf.* [5]

beautiful красúвый [3]; **~ woman** красáвица [3]

beauty parlor парикмáхерская (*g.* парикмáхерской) [6]

become становúться (становлю́сь, станóвишься) *кем, чем? impf.*; стать (стáну, стáнешь) *perf.* [2]

becoming к лицý *кому?* [3.3]

bed кровáть *f.*; **single ~** односпáльная кровáть; **double ~** двухспáльная кровáть [2; 6.6]; постéль *f.*; **to make a ~** стелúть постéль (стелю́, стéлишь) *impf.*; постелúть постéль *perf.* [6.6]; **~ linen** постéльное бельё [6]

bedroom спáльня (*g. pl.* спáлен) [2]

beef говя́дина [1]

beer пúво [1]

beet свёкла *sing.* [1]

beforehand зарáнее *adv.* [9]

begin начинáть *impf.*; начáть (начнý, начнёшь; нáчал, началá) *perf.*; *refl.* начинáться/ начáться [9]

beginning начáло [9]

behave вестú себя́ (ведý, ведёшь; вёл, велá) *impf.* [11.3]

behavior поведéние [11]

beige бéжевый [2]

belief вéра [12]

believe вéрить *impf.*; повéрить *perf.*, *кому; в кого, во что?* [12.5]

belt реме́нь (*g.* ремня́) (*man's*) [3];
пояс (*pl.* пояса́) (*woman's*) [3]
bend over наклоня́ться *impf.;*
наклони́ться (наклоню́сь,
наклони́шься) *perf.* [6]
berry я́года [1]
berth по́лка (*g. pl.* по́лок); **lower**
~ ни́жняя по́лка; **upper**
~ ве́рхняя по́лка [9]
betray изменя́ть *impf.;* измени́ть
(изменю́, изме́нишь) *perf., кому, с
кем?* [5]
bicycle велосипе́д [8]
bicyclist велосипеди́ст [8]
big большо́й (*ср.* бо́льше) [2]
biography биогра́фия [4]
biology биоло́гия [10]
birth рожде́ние [4]
birthday день рожде́ния (*g.* дня)
[4]
bitter го́рький [1]
black чёрный [2]
blanket одея́ло [6]
blazer пиджа́к (*g.* пиджака́) [3.4]
block кварта́л [8.1]
blonde блонди́н; блонди́нка (*g. pl.*
блонди́нок) [3]
blood pressure давле́ние; **high**
~ высо́кое давле́ние [7.4]; **to
measure someone's** ~ измеря́ть
давле́ние *impf.;* изме́рить давле́ние
perf., кому? [7]
blouse блу́зка (*g. pl.* блу́зок) [3];
ко́фта; *dim.* ко́фточка (*g. pl.*
ко́фточек) [3.4]
blow уда́р [5]
blue голубо́й (*light*) [2]; си́ний (*dark*)
[2]
board сади́ться (сажу́сь,
сади́шься) *impf.;* сесть (ся́ду,
ся́дешь; сел) *perf., куда?* [8]
boarding поса́дка (*g. pl.* поса́док) [9]
boastful хвастли́вый [4]
boat ло́дка (*g. pl.* ло́док) [9]
boil вари́ть (варю́, ва́ришь) *impf.;*
свари́ть *perf.* (*food*) [1.7]
bold сме́лый [4]
boldness сме́лость *f.* [4]
bookcase кни́жный шкаф (в шкафу́, *pl.*
шкафы́) [2]
boot сапо́г (*g.* сапога́, *g. pl.* сапо́г)
[3]
border грани́ца [9]

boring ску́чный [4]
born, to be ~ рожда́ться *impf.;*
роди́ться (рожу́сь, роди́шься;
роди́лся, родила́сь) *perf.* [4]
bottle буты́лка (*g. pl.* буты́лок) [1]
boulevard бульва́р (на) [8]
bound, to be ~ направля́ться *impf.;*
напра́виться (напра́влюсь,
напра́вишься) *perf., куда?* [8]
box коро́бка (*g. pl.* коро́бок) [1]
boy ма́льчик [4]; **mischievous**
~ шалу́н (*g.* шалуна́) [11]
bracelet брасле́т [3]
brag хва́статься *impf., кем, чем?* [4]
braggart хвасту́н [4]
brake тормози́ть (торможу́,
тормози́шь) *impf.;* затормози́ть *perf.*
[8]
brave хра́брый [4]
bravery хра́брость *f.* [4]
brawny мускули́стый [3]
bread хлеб; хле́бный [1]; бато́н
(*French*) [1]
break лома́ть *impf.;* слома́ть *perf.; refl.*
лома́ться/слома́ться [6.9];
разбива́ть *impf.;* разби́ть
(разобью́, разобьёшь) *perf.; refl.*
разбива́ться/разби́ться [6.9]
breakfast за́втрак; **to eat**
~ за́втракать *impf.;* поза́втракать
perf. [1]
breast грудь *f.* [7]
brick кирпи́ч (*g.* кирпича́);
кирпи́чный [2]
bride неве́ста [11]
bridegroom жени́х (*p.* жениха́) [11]
bridge мост (на мосту́, *pl.* мосты́) [8]
bright све́тлый (светло́) [2.6]; я́ркий
(*ср.* я́рче) [2.6]
brilliant гениа́льный [12]
bring up воспи́тывать *impf.;* воспита́ть
perf.; refl. воспи́тываться [11]
broad-shouldered широкопле́чий [3]
broil жа́рить *impf.;* пожа́рить *perf.* [1]
bronchitis бронхи́т [7]
brother брат (*pl.* бра́тья) [11]
brown кори́чневый [2]; ру́сый (*hair*)
[3]; ка́рий (*eyes*) [3]
bruise синя́к (*g.* синяка́) [7]
brunette шате́н, шате́нка (*g. pl.*
шате́нок) (*light*); брюне́т;
брюне́тка (*g. pl.* брюне́ток) (*dark*)
[3]

brush щётка (*g. pl.* щёток) [6]; **to brush one's teeth** чи́стить зу́бы (чи́щу, чи́стишь) *impf.;* почи́стить зу́бы *perf.* [6]

buffet буфе́т [2]

build сложе́ние [3]

building зда́ние [2.1]; дом (*pl.* дома́); **apartment** ~ жило́й дом (*pl.* дома́) [2.1]

burglary ограбле́ние [5]

burn ожо́г [7]; **to burn** обжига́ть *impf.;* обже́чь (обожгу́, обожжёшь, обожгу́т; обжёг, обожгла́) *perf.; refl.* обжига́ться/обже́чься [7.8]

burner конфо́рка (*g. pl.* конфо́рок) [1]

bus авто́бус [8]

businesslike делово́й [4]

butter ма́сло, **sweet cream** ~ сли́вочное масло, [1]

button пу́говица [3]; **to button** застёгивать *impf.;* застегну́ть (застегну́, застегнёшь) *perf.; refl.* застёгиваться/застегну́ться [3]

C тро́йка (*g. pl.* тро́ек) (*grade*) [10]

cabbage капу́ста *sing.* [1]

cabin каю́та [9]

cake торт [1]

calendar календа́рь *m.* (*g.* календаря́) [9]

calisthenics заря́дка; **to do** ~ де́лать заря́дку *impf.;* сде́лать заря́дку *perf.* [6]

calm споко́йный [4]; **to calm** успока́ивать *impf.;* успоко́ить *perf.; refl.* успока́иваться/успоко́иться [4]

can ба́нка (*g. pl.* ба́нок); консе́рвная банка [1]

candidate of sciences кандида́т нау́к [10.9]

candy конфе́ты (*g.* конфе́т) [1]

cap ке́пка (*g. pl.* ке́пок) [3]

capable спосо́бный (спосо́бен) *к чему?* [12]

capacity объём [2]

capital столи́ца; столи́чный [8]

car маши́на; **passenger** ~ легкова́я маши́на; **police** ~ милице́йская маши́на [8]; **railway** ~ ваго́н [9]

careless неаккура́тный [4]

carelessness неаккура́тность *f.* [4]

carpet ковёр (*g.* ковра́) [2]

carrots морко́вь *f., sing.; dim.* морко́вка [1.7]

carry носи́ть (ношу́, но́сишь) *impf.;* нести́ (несу́, несёшь; нёс, несла́) *det.;* понести́ *perf.* [8]

cast гипс; **to put in a** ~ класть в гипс (кладу́, кладёшь; клал) *impf.;* положи́ть в гипс (положу́, поло́жишь) *perf.* [7]

catch лови́ть (ловлю́, ло́вишь) *impf.;* пойма́ть *perf.* [5]

cathedral собо́р [8]

caution осторо́жность *f.* [4]

cautious осторо́жный [4]

ceiling потоло́к (*g.* потолка́) [2]

centimeter сантиме́тр [2]

central центра́льный [8]

century век (*pl.* века́) [9]

cereal ка́ша [1.4]

certain уве́ренный (уве́рен) *в ком, в чём?* [12]

certainty уве́ренность *f.* [12]

chair стул (*pl.* сту́лья) [2]

champagne шампа́нское (*g.* шампа́нского) [1]

charm обая́ние [3]

charming обая́тельный [3]

chase гоня́ть *impf.;* гнать (гоню́, го́нишь; гнал, гнала́) *det.;* погна́ть *perf.* [8]

check кле́тка (*g. pl.* кле́ток) [3]; **to check** проверя́ть *impf.;* прове́рить *perf.* [12]

checkered кле́тчатый; в кле́тку [3]

cheek щека́ (*a.* щёку, *pl.* щёки, щёк, щека́х) [3]

cheerful весёлый (ве́село) [4.5]

cheese сыр (*g.2* сы́ру) [1]; **ricotta** ~ творо́г [1]

chemistry хи́мия [10]

chest грудь *f.* [7]

chestnut кашта́новый [3]

chicken ку́рица [1]

chicken pox ветря́нка [7]

child ребёнок (*g.* ребёнка, *pl.* де́ти, дете́й, де́тях, де́тям, детьми́); **child's** де́тский [4]

childhood де́тство [4]

chills озно́б [7]; **to have** ~ зноби́ть *impf., imps., кого?* [7.6]

chin подборо́док (*g.* подборо́дка) [3]

church це́рковь *f.* (*g.* це́ркви, *pl.* це́рквй, церкве́й) [8]

city го́род (*pl.* города́); городско́й [8]

class уро́к (на) *чего?* (*in school*) [10.2]; заня́тие (на) *по чему?* (*in college*) [10.7]; класс (*in school*) [10.2]; курс (*in college*) [10.6,7]

classroom класс (*in school*) [10.2]; аудито́рия (*in college*) [10]

clean убира́ть *impf.*; убра́ть (уберу́, уберёшь; убра́л, убрала́) *perf.* [6.8]

clever хи́трый [4]

cleverness хи́трость *f.* [4]

climb ла́зить (ла́жу, ла́зишь) *impf.*; лезть (ле́зу, ле́зешь; лез, ле́зла) *det.*; поле́зть *perf.* [8]

clinic поликли́ника [7]

clock часы́ (*g.* часо́в); **to set a ~** ста́вить часы́ (ста́влю, ста́вишь) *impf.*; поста́вить часы́ *perf.* [9]

close бли́зкий (*ср.* бли́же) [2]

closet платяно́й шкаф (в шкафу́, *pl.* шкафы́) [2]

clothes оде́жда *sing.* [3]; **to change ~** переодева́ться *impf.*; переоде́ться (переоде́нусь, переоде́нешься) *perf.* [3.5]

clothing оде́жда *sing.* [3]

coach ваго́н; **sleeping ~** спа́льный ваго́н; купе́йный ваго́н; **first, "soft" class ~** мя́гкий ваго́н; **second, "hard" class ~** жёсткий ваго́н [9]

coatrack ве́шалка (*g. pl.* ве́шалок) [2]

cocoa кака́о *n., indcl.* [1]

coffee ко́фе *m., indcl.* [1]

cold просту́да [7]; **to catch a ~** простужа́ться *impf.*; простуди́ться (простужу́сь, просту́дишься) *perf.* [7]; **having a ~** просту́женный (просту́жен) [7]; **head ~** на́сморк [7]

collar воротни́к (*g.* воротника́) [3]

color цвет (*pl.* цвета́) [2]

colored цветно́й [2]

comb расчёска (*g. pl.* расчёсок) [6]; **to comb** причёсывать *impf.*; причеса́ть (причешу́, причёшешь) *perf.*; *refl.* причёсываться/ причеса́ться [6.1]

comfort утеша́ть *impf.*; уте́шить *perf.* [11]

comforter cover пододея́льник [6]

command веле́ть (II) *impf. and perf., кому?* [7]

commuter train электри́чка (*g. pl.* электри́чек) *coll.* [9]

compare сра́внивать *impf.*; сравни́ть *perf., с кем, с чем?* [4]

comparison сравне́ние [4]

complain жа́ловаться (жа́луюсь, жа́луешься) *impf.*; пожа́ловаться *perf., кому, на кого, на что?* [7]

composition сочине́ние [10]

compress компре́сс [7.10]

computer science информа́тика [10]

concept поня́тие [12]

conclusion вы́вод; **to reach a ~** де́лать вы́вод *impf.*; сде́лать вы́вод *perf.* [12]

conduct oneself вести́ себя́ (веду́, ведёшь; вёл; вела́) *impf.* [11.3]

conductor проводни́к; проводни́ца [9]

confess признава́ться (признаю́сь, признаёшься) *impf.*; призна́ться *perf., кому, в чём?* [5]

confidence уве́ренность *f.* [12]

congratulate поздравля́ть *impf.*; поздра́вить (поздра́влю, поздра́вишь) *perf., с чем?* [11]

congratulation поздравле́ние [11]

conscientious добросо́вестный [4]

conservatory консервато́рия [10]

consider счита́ть *impf.* [12.9]

considerate внима́тельный [4]

consult сове́товаться (сове́туюсь, сове́туешься) *impf.*; посове́товаться *perf., с кем, о чём?* [10]

contagious зара́зный [7]

contempt презре́ние *к кому, к чему?* [5]

content содержа́ние [12]

continuation продолже́ние [9]

continue продолжа́ть *impf.*; продо́лжить *perf.*; *refl.* продолжа́ться/продо́лжиться [9]

contradict противоре́чить *impf., кому, чему?* [12]

contradiction противоре́чие [12]

convenience удо́бство [2.5]

converse разгова́ривать *impf.* [4]

conviction убежде́ние [12]

convince убежда́ть *impf.*; убеди́ть *perf., в чём?*; *refl.* убежда́ться/убеди́ться [12.6]

convinced убеждённый (убеждён, убеждена́) *в чём?* [12]

convincing убеди́тельный [12]

cook гото́вить (гото́влю, гото́вишь) *impf.*; пригото́вить *perf.* [1]

cookie пече́нье [1]

corner у́гол (*g.* угла́, в/на углу́) [2]

correct пра́вильный [12.11]; ве́рный [12.11]; прав, права́, пра́вы *в чём?* [12.11]; **to correct** поправля́ть *impf.*; попра́вить (попра́влю, попра́вишь) *perf.* [12]

cotton хло́пок (*g.* хло́пка) [3]

couch дива́н [2]

cough ка́шель (*g.* ка́шля) [7]; **to cough** ка́шлять *impf.* [7]; ~ **syrup** миксту́ра от ка́шля [7]

country дере́вня [8]

course курс *по чему?* [10.6,7]; ~ **of study** обуче́ние [10]

court уха́живать *impf. за кем?* [5]

courteous внима́тельный [4]; ве́жливый [11]

courtesy ве́жливость *f.* [11]; культу́рность *f.* [11]

cousin двою́родный брат (*pl.* бра́тья); двою́родная сестра́ (*pl.* сёстры, сестёр, сёстрах) [11]

cover проходи́ть (прохожу́, прохо́дишь) *impf.*; пройти́ (пройду́, пройдёшь; прошёл, прошла́) *perf.* (*a subject*) [10]

coward трус [4]

cowardice тру́сость *f.* [4]

cowardly трусли́вый [4]

crawl по́лзать *impf.*; ползти́ (ползу́, ползёшь; полз, ползла́) *det.*; поползти́ *perf.* [8]

cream сли́вки (*g.* сли́вок) [1]

crime преступле́ние [5]

criminal престу́пник; престу́пный [5]

crooked криво́й [3]

crossing перехо́д [8]

crosswalk перехо́д [8]

crude гру́бый [11]

cruel жесто́кий [4]

cry пла́кать (пла́чу, пла́чешь) *impf.*; запла́кать *perf.* [11.5]

cucumber огуре́ц (*g.* огурца́) [1]

cultured интеллиге́нтный [4]

cunning хи́трость *f.*; хи́трый [4]

cup ча́шка (*g. pl.* ча́шек) [1]

cupboard посу́дный шкаф (в шкафу́, *pl.* шкафы́) [2]

cupping-glasses ба́нки (*g.* ба́нок) [7.10]

curiosity любопы́тство [12]

curious любопы́тный [12]

curly кудря́вый [3]

curtains занаве́ски (*g.* занаве́сок) [2]

custom привы́чка (*g. pl.* привы́чек) [11]

customs тамо́жня (на); **to go through** ~ проходи́ть тамо́жню (прохожу́, прохо́дишь) *impf.*; пройти́ тамо́жню (пройду́, пройдёшь; прошёл, прошла́) *perf.* [9]

cut поре́з [7]; **to cut** ре́зать (ре́жу, ре́жешь) *impf.*; поре́зать *perf.* [7.8]; стричь (стригу́, стрижёшь, стригу́т; стриг, стри́гла) *impf.*; постри́чь *perf.* (*hair, nails*); *refl.* стри́чься/постри́чься [6.3]

D дво́йка (*g. pl.* дво́ек) (*grade*) [10]

danger опа́сность *f.* [5]

dangerous опа́сный [5]

dark тёмный (темно́) [2]

darkness темнота́ [2]

date число́ [9]; да́та [9]; свида́ние (на); **to make a** ~ назнача́ть свида́ние *impf.*; назна́чить свида́ние *perf., с кем?* [5]; **to date** встреча́ться *impf.*; встре́титься (встре́чусь, встре́тишься) *perf., с кем?* [5.1,2]

daughter дочь *f.* (*g.* до́чери, *pl.* до́чери, дочере́й, дочеря́х, дочеря́м, дочерьми́) [11]

day день *m.* (*g.* дня); дневно́й [9]; ~ **off** выходно́й день [9]; ~ **before yesterday** позавчера́ *adv.* [9]; ~ **after tomorrow** послеза́втра *adv.* [9]; ~ **before** накану́не *чего?* [9]

daydream мечта́ [12]; **to daydream** мечта́ть *impf.* [12]

daytime дневно́й [9]

dead мёртвый [4.3]

deadline срок [9.5]

dean дека́н [10.5]

death смерть *f.* [4]

deceitful   лжи́вый

decent   поря́дочный [4]

decorations   украше́ния (*g.* украше́ний) [3]

deep   глубо́кий (глубоко́; *ср.* глу́бже) [2]

defend   защища́ть *impf.*; защити́ть (защищу́, защити́шь) *perf.; refl.* защища́ться/защити́ться [5]

degree   сте́пень *f., по чему?*; **bachelor's** ~   сте́пень бакала́вр; **master's** ~   маги́стерская сте́пень; **candidate** ~ кандида́тская сте́пень; **doctoral** ~ до́кторская сте́пень [10.9]

demand   тре́бование [10]; **to demand**   тре́бовать (тре́бую, тре́буешь) *impf.*; потре́бовать *perf.; refl.* тре́боваться/потре́боваться [10]

denial   отрица́ние [12]

deny   отрица́ть *impf.* [12]

depart   отправля́ться *impf.*; отпра́виться (отпра́влюсь, отпра́вишься) *perf.* [8]

department   ка́федра (на) [10.5]; ~ **head**   заве́дующий ка́федрой (*g.* заве́дующего) [10.5]

depth   глубина́ [2]

descend   спуска́ться *impf.*; спусти́ться (спущу́сь, спусти́шься) *perf.* [8]

describe   опи́сывать *impf.*; описа́ть (опишу́, опи́шешь) *perf.* [3]

description   описа́ние [3]

desk   пи́сьменный стол (*g.* стола́) [2]

despise   презира́ть *impf., за что?* [5]

despite   несмотря́ *на кого́, на что?* [12]

dessert   сла́дкое (*g.* сла́дкого) [1]

destiny   судьба́ (*pl.* су́дьбы, су́деб) [4]

detain   заде́рживать *impf.*; задержа́ть (задержу́, заде́ржишь) *perf.* [5]

devise   приду́мывать *impf.*; приду́мать *perf.* [11]

diagnose   ста́вить диа́гноз (ста́влю, ста́вишь) *impf.*; поста́вить диа́гноз *perf., кому?* [7]

diagnosis   диа́гноз [7]

diarrhea   поно́с [7.7]; расстро́йство желу́дка [7.7]

die   умира́ть *impf.*; умере́ть (умру́, умрёшь; у́мер, умерла́) *perf.* [4.3]; ги́бнуть (ги́бну, ги́бнешь; гиб, ги́бла) *impf.*; поги́бнуть *perf.* [4.3]

difference   ра́зница *в чём?* [4.1]; ра́зность *f.* [9]

different   ра́зный [4]

difficult   тру́дный [4]; тяжёлый [4]

diligent   приле́жный [4]

dimensions   разме́р [2]

dining room   столо́вая (*g.* столо́вой) [2]

dinner   обе́д: **to eat** ~   обе́дать *impf.*; пообе́дать *perf.* [1]

diploma   аттеста́т зре́лости (*high school*) [10]; дипло́м (*college*) [10]

direction   сторона́ (*a.* сто́рону, *pl.* сто́роны, сторо́н, сторона́х) [2]

disagree   спо́рить *impf.*; поспо́рить *perf.* [5.4]

disagreement   спор [5]

discourteous   невнима́тельный [4]

discuss   обсужда́ть *impf.*; обсуди́ть (обсужу́, обсу́дишь) *perf.* [12]

discussion   обсужде́ние [12]

dish   блю́до [1]; **dishes**   посу́да *sing.* [1]

dishonest   нече́стный [4]

displeased   недово́льный (недово́лен, недово́льна) *кем, чем?* [4]

disposition   хара́ктер [4]

dissatisfied   недово́льный (недово́лен, недово́льна) *кем, чем?* [4]

dissertation   диссерта́ция [10]

district   райо́н; райо́нный [8]

distrustful   недове́рчивый [4]

divide   дели́ть (делю́, де́лишь) *impf.*; раздели́ть *perf., на что?* [9.12]

division   деле́ние [9]

divorce   разво́д [11]; **to divorce**   разводи́ться (развожу́сь, разво́дишься) *impf.*; развести́сь (разведу́сь, разведёшься; развёлся, развела́сь) *perf.* [11]

divorced   разведённый (разведён, раведена́) [11]

dizzy, to be ~   кружи́ться голова́ (кру́жится) *impf., у кого?* [7]

dock   при́стань *f.* (на) [9]

doctor   врач (*g.* врача́); **to consult a**

~ обраща́ться к врачу́ *impf.;*
обрати́ться к врачу́ (обращу́сь,
обрати́шься) *perf.,* **to send for a**
~ вызыва́ть врача́ *impf.;* вы́звать
врача́ (вы́зову, вы́зовешь) *perf.* [7];
~ **of sciences** до́ктор нау́к (*pl.*
доктора́) [10.9]

door дверь *f.* [2]

dotted в горо́шек [3]

doubt сомне́ние; **to doubt**
сомнева́ться *impf., в ком, в чём?* [12]

downtown центр [8]

drag таска́ть *impf.;* тащи́ть (тащу́,
та́щишь) *det.;* потащи́ть *perf.* [8]

drapes занаве́ски (*g.* занаве́сок) [2]

drawer я́щик [2]

dream сон (*g.* сна) [6]; **to
dream** сни́ться *impf.;*
присни́ться *perf., кому?* [6.4]; **to have
a** ~ ви́деть сон (ви́жу, ви́дишь)
impf. [6.4]

dress пла́тье (*g. pl.* пла́тьев) [3]; **to
dress** одева́ть *impf., во что?;*
оде́ть (оде́ну, оде́нешь) *perf.; refl.*
одева́ться/оде́ться [3.5]

dressed оде́тый (оде́т) *во что?* [3.5]

dresser комо́д [2]

drink пить (пью, пьёшь; пил,
пила́) *impf.;* вы́пить *and* попи́ть *perf.*
[1.2]

drive води́ть (вожу́, во́дишь) *impf.*
[8.3]

driver води́тель *m.* [8.2]; шофёр [8.2]

driver's license води́тельские права́
(*g. pl.* прав) [8]

drop роня́ть *impf.;* урони́ть
(уроню́, уро́нишь) *perf.* [6]

dry вытира́ть *impf.;* вы́тереть (вы́тру,
вы́трешь; вы́тер, вы́терла) *perf.* [6]

duck у́тка (*g. pl.* у́ток) [1]

due to из-за *кого, чего?* [12.12]

during во вре́мя *чего?* [9.10]; в
тече́ние *чего?* [9.10]

ear у́хо (*pl.* у́ши, уше́й) [3]

early ра́нний (*ср.* ра́ньше) [9]

earring серьга́ (*pl.* се́рьги, серёг,
серьга́х); *dim.* серёжка (*g. pl.*
серёжек) [3]

easygoing лёгкий (легко́; *ср.* ле́гче)
[4]

eat есть (ем, ешь, ест, еди́м,
еди́те, едя́т; ел, е́ла; ешь) *impf.;*
съесть *and* пое́сть *perf.* [1.2]

economical эконо́мный [4]

economics эконо́мика [10]

education образова́ние; **primary,
elementary** ~ нача́льное
образова́ние; **secondary** ~
сре́днее образова́ние; **higher** ~
вы́сшее образова́ние; **special**
~ специа́льное образова́ние [10]

educational уче́бный [10]

egg яйцо́ (*pl.* я́йца, яи́ц, я́йцах)
[1]

elbow ло́коть *m.* (*g.* ло́ктя, *g. pl.*
локте́й) [7]

elderly пожило́й [4]

elective факультати́вный предме́т [10]

electric электри́ческий [2]

electricity электри́чество [2]

elevator лифт [2]

embankment на́бережная (*g.*
на́бережной) (на) [8]

embarrassed, to become
~ смуща́ться *impf.;* смути́ться
(смущу́сь, смути́шься) *perf.* [11]

embrace обнима́ть *impf.;* обня́ть
(обниму́, обни́мешь; о́бнял,
обняла́) *perf.; refl.* обнима́ться/
обня́ться [11]

end коне́ц (*g.* конца́) [9]

enemy враг (*g.* врага́) [5]

energetic энерги́чный [4]

enormous грома́дный [2]

enroll поступа́ть *impf.;* поступи́ть
(поступлю́, посту́пишь) *perf., куда?*
[10]

entertain развлека́ть *impf.;* развле́чь
(развлеку́, развлечёшь,
развлеку́т; развлёк, развлекла́)
perf.; refl. развлека́ться/
развле́чься *чем?* [4.5]

entertainment развлече́ние [4.5]

entrance hall пере́дняя (*g.*
пере́дней) [2]; прихо́жая (*g.*
прихо́жей) [2]

essential необходи́мый [10]

et cetera так да́лее; *abr.* т. д. [12]

even ро́вный [3]

evening ве́чер (*pl.* вечера́);
вече́рний [9]

evidence доказа́тельство [5]

examination экза́мен *по чему?;*
entrance ~ вступи́тельный
экза́мен; **exit** ~ выпускно́й
экза́мен [10.8]; **to take an**
~ сдава́ть экза́мен (сдаю́,
сдаёшь) *impf.;* **to pass an** ~ сдать
экза́мен (сдам, сдашь, сдаст,
сдади́м, сдади́те, сдаду́т; сдал,
сдала́) *perf.;* **to fail an**
~ прова́ливаться на экза́мене
impf.; провали́ться на экза́мене
(провалю́сь, прова́лишься) *perf.;*
~ **week** экзаменацио́нная се́ссия
[10]
examine осма́тривать *impf.;*
осмотре́ть (II) *perf.* [7];
разбира́ться *impf.;* разобра́ться
(разберу́сь, разберёшься) *perf.,*
в чём? [12.10]
example приме́р [10]; **for**
~ наприме́р [12]
excellent отли́чно (*grade*) [10]
exchange обме́н; **to exchange**
обме́нивать *impf., на что?;*
обменя́ть *perf.; refl.*
обме́ниваться/обменя́ться чем?
[2.2]
exclaim восклица́ть *impf.;*
воскли́кнуть (воскли́кну,
воскли́кнешь) *perf.* [7]
exclamation восклица́ние [7]
excursion leader экскурсово́д [9]
excuse оправда́ние [5]; **to**
excuse опра́вдывать *impf.;*
оправда́ть *perf.; refl.* опра́вдываться/
оправда́ться *перед кем, в чём?;* [5]
exercise упражне́ние [10]
expect ждать (жду, ждёшь; ждал,
ждала́) *impf.;* подожда́ть *perf., кого,*
что, чего? [12.4]
expectation ожида́ние [12]
extend протя́гивать *impf.;*
протяну́ть (протяну́,
протя́нешь) *perf.* [6]
eye глаз (*pl.* глаза́, глаз) [3]
eyebrow бровь *f.* [3]
eyelash ресни́ца [3]

F едини́ца (*grade*) [10]
fabric ткань *f.* [3]
face лицо́ (*pl.* ли́ца) [3]

fail незачёт (*grade*) [10]; **to fail an**
examination прова́ливаться на
экза́мене *impf.;* провали́ться на
экза́мене (провалю́сь,
прова́лишься) *perf.* [10]
fainting spell о́бморок [7]; **to**
faint па́дать в о́бморок *impf.;*
упа́сть в о́бморок (упаду́,
упадёшь; упа́л) *perf.* [7]
fair справедли́вый [4]
fairness справедли́вость *f.* [4]
faithful ве́рный [5]
faithfulness ве́рность *f.* [5]
fall па́дать *impf.;* упа́сть (упаду́,
упадёшь; упа́л, упа́ла) *perf.* [6]
familiar знако́мый (знако́м) [5]
family семья́ (*pl.* се́мьи, семе́й,
се́мьях); семе́йный [11]
far далёкий (далеко́; *ср.* да́льше) [2]
farewell проща́ние [11]
fashion мо́да [3]
fashionable мо́дный [3]
fat то́лстый (*ср.* то́лще) [3.2]
fate судьба́ (*pl.* су́дьбы, су́деб) [4]
father оте́ц (*g.* отца́) [11]
father-in-law свёкор (*g.* свёкра)
(*husband's father*); тесть *m.* (*wife's*
father) [11.2]
fault вина́ [11]
fear боя́ться (II) *impf., кого,*
чего? [5]
feed корми́ть (кормлю́, ко́рмишь)
impf.; покорми́ть *perf., чем?* [11]
feel чу́вствовать (чу́вствую,
чу́вствуешь) *impf.;* почу́вствовать
perf. [7.5]
female же́нский [4]
feminine же́нский [4]
fever температу́ра [7]
fiancé жени́х (*p.* жениха́) [11]
fiancée неве́ста [11]
fight борьба́ [5]; дра́ка [5]; **to**
fight боро́ться (борю́сь,
бо́решься) *impf.; с кем, против*
чего, за что? [5]; дра́ться
(деру́сь, дерёшься; дра́лся,
драла́сь) *impf.;* подра́ться *perf., с*
кем? [5]
figure фигу́ра [3]
finally наконе́ц [12]; в конце́ концо́в
[12]
finger па́лец (*g.* па́льца) [7.2]

finish конча́ть *impf.*; ко́нчить *perf.*;
refl. конча́ться/ко́нчиться [9]

fire engine пожа́рная маши́на [8]

fireplace ками́н [2]

first снача́ла *adv.* [9]; ~ **of
all** пре́жде всего́ [12]; **in the ~
place** во-пе́рвых [12]

fish ры́ба [1]

flight рейс [9.1]; ~ **attendant**
бортпроводни́к; бортпроводни́ца
[9]

floor пол (на полу́, *pl.* полы́) [2];
эта́ж (*g.* этажа́) [2]; ~ **lamp** торше́р
[2]

fly лета́ть *impf.*; лете́ть (лечу́,
лети́шь) *det.*; полете́ть *perf.* [8]

follow сле́довать (сле́дую,
сле́дуешь) *impf.*; после́довать *perf.*,
за кем? **to follow an example**
сле́довать приме́ру [11]

food еда́ *sing.* [1.1]; пи́ща *sing.* [1.1]

foot нога́ (*a.* но́гу, *pl.* но́ги, ног,
нога́х) [7]

footwear о́бувь *f.* [3]

forbid запреща́ть *impf.*; запрети́ть
(запрещу́, запрети́шь) *perf., кому?* [7]

forehead лоб (*g.* лба) [3]

forget забыва́ть *impf.*; забы́ть
(забу́ду, забу́дешь) *perf.* [12]

forgive проща́ть *impf.*; прости́ть
(прощу́, прости́шь) *perf.* [11.6]

forgiveness проще́ние [11]

fork ви́лка (*g. pl.* ви́лок) [1]

former бы́вший [9]

fortunately к сча́стью [12]

foster приёмный [11]

fracture перело́м [7]; **to
fracture** лома́ть *impf.*; слома́ть *perf.*
[7.8]

frank открове́нный [4]

frankness открове́нность *f.* [4]

freckle весну́шка (*g. pl.* весну́шек) [3]

freckled весну́шчатый [3]

friend друг (*pl.* друзья́) [5.2];
прия́тель *m.*; прия́тельница [5.2];
female ~ подру́га [5.2]

friendly дру́жный [5]

friendship дру́жба [5]

frighten пуга́ть *impf.*; испуга́ть *perf.*;
refl. пуга́ться/испуга́ться *кого,
чего?* [5]

frivolous легкомы́сленный [4]

front пере́дний [2]

fruit фру́кты (*g.* фру́ктов) [1]

fry жа́рить *impf.*; пожа́рить *perf.* [1]

frying pan сковорода́ (*pl.*
сковоро́ды, сковоро́д,
сковорода́х); *dim.* сковоро́дка (*g.
pl.* сковоро́док) [1]

full сы́тый (сыт, сыта́) [1]

fun весёлый (ве́село) [4.5]; **to have
~** весели́ться *impf.* [4.5]

funeral по́хороны (*p.* похоро́н,
похорона́х) (на) [4]

funny смешно́й [4]

fur мех; мехово́й; ~ **coat** шу́ба [3]

furnish обставля́ть *impf.*; обста́вить
(обста́влю, обста́вишь) *perf., чем?*
[2]

furniture ме́бель *f., sing.* [2]

future бу́дущее (*g.* бу́дущего);
бу́дущий [9.7]

gas газ; га́зовый (*natural*) [2]

generous ще́дрый [4]

gentle мя́гкий (*ср.* мя́гче) [4]

geography геогра́фия [10]

get ready собира́ться *impf.*;
собра́ться (соберу́сь,
соберёшься; собра́лся,
собрала́сь) *perf.* [9.3]

get tired уставать (устаю́, устаёшь)
impf.; уста́ть (уста́ну, уста́нешь)
perf. [6]

get up встава́ть (встаю́, встаёшь)
impf.; встать (вста́ну, вста́нешь)
perf. [1]

get well поправля́ться *impf.*;
попра́виться (попра́влюсь,
попра́вишься) *perf.* [7]

girl де́вочка (*g. pl.* де́вочек) [4];
mischievous ~ шалу́нья (*g. pl.*
шалу́ний) [11]

glass стака́н [1]; стекло́;
стекля́нный [2]; **wine ~** рю́мка (*g.
pl.* рю́мок) [1]

gloomy угрю́мый [4]; мра́чный [4]

glove перча́тка (*g. pl.* перча́ток) [3]

go ходи́ть (хожу́, хо́дишь) *impf.*;
идти́ (иду́, идёшь; шёл, шла) *det.*;
пойти́ *perf.* (*on foot*) [8]; е́здить
(е́зжу, е́здишь) *impf.*; е́хать (е́ду,
е́дешь) *det.*; пое́хать *perf.* (*by vehicle*)
[8.3]

goal цель *f.* [12]

gold зóлото; золотóй [3]

good хорошó (*grade*) [10]

good-bye, to say ~ прощáться *impf.;*
простúться (прощýсь,
простúшься) *perf., с кем?* [11]

gossip сплéтня (*g. pl.* сплéтен) [5];
to gossip сплéтничать *impf.* [5]

grab хватáть *impf.;* схватúть
(схвачý, схвáтишь) *perf.* [6]

grade класс [10.2]; отмéтка (*g. pl.*
отмéток); **to give a ~** стáвить
отмéтку (стáвлю, стáвишь) *impf.;*
постáвить отмéтку *perf., кому?;* **to
get a ~** получáть отмéтку *impf.;*
получúть отмéтку (получý,
полýчишь) *perf.* [10]

graduate окáнчивать *impf.;* окóнчить
perf. (*from an institution*) [10]

graduate school аспирантýра [10]

graduate student аспирáнт;
аспирáнтка (*g. pl.* аспирáнток) [10]

graduation thesis дипломная рабóта
[10]

gram грамм (*g. pl.* грáммов *and*
грамм) [1.5]

granddaughter внýчка (*g. pl.* внýчек)
[11]

grandfather дéдушка (*g. pl.* дéдушек)
[11]

grandmother бáбушка (*g. pl.*
бáбушек) [11]

grandson внук [11]

grapes виногрáд *sing.* [1]

gray сéрый [2]; седóй (*hair*) [3]

great-granddaughter прáвнучка (*g.
pl.* прáвнучек) [11]

great-grandfather прадéдушка (*g. pl.*
прадéдушек) [11]

great-grandmother прабáбушка (*g. pl.*
прабáбушек) [11]

great-grandson прáвнук [11]

greedy жáдный [4]

green зелёный [2]

greet привéтствовать (привéтствую,
привéтствуешь) *impf.;*
попривéтствовать *perf.* [11]

greeting привéтствие [11]

groceries продýкты (*g.* продýктов)
[1]

grow растú (растý, растёшь; рос,
рослá) *impf.;* вы́расти *perf.* [4]; **to ~**

up взрослéть (I) *impf.;*
повзрослéть *perf.* [4]

grown-up взрóслый (*g.* взрóслого)
[4]

guess догáдываться *impf.;*
догадáться *perf., о чём?* [12]

guest гость *m.* [2]

gun пистолéт [5]

habit привы́чка (*g. pl.* привы́чек) [11]

hair вóлосы (*g.* волóс, волосáх) [3];
to dye one's ~ крáсить вóлосы
(крáшу, крáсишь) *impf.;* покрáсить
вóлосы [6]; **to do someone's
~** дéлать причёску *impf.;* сдéлать
причёску *perf., кому?* [6]

haircut стрúжка (*g. pl.* стрúжек) [6]

hairdo причёска (*g. pl.* причёсок)
[6]

hairdresser парикмáхер [6]

hall коридóр [2]

ham ветчинá [1]

hand рукá (*a.* рýку, *pl.* рýки, рук,
рукáх) [7]; **to shake someone's
~** пожимáть рýку *impf.;* пожáть
рýку (пожмý, пожмёшь)
perf., кому? [11]; **on the one ~** с
однóй стороны́; **on the other ~** с
другóй стороны́ [12]

handsome красúвый [3]; **~ man**
красáвец (*g.* красáвца) [3]

hang *v.t.* вéшать *impf.;* повéсить
(повéшу, повéсишь) *perf.* [1]; *v.i.*
висéть (вишý, висúшь) *impf.* [1]

happen случáться *impf.;* случúться
perf. [5]; происходúть
(происхóдит, происхóдят) *impf.;*
произойти (произойдёт,
произойдýт; произошёл,
произошлá) *perf.* [5]

harmful врéдный [7]

hat шáпка (*g. pl.* шáпок) [3.4]; шля́па
[3.4]; **~ with earflaps** ушáнка (*g. pl.*
ушáнок) [3]

hate ненавúдеть (ненавúжу,
ненавúдишь) *impf.* [5]

hatred нéнависть *f.* [5]

hazel кáрий (*eyes*) [3]

head головá (*a.* гóлову, *pl.* гóловы,
голóв, головáх) [7];
~ scarf платóк (*g.* платкá) [3];
~ cold нáсморк [7]

health здоро́вье [7]

healthful поле́зный [7]

healthy здоро́вый (здоро́в) [7.3]

heart се́рдце (*pl.* сердца́, серде́ц) [7]; ~ **attack** инфа́ркт [7.4]

heat подогрева́ть *impf.;* подогре́ть *perf.* (*food*) [1]

heavy тяжёлый (тяжело́) [2]

height высота́ [2]; рост [3]

helicopter вертолёт [9]

hello, to say ~ здоро́ваться *impf.;* поздоро́ваться *perf., с кем?* [11]

hesitate колеба́ться (коле́блюсь, коле́блешься) *impf.;* поколеба́ться *perf., в чём?* [12]

hesitation колеба́ние [12]

hide скрыва́ть *impf.;* скрыть (скро́ю, скро́ешь) *perf.; refl.* скрыва́ться/скры́ться [6]

hideous уро́дливый [3]

highway шоссе́ (на) *indcl. n.* [8]

hint намёк; **to hint** намека́ть *impf.;* намекну́ть (намекну́, намекнёшь) *perf., кому, на что?* [5]

history исто́рия [10]

hit бить (бью, бьёшь) *impf.;* поби́ть *perf.* [5]; попада́ть *impf.;* попа́сть (попаду́, попадёшь; попа́л) *perf.* (*a target*) [12.15]

hold держа́ть (держу́, де́ржишь) *impf.* [6]

homework дома́шнее зада́ние; **to turn in** ~ сдава́ть зада́ние (сдаю́, сдаёшь) *impf.;* сдать зада́ние (сдам, сдашь, сдаст, сдади́м, сдади́те, сдаду́т; сдал, сдала́) *perf.* [10]

honest че́стный [4]

honesty че́стность *f.* [4]

honey мёд (*g.2* мёду) [1]

hope наде́жда [12]; **to hope** наде́яться *impf., на кого, на что?* [12]

hospitable гостеприи́мный [2]

hospital больни́ца; **to put in a** ~ класть в больни́цу (кладу́, кладёшь; клал) *impf.;* положи́ть в больни́цу (положу́, поло́жишь) *perf.;* **to go to a** ~ ложи́ться в больни́цу *impf.;* лечь в больни́цу (ля́гу, ля́жешь, ля́гут; лёг, легла́) *perf.;* **to be in a** ~ лежа́ть в больни́це (II) *impf.;* **to be discharged from a** ~ выпи́сываться из больни́цы *impf.;* вы́писаться из больни́цы (вы́пишусь, вы́пишешься) *perf.* [7]

hospitality гостеприи́мство [2]

host хозя́ин (*pl.* хозя́ева, хозя́ев) [2]

hostess хозя́йка (*g. pl.* хозя́ек) [2]

hostile враждебный [5]

hostility вражда́ [5]

hot о́стрый [1]

hot dog соси́ска (*g. pl.* соси́сок) [1]

hotel гости́ница [9]

hour час (*g.* часа́, в часу́, *pl.* часы́) [9]

house дом (*pl.* дома́); **apartment** ~ жило́й дом [2.1]

housewarming новосе́лье (на) [2]

huge огро́мный [2]

human челове́ческий [4]

hunger го́лод [1]

hungry голо́дный (го́лоден, голодна́) [1]

hurry торопи́ться (тороплю́сь, торо́пишься) *impf.;* поторопи́ться *perf.* [8]

hurt боле́ть (II) *impf.* [7.4]

husband муж (*pl.* мужья́) [11]

ice cream моро́женое (*g.* моро́женого) [1]

idea иде́я [12]; представле́ние [12]

ill-bred невоспи́танный (невоспи́тан) [11]

illness боле́знь *f.* [7]

imagination воображе́ние [12]

imagine представля́ть себе́ *impf.;* предста́вить себе́ (предста́влю, предста́вишь) *perf.* [12.3]

imitate подража́ть *impf., кому?* [11]

imitation подража́ние [11]

immodest нескро́мный [4]

impossible невозмо́жный [10]

imprudent неосторо́жный [4]

impudence наха́льство [4]

impudent наха́льный [4]

incidentally кста́ти [12]

indifference равноду́шие [4]

indifferent равноду́шный [4]

industrious трудолюби́вый [4]

infant ребёнок (*g.* ребёнка, *pl.* дéти, детéй, дéтях, дéтям, детьми́); **infant's** дéтский [4]

infatuated влюблённый (влюблён, влюбленá) *в кого?* [5]

infect заражáть *impf.;* заразить (заражý, заразишь) *perf., чем?; refl.* заражáться/заразиться [7]

influenza грипп [7]

injection укóл; **to give an** ~ дéлать укóл *impf.;* сдéлать укóл *perf., кому?* [7]

injure рáнить *impf. and perf.* [7]

injured рáненый (рáнен) [7]

injury рáна [7]

insincere нейскренний [4]

insist настáивать *impf.;* настоя́ть (II) *perf., на чём?* [4]

insistent настóйчивый [4]

inspector слéдователь *m.* [5]

instance раз (*pl.* разы́, раз) [9]; слýчай [12]

institute институ́т [10.4]

instructor преподавáтель *m.;* преподавáтельница [10.9]

interest интерéс *к чему?* [12]; **to interest** интересовáть (интересýю, интересýешь) *impf.;* заинтересовáть *perf.; refl.* интересовáться/ заинтересовáться *кем, чем?* [12.2]

interesting интерéсный [12]

international relations междунарóдные отношéния [10]

interrogate допрáшивать *impf.;* допроси́ть (допрошý, допрóсишь) *perf.* [5]

intersection перекрёсток (*g.* перекрёстка) (на) [8]

interval промежýток (*g.* промежýтка) [9.5]

introduce знакóмить (знакóмлю, знакóмишь) *impf.;* познакóмить *perf., с кем, с чем?* [5.1]; представля́ть *impf.;* предстáвить (предстáвлю, предстáвишь) *perf., кому?; refl.* представля́ться/предстáвиться [5.1]

investigator слéдователь *m.* [5]

invitation приглашéние [2]

invite приглашáть *impf.;* пригласи́ть (приглашý, пригласи́шь) *perf.* [2]

irresponsible безотвéтственный [4]

irritable раздражи́тельный [4]

irritate раздражáть *impf.;* раздражи́ть *perf.; refl.* раздражáться/раздражи́ться [4]

jacket жакéт [3.4]; кýртка (*g. pl.* кýрток) [3.4]; пиджáк (*g.* пиджакá) [3.4]

jar бáнка (*g. pl.* бáнок); стекля́нная бáнка [1]

jealous ревновáть (ревнýю, ревнýешь) *impf., к кому?* [5.5]

jealousy рéвность *f.* [5]

jeans джи́нсы (*g.* джи́нсов) [3]

jewelry драгоцéнности (*g.* драгоцéнностей) [3]; **costume** ~ украшéния (*g.* украшéний) [3]

joke шути́ть (шучý, шýтишь) *impf.* [4]

journey путешéствие [9.2]

juice сок (*g.2* сóку) [1]

jump пры́гать *impf.;* пры́гнуть (пры́гну, пры́гнешь) *perf.* [6]

just справедли́вый [4]

justice справедли́вость *f.* [4]

justification оправдáние [5]

justify опрáвдывать *impf.;* оправдáть; *refl.* опрáвдываться/оправдáться *perf., перед кем, в чём?* [5]

kefir кефи́р (*g.2* кефи́ру) (*yogurt-like drink*) [1]

key ключ (*g.* ключá) *от чего?* [9]

kill убивáть *impf.;* убить (убью́, убьёшь) *perf.* [5]

kilogram килогрáмм (*g. pl.* килогрáммов *and* килогрáмм); *coll.* кило́ *indcl.* [1.5]

kilometer киломéтр [2]

kind дóбрый (добр, добрá, дóбры) [4]

kindergarten дéтский сад (в садý) [10.1]

kindness добротá [4]

kiss целовáть (целýю, целýешь) *impf.;* поцеловáть *perf.; refl.* целовáться/поцеловáться [11]

kitchen кýхня (*g. pl.* кýхонь) [1]

knee колéно (*pl.* колéни, колéней) [7]

knife нож (*g.* ножá) [1]

lab практи́ческое заня́тие [10]
laboratory лаборато́рия [10];
language ~ лингафо́нный кабине́т [10]
lamb бара́нина [1]
lamp ла́мпа; **table** ~ насто́льная ла́мпа; **floor** ~ торше́р [2]
land приземля́ться *impf.;* приземли́ться *perf.* [9]
last после́дний [9.6]; про́шлый [9.6]
late по́здний (*ср.* по́зже) [9]; **to be** ~ опа́здывать *impf.;* опозда́ть *perf.,* куда́? [9]
latest после́дний [9.6]
laugh смея́ться (смею́сь, смеёшься) *impf., над кем, над чем?* [4]
law зако́н; **to break a** ~ наруша́ть зако́н *impf.;* нару́шить зако́н *perf.* [5]
lay класть (кладу́, кладёшь; клал) *impf.;* положи́ть (положу́, поло́жишь) *perf.* [1]
laziness лень *f.* [4.6]
lazy лени́вый [4]
lead води́ть (вожу́, во́дишь) *impf.;* вести́ (веду́, ведёшь; вёл, вела́) *det.;* повести́ *perf.* [8]
learn вы́учить *perf.* [10]; научи́ться (научу́сь, нау́чишься) *perf.* [10]; изучи́ть (изучу́, изу́чишь) *perf.* [10]
leather ко́жа; ко́жаный [3]
lecture ле́кция (на) *по чему?* [10.7]
left ле́вый [2]
leg нога́ (*a.* но́гу, *pl.* но́ги, ног, нога́х) [7]
lemon лимо́н [1]
length длина́ [2]
lesson уро́к (на) *чего?* [10.2]
lettuce сала́т (*g.2* сала́ту) [1]
lie врать (вру, врёшь; врал, врала́, вра́ли) *impf.;* совра́ть *perf.* [4]; ложь *f.* [4]; лежа́ть (лежу́, лежи́шь) *impf.;* полежа́ть *perf.* [1.10]; **to lie down** ложи́ться *impf.;* лечь (ля́гу, ля́жешь, ля́гут; лёг, легла́; ляг) *perf.* [1]
life жизнь *f.* [4]
light свет; све́тлый (светло́) [2.6]; лёгкий (легко́; *ср.* ле́гче) [2]
like похо́ж, похо́жа, похо́жи [4]; **to**

like люби́ть (люблю́, лю́бишь) *impf.;* полюби́ть *perf.* [5.3]
likeable симпати́чный [3]
liner парохо́д [9]
lip губа́ (*pl.* гу́бы) [3]
lipstick губна́я пома́да; **to put on** ~ кра́сить гу́бы (кра́шу, кра́сишь) *impf.;* накра́сить гу́бы *perf.* [6]
liter литр [1]
little ма́ленький (*ср.* ме́ньше) [2]
live жить (живу́, живёшь; жил, жила́, жи́ли) *impf.* [4]
lively живо́й (жив, жива́, жи́вы) [4]
living живо́й (жив, жива́, жи́вы) [4]
living room гости́ная (*g.* гости́ной) [2]
loaf буха́нка (*g. pl.* буха́нок) [1]
located, to be ~ находи́ться (нахожу́сь, нахо́дишься) *impf.* [1]
long дли́нный [2]
look вы́глядеть (вы́гляжу, вы́глядишь) *impf.* [3.1]
love любо́вь *f.* (*g.* любви́, *i.* любо́вью); **to love** люби́ть (люблю́, лю́бишь) *impf.;* полюби́ть *perf.* [5.3]; **to fall in** ~ влюбля́ться *impf.;* влюби́ться *perf., в кого?* [5]; **in** ~ влюблённый (влюблён, влюблена́) *в кого?* [5] **to stop loving** разлюби́ть [5]
low ни́зкий (*ср.* ни́же) [2]
lower ни́жний [2]; **to lower** опуска́ть *impf.;* опусти́ть (опущу́, опу́стишь) *perf.* [6]
lungs лёгкие (*g.* лёгких) [7]

macaroni макаро́ны (*g.* макаро́н) [1]
major специа́льность *f.* [10]
makeup, to put on ~ кра́ситься (кра́шусь, кра́сишься) *impf.;* накра́ситься *perf.* [6]
male мужчи́на; мужско́й [4]
man мужчи́на [4]; **young** ~ ю́ноша *m.* (*g. pl.* ю́ношей) [4]; **old** ~ стари́к (*g.* старика́) [4]
marriage брак [11]
married за́мужем *за кем?* (*said of a woman*) [11]; жена́т *на ком?* (*said of a man*) [11]

marry пожени́ться (поже́нятся) *perf.* (*said of a couple*) [11]; жени́ться (женю́сь, же́нишься) *impf. and perf.,* на ком? (*said of a man*) [11]; выходи́ть за́муж (выхожу́, выхо́дишь) *impf.;* вы́йти за́муж (вы́йду, вы́йдешь; вы́шла) *perf.,* за кого? (*said of a woman*) [11]

masculine мужско́й [4]

material ткань *f.* [3]

mathematics матема́тика [10]

mattress матра́с [6]

mayonnaise майоне́з [1]

mean злой [4]

measles корь *f.* [7]

measure измеря́ть *impf.;* изме́рить *perf.* [2]

measurement измере́ние [2]

meat мя́со [1]

medicine лека́рство *от чего?;* **to take ~** принима́ть лека́рство *impf.;* приня́ть лека́рство (приму́, при́мешь; при́нял, приняла́) *perf.* [7.9]

meet встреча́ть *impf.;* встре́тить (встре́чу, встре́тишь) *perf.; refl.* встреча́ться/встре́титься с кем? [5.1,2]; знако́миться (знако́млюсь, знако́мишься) *impf.;* познако́миться *perf.,* с кем? [5.1]

meeting встре́ча (на) [5]

melon ды́ня [1]

memorize запомина́ть *impf.;* запо́мнить *perf.* [12]

memory па́мять *f.* [12]; **by ~** наизу́сть *adv.* [10]

mend чини́ть (чиню́, чи́нишь) *impf.;* почини́ть *perf.* [6]

meter метр [2]

middle середи́на [9]

midnight по́лночь *f.* [9]

milk молоко́ [1]

millimeter миллиме́тр [2]

mind слу́шаться *impf.;* послу́шаться *perf.,* кого? [11]

mineral water минера́льная вода́ [1]

minute мину́та [9]

mirror зе́ркало (*pl.* зеркала́) [2]

miserly скупо́й [4]

mistake оши́бка (*g. pl.* оши́бок) *в чём?* [12]; **to make a ~** ошиба́ться *impf.;* ошиби́ться (ошибу́сь, ошибёшься; оши́бся, оши́блась) *perf.,* в ком, в чём? [12]

misunderstanding недоразуме́ние [12]

mock издева́ться *impf.,* над кем, из-за чего? [5]

modest скро́мный [4]

monument па́мятник кому? [8]

mood настрое́ние [11]

morning у́тро; у́тренний [9]

mother мать (*pl.* ма́тери, матере́й) [11]

mother-in-law свекро́вь *f.* (*husband's mother*) [11.2]; тёща (*wife's mother*) [11.2]

motion движе́ние [6]

motorcycle мотоци́кл [8]

motorcyclist мотоцикли́ст [8]

moustache усы́ (*g.* усо́в) [3]

mouth рот (*g.* рта, во рту) [3]

move дви́гать *impf.;* дви́нуть (дви́ну, дви́нешь) *perf.; refl.* дви́гаться/дви́нуться [6]; **to move away from** удаля́ться *impf.;* удали́ться *perf.,* от кого, от чего? [8]

movement движе́ние [6]

muffler шарф [3]

multicolored пёстрый [2]

multiplication умноже́ние [9]

multiply умножа́ть *impf.;* умно́жить *perf.,* на что? [9.12]

mumps сви́нка [7]

murder уби́йство [5]; **to murder** убива́ть *impf.;* уби́ть (убью́, убьёшь) *perf.* [5]

murderer уби́йца *m. and f.* [5]

muscular мускули́стый [3]

mushroom гриб (*g.* гриба́) [1]

mustard горчи́ца [1]; **~ plaster** горчи́чник [7.10]

napkin салфе́тка (*g. pl.* салфе́ток) [1]

narrow у́зкий (*ср.* у́же) [2]

nausea тошнота́ [7]

nauseated, to be ~ тошни́ть *impf., imps,* кого? [7.6]

near бли́зкий (*ср.* бли́же) [2]

neat аккура́тный [4]

neatness аккура́тность *f.* [4]

necessary необходи́мый [10]

necessity необходи́мость *f.* [10]

neck ше́я [7]

necklace ожере́лье [3]

neighbor сосе́д (*pl.* сосе́ди, сосе́дей, сосе́дях); сосе́дка (*g. pl.* сосе́док) [2]

neighboring сосе́дний [2]

nephew племя́нник [11]

nervous не́рвный [4.4]; **to be ~** не́рвничать *impf.* [4.4]

nevertheless тем не ме́нее [12]

next пото́м *adv.* [9.8]; бу́дущий [9.7]; сле́дующий [9.7]

nice симпати́чный [3]; ми́лый [3]

niece племя́нница [11]

night ночь *f.;* ночно́й [9]; **to spend the ~** ночева́ть (ночу́ю, ночу́ешь) *impf. and perf.* [9]

nightgown ночна́я руба́шка (*g. pl.* руба́шек) [3]

nightmare кошма́р [6]

nightstand ту́мбочка (*g. pl.* ту́мбочек) [2]

noon по́лдень *m.* (*g.* по́лдня) [9]

nose нос (*pl.* носы́) [3]

notes конспе́кт [10]; **to take ~ on** конспекти́ровать (конспекти́рую, конспекти́руешь) *impf.;* законспекти́ровать *perf.* [10]

notice замеча́ть *impf.;* заме́тить (заме́чу, заме́тишь) *perf.* [12]

notion поня́тие [12]; представле́ние [12]

nurse медици́нская сестра́ (*pl.* сёстры, сестёр, сёстрах); *abr.* медсестра́ [7]

nursery де́тская (*g.* де́тской) [2]; **~ school** я́сли (*g.* я́слей) [10.1]

object возража́ть *impf.;* возрази́ть (возражу́, возрази́шь) *perf., кому, на что?* [12]

objection возраже́ние [12]

observation замеча́ние [12]

observe наблюда́ть *impf.* [5]; замеча́ть *impf.;* заме́тить (заме́чу, заме́тишь) *perf.* [12]

obstinacy упря́мство [4]

obstinate упря́мый [4]

obtain достава́ть (достаю́, достаёшь) *impf.;* доста́ть (доста́ну, доста́нешь) *perf.* [6]

occasion раз (*pl.* разы́, раз) [9]

occur случа́ться *impf.;* случи́ться *perf.* [5]; происходи́ть (происхо́дит, происхо́дят) *impf.;* произойти́ (произойдёт, произойду́т; произошёл, произошла́) *perf.* [5]

offend обижа́ть *impf.;* оби́деть (оби́жу, оби́дишь) *perf.; refl.* обижа́ться/оби́деться *на кого, на что?* [5]

offense оби́да [5]

offensive оби́дный [5]

offer протя́гивать *impf.;* протяну́ть (протяну́, протя́нешь) *perf.* [6]

office кабине́т [10]

oil ма́сло; **vegetable ~** расти́тельное ма́сло [1]

ointment мазь *f.* [7]; **to apply ointment** ма́зать (ма́жу, ма́жешь) *impf.;* пома́зать *and* сма́зать *perf., чем?* [7]

old ста́рый (*ср.* ста́рше) [4]; немолодо́й [4]; **~ age** ста́рость *f.* [4]; **to grow ~** старе́ть (I) *impf.;* постаре́ть *perf.* [4]

onions лук *sing.* (*g.2* лу́ку); **green ~** зелёный лук [1]

operation опера́ция; **to perform an ~** де́лать опера́цию *impf.;* сде́лать опера́цию *perf., кому?* [7]

opinion взгляд [12]; мне́ние; **to express an ~** выража́ть мне́ние *impf.;* вы́разить (вы́ражу, вы́разишь) мне́ние *perf.* [12.8]

oral у́стный [10]

orange апельси́н [1.5]; ора́нжевый [2]

order веле́ть (II) *impf. and perf., кому?* [7]

orphan сирота́ (*pl.* си́роты) *m. and f.* [11]

outline конспекти́ровать (конспекти́рую, конспекти́руешь) *impf.;* законспекти́ровать *perf.* [10]

outskirts окра́ина (на) [8]

oven духо́вка (*g. pl.* духо́вок) [1]

overcoat пальто́ *n., indcl.* [3]

pack па́чка (*g. pl.* па́чек) [1]; **to pack** пакова́ть (паку́ю, паку́ешь) *impf.;* запакова́ть [9]

package па́чка (*g. pl.* па́чек) [1]

pain боль *f.* [7]

painful бо́льно *imps. кому?* [7]

paint кра́ска (*g. pl.* кра́сок) [2]; **to paint** кра́сить (кра́шу, кра́сишь) *impf.*; покра́сить *perf.* [2.7]; **to paint nails** кра́сить но́гти *impf.*; накра́сить но́гти *perf.* [6]

pajamas пижа́ма [3]

palace дворе́ц (*g.* дворца́) [8]

pale бле́дный [3]

pantyhose колго́тки (*g.* колго́ток) [3]

paper докла́д; **to give a** ~ де́лать докла́д *impf.*; сде́лать докла́д *perf.* [10]; **term** ~ курсова́я рабо́та [10]

pardon проще́ние [11]; **to pardon** проща́ть *impf.*; прости́ть (прощу́, прости́шь) *perf.* [11.6]

parents роди́тели (*g.* роди́телей) [11]

park парк [8]

part расстава́ться (расстаю́сь, расстаёшься) *impf.*; расста́ться (расста́нусь, расста́нешься) *perf.*, *с кем?* [11]

parting расстава́ние [5]; проща́ние [11]

pass зачёт (*grade*) [10]; **to pass an examination** сдать экза́мен (сдам, сдашь, сдаст, сдади́м, сдади́те, сдаду́т; сдал, сдала́) *perf.* [10]

past про́шлое (*g.* про́шлого); про́шлый [9.6]

pastry пиро́жное (*g.* пиро́жного) [1]

patience терпе́ние [4]

patient терпели́вый [4]; больно́й (*g.* больно́го); больна́я (*g.* больно́й) [7]

peace мир [5]

peaceful ми́рный [5]

peach пе́рсик [1]

pear гру́ша [1]

peas горо́шек *sing.* (*g.* горо́шка, *g.2* горо́шку) [1]

pedestrian пешехо́д [8]

pepper пе́рец (*g.2* пе́рцу) [1]; ~ **shaker** пе́речница [1]

perfume духи́ (*g.* духо́в) [6]; **to put on** ~ души́ться (душу́сь, ду́шишься) *impf.*; надуши́ться *perf.*, *чем?* [6]

period пери́од [9.5]; промежу́ток (*g.* промежу́тка) [9.5]; срок [9.5]

permission разреше́ние [7]

permit разреша́ть *impf.*; разреши́ть *perf., кому?* [7]

person челове́к (*pl.* лю́ди, люде́й, лю́дях, лю́дям, людьми́) [4]

personality хара́ктер [4]

persuade угова́ривать *impf.*; уговори́ть *perf.* [12]

pharmacy апте́ка [7]

philology филоло́гия (*language and literature*) [10]

philosophy филосо́фия [10]

physical education физкульту́ра [10]

physics фи́зика [10]

pick up поднима́ть *impf.*; подня́ть (подниму́, подни́мешь; по́днял, подняла́) *perf.* [6.8]; убира́ть *impf.*; убра́ть (уберу́, уберёшь; убра́л, убрала́) *perf.* [6.8]

pie пиро́г [1]; **small** ~ пирожо́к (*g.* пирожка́) [1]

piece кусо́к (*g.* куска́) [1]

pier при́стань *f.* (на) [9]

pill табле́тка (*g. pl.* табле́ток) [7]

pillow поду́шка (*g. pl.* поду́шек) [6]

pillowcase на́волочка (*g. pl.* на́волочек) [6]

pilot пило́т [9]

pink ро́зовый [2]

pity сожале́ние [12]

plaid кле́тчатый; в кле́тку [3]

plan собира́ться *impf.*; собра́ться (соберу́сь, соберёшься; собра́лся, собрала́сь) *perf.* [9.3]

plate таре́лка (*g. pl.* таре́лок); **dinner** ~ ме́лкая таре́лка; **soup** ~ глубо́кая таре́лка [1]

platform перро́н (на) [9]

pleasant прия́тный [3]

pleased дово́льный (дово́лен, дово́льна) *кем, чем?* [4]

pleasure удово́льствие [4.5]

plum сли́ва [1]

plump по́лный [3.2]

pneumonia воспале́ние лёгких [7]

pocket карма́н [3]

point of view то́чка зре́ния (*g.* то́чек) [12.8]

police поли́ция *sing.* [5]; мили́ция (*Soviet*) *sing.* [5]

policeman полице́йский (*g.* полице́йского) [5]; милиционе́р (*Soviet*) [5]

polite ве́жливый [11]

politeness ве́жливость *f.* [11]

political science политоло́гия [10]

pork свини́на [1]

port порт (в порту́) [9]

porter носи́льщик [9]

possibility возмо́жность *f.* [10]

possible возмо́жный [10]

potatoes карто́фель *m., sing.; dim.* карто́шка [1.6]

pour налива́ть *impf.;* нали́ть (налью́, нальёшь; нали́л, налила́) *perf.* [11]

practical делово́й [4]

praise хвали́ть (хвалю́, хва́лишь) *impf.;* похвали́ть *perf., за что?* [11]

prank ша́лость *f.* [11]; **to play pranks** шали́ть *impf.* [11]

preceding предыду́щий [9]

prepare гото́вить (гото́влю, гото́вишь) *impf.;* пригото́вить *perf.; refl.* гото́виться/пригото́виться к чему? [10]

prescription реце́пт; **to write a** ~ выпи́сывать реце́пт *impf.;* вы́писать реце́пт (вы́пишу, вы́пишешь) *perf., на что?* [7]

present настоя́щее (*g.* настоя́щего); настоя́щий [9]

preserves варе́нье [1]

previous пре́жний [9]

prison тюрьма́ (*pl.* тю́рьмы, тю́рем); **to put in** ~ сажа́ть в тюрьму́ *impf.;* посади́ть в тюрьму́ (посажу́, поса́дишь) *perf.;* **to go to** ~ сади́ться в тюрьму́ (сажу́сь, сади́шься) *impf.;* сесть в тюрьму́ (ся́ду, ся́дешь; сел, се́ла) *perf.,* **to be in** ~ сиде́ть в тюрьме́ (сижу́, сиди́шь) *impf.* [5]

probably вероя́тно [12]; наве́рно [12]

problem зада́ча [10]

professor профе́ссор [10.9]; **assistant/ associate** ~ доце́нт [10.9]

proof доказа́тельство [5]

proposal предложе́ние [11] [12]

propose де́лать предложе́ние *impf.;* сде́лать предложе́ние *perf., кому?* [11]; предлага́ть *impf.;* предложи́ть (предложу́, предло́жишь) *perf.* [12]

proud го́рдый [4]; самолюби́вый [4]; **to**

be ~ горди́ться (горжу́сь, горди́шься) *impf., кем, чем?* [4]

prove дока́зывать *impf.;* доказа́ть (докажу́, дока́жешь) *perf.* [5]; **to prove to be** ока́зываться *impf., кем, чем?;* оказа́ться (окажу́сь, ока́жешься) *perf.* [2]

pull таска́ть *impf.;* тащи́ть (тащу́, та́щишь) *det.;* потащи́ть *perf.* [8]

punctual аккура́тный [4]

punctuality аккура́тность *f.* [4]

pupil учени́к (*g.* ученика́); учени́ца [10.10]; уча́щийся (*g.* уча́щегося) [10.10]

purse су́мка (*g. pl.* су́мок) [3]

put on надева́ть *impf.;* наде́ть (наде́ну, наде́нешь) *perf., на кого, на что?* [3.5]

quality ка́чество [4]

quantity коли́чество [1]

quarrel ссо́ра [5]; **to quarrel** ссо́риться *impf.;* поссо́риться *perf., с кем, из-за чего?* [5.4]

quarter че́тверть *f.* [10]

quit броса́ть *impf.;* бро́сить (бро́шу, бро́сишь) *perf.* [11.7]

quiz контро́льная (*g.* контро́льной) *по чему?* [10.8]

railroad желе́зная доро́га; железнодоро́жный [9]

railway железнодоро́жный [9]; ~ **car** ваго́н [9]

raincoat плащ (*g.* плаща́) [3]

raise воспи́тывать *impf.;* воспита́ть *perf.; refl.* воспи́тываться [11]

razor бри́тва [6]

reach достава́ть (достаю́, достаёшь) *impf.;* доста́ть (доста́ну, доста́нешь) *perf.* [6]; достига́ть *impf.;* дости́гнуть (дости́гну, дости́гнешь; дости́г, дости́гла) *perf., чего?* [8]; добира́ться *impf.;* добра́ться (доберу́сь, добершься; добра́лся, добрала́сь) *perf., до чего?* [8]

ready, to get ~ собира́ться *impf.;* собра́ться (соберу́сь, соберёшься; собра́лся, собрала́сь) *perf.* [9.3]

really действи́тельно [12.13]; на
са́мом де́ле [12.13]; неуже́ли [12.13];
ра́зве [12.13]

reassure успока́ивать *impf.;*
успоко́ить *perf.; refl.* успока́иваться/
успоко́иться [4]

receive принима́ть *impf.;* приня́ть
(приму́, при́мешь; при́нял,
приняла́) *perf.* [2]

recently в/за после́днее вре́мя [9.4]

recollect вспомина́ть *impf.;*
вспо́мнить *perf.* [12]

recollection воспомина́ние [12]

reconcile мири́ть *impf.;* помири́ть
perf.; refl. мири́ться/помири́ться с
кем? [5]

recover выздора́вливать *impf.;*
вы́здороветь (I) *perf.* [7]

red кра́сный [2]; ры́жий (*hair*) [3]

refrigerator холоди́льник [1]

refusal отка́з [5]

refuse отка́зываться *impf.;*
отказа́ться (откажу́сь,
отка́жешься) *perf., от чего?* [5]

relate относи́ться (отношу́сь,
отно́сишься) *impf.;* отнести́сь
(отнесу́сь, отнесёшься;
отнёсся, отнесла́сь) *perf., к
кому, к чему?* [5]

relationship отноше́ния (*g.*
отноше́ний) [5]

relative ро́дственник;
ро́дственница [11]

relaxed споко́йный [4]

rely наде́яться *impf., на кого, на
что?* [12]

remain остава́ться (остаю́сь,
остаёшься) *impf., кем, чем?;*
оста́ться (оста́нусь,
оста́нешься) *perf.* [2.9]

remark замеча́ние [12]

remember по́мнить *impf.* [12]

remind напомина́ть *impf.;*
напо́мнить *perf., кому, о чём?* [12]

rent сдава́ть (сдаю́, сдаёшь) *impf.;*
сдать (сдам, сдашь, сдаст,
сдади́м, сдади́те, сдаду́т; сдал,
сдала́) *perf.;* [2.2] снима́ть *impf.;*
снять (сниму́, сни́мешь; снял,
сняла́) *perf.* [2.2]

repair чини́ть (чиню́, чи́нишь)
impf.; почини́ть *perf.* [6]

report докла́д (*oral*); **to give a
~** де́лать докла́д *impf.;* сде́лать
докла́д *perf.* [10]

reproach упрёк; **to
reproach** упрека́ть *impf.;*
упрекну́ть (упрекну́,
упрекнёшь) *perf., в чём?* [5]

require тре́бовать (тре́бую,
тре́буешь) *impf.;* потре́бовать *perf.;
refl.* тре́боваться/потре́боваться
[10]

requirement тре́бование [10]

resembling похо́ж, похо́жа,
похо́жи *на кого, на что?* [4]

respect уваже́ние *к кому, к чему?;* **to
respect** уважа́ть *impf., за что?* [5]

responsible отве́тственный [4]

result результа́т [9]

ribbon ле́нта [3]

rice рис (*g.2* ри́су) [1]

ride ката́ться *impf.;* поката́ться *perf.*
[8.5]

right пра́вый [2]; прав, права́, пра́вы *в
чём?* [12.11]; пра́вильный [12.11];
ве́рный [12.11]

ring кольцо́ (*pl.* ко́льца, коле́ц,
ко́льцах) [3]

rival сопе́рник [5]

road доро́га (на) [8]

roast туши́ть (тушу́, ту́шишь) *impf.;*
потуши́ть *perf.* [1.8]

rob гра́бить (гра́блю, гра́бишь)
impf.; огра́бить *perf.* [5]

robber граби́тель *m.* [5]

robbery ограбле́ние [5]

roll ката́ть *impf.;* кати́ть (качу́,
ка́тишь) *det.;* покати́ть *perf.* [8]

roof кры́ша [2]

room ко́мната [2]; но́мер (*pl.*
номера́) [9]

rosy румя́ный [3]

round кру́глый [3]

rude гру́бый [11]

rug ко́врик [2]

ruin испо́ртить (испо́рчу,
испо́ртишь) *perf.; refl.* испо́ртиться
[6.9]

run бе́гать *impf.;* бежа́ть (бегу́,
бежи́шь, бегу́т) *det.;* побежа́ть *perf.*
[8]; **to ~ fast** спеши́ть (*clock*) [9];
to ~ slow отстава́ть (отстаю́т)
(*clock*) [9]

rural дереве́нский [8]; се́льский [8]

rush мча́ться (мчусь, мчи́шься) *impf.;* помча́ться *perf.* [8]

sail пла́вать *impf.;* плыть (плыву́, плывёшь; плыл, плыла́) *det.;* поплы́ть *perf.* [8]

salad сала́т (*g.2* сала́ту) [1]

salt соль *f.* [1]; ~ **shaker** соло́нка (*g. pl.* соло́нок) [1]

sandal санда́лия [3]

satisfaction удово́льствие [4.5]

satisfactory удовлетвори́тельно (*grade*) [10]

satisfied дово́льный (дово́лен, дово́льна) *кем, чем?* [4]

saucepan кастрю́ля [1]

saucer блю́дце (*g. pl.* блю́дец) [1]

sausage колбаса́ [1]

save спаса́ть *impf.;* спасти́ (спасу́, спасёшь; спас, спасла́) *perf.* [5]

scales весы́ (*g.* весо́в) [6]

schedule расписа́ние [10]

school шко́ла; шко́льный [10]; факульте́т (на) (*within a university*) [10.5]; **specialized** ~ учи́лище [10.3]; **vocational** ~ те́хникум [10.3]; профессиона́льно-техни́ческое учи́лище; *abr.* ПТУ [10.3]

schoolboy шко́льник [10]

schoolgirl шко́льница [10]

scratch цара́пина [7]; **to scratch** цара́пать *impf.;* оцара́пать *perf.* [7]

scuffle дра́ка [5]

season вре́мя го́да *n.* (*g.* вре́мени, *i.* вре́менем, *pl.* времена́, времён, времена́х) [9]

seat сажа́ть *impf.;* посади́ть (посажу́, поса́дишь) *perf.* [1]

second секу́нда [9]; **in the ~ place** во-вторы́х [12]

seem каза́ться (кажу́сь, ка́жешься) *impf.;* показа́ться *perf., кем, чем?* [2]

self-confident самоуве́ренный (самоуве́рен) [4]

selfish эгоисти́ческий [4]; ~ **person** эгои́ст [4]

selfishness эгои́зм [4]

semester семе́стр [10]

seminar семина́р *по чему?* [10.7]

sense смысл; **common** ~ здра́вый смысл [12.7]

separate разводи́ться (развожу́сь, разво́дишься) *impf.;* развести́сь (разведу́сь, разведёшься; развёлся, развела́сь) *perf.* [11]

separated разведённый (разведён, раведена́) [11]

serious серьёзный [4]

serve подава́ть на стол (подаю́, подаёшь) *impf.;* пода́ть на стол (пода́м, пода́шь, пода́ст, подади́м, подади́те, подаду́т; по́дал, подала́) *perf.* [11]

set сажа́ть *impf.;* посади́ть (посажу́, поса́дишь) *perf.* [1]; **to ~ the table** накрыва́ть на стол *impf.;* накры́ть на стол (накро́ю, накро́ешь) *perf., к чему?* [1]

settlement село́ (*pl.* сёла) [8]

shallow ме́лкий (*ср.* ме́льче) [2]

shameful сты́дно *imps., кому, за что?* [11.4]

shampoo шампу́нь *m.* [6]

shatter разбива́ть *impf.;* разби́ть (разобью́, разобьёшь) *perf.; refl.* разбива́ться/разби́ться [6.9]

shave брить (бре́ю, бре́ешь) *impf.;* побри́ть *perf.; refl.* бри́ться/побри́ться [6.1]

sheet простыня́ (*pl.* про́стыни, про́стынь, простыня́х) [6]

shelf по́лка (*g. pl.* по́лок) [2]

ship кора́бль *m.* (*g.* корабля́) [9]

shirt руба́шка (*g. pl.* руба́шек) [3]

shoe боти́нок (*g.* боти́нка, *g. pl.* боти́нок) (*man's*) [3]; ту́фля (*g. pl.* ту́фель) (*woman's*) [3]; **tennis** ~ кроссо́вка (*g. pl.* кроссо́вок) [3]

shoot стреля́ть *impf.;* вы́стрелить *perf., в кого, во что, из чего?* [5]

short ни́зкий (*ср.* ни́же) [2]; коро́ткий (*ср.* коро́че) [2]

shorts шо́рты (*g.* шорт) [3]

shot уко́л; **to give a** ~ де́лать уко́л *impf.;* сде́лать уко́л *perf., кому?* [7]

shoulder плечо́ (*pl.* пле́чи, плеч, плеча́х) [7]

shower душ [6]; **to take a** ~ принима́ть душ *impf.;* приня́ть душ (приму́, при́мешь; при́нял, приняла́) *perf.* [6]

sick больно́й (бо́лен, больна́, больны́) *чем?* [7.3]; **to be ~** боле́ть (I) *impf., чем?* [7.4]; **to get ~** заболева́ть *impf.;* заболе́ть (I) *perf., чем?* [7]

side сторона́ (*а.* сто́рону, *pl.* сто́роны, сторо́н, сторона́х) [2]; бок (*pl.* бока́) [7]

sideboard серва́нт [2]

sidewalk тротуа́р (на) [8]

sight достопримеча́тельность *f.* (*point of interest*) [8]

silk шёлк; шёлковый [3]

silver серебро́; сере́бряный [3]

simple просто́й (*ср.* про́ще) [4]

simplicity простота́ [4]

simultaneous одновреме́нный [9]

sincere и́скренний [4]

sincerity и́скренность *f.* [4]

single холосто́й (*said of a man*) [11]

sink ра́ковина [2]

sister сестра́ (*pl.* сёстры, сестёр, сёстрах) [11]

sit сиде́ть (сижу́, сиди́шь) *impf.;* посиде́ть *perf.* [1.10]; **to ~ down** сади́ться (сажу́сь, сади́шься) *impf.;* сесть (ся́ду, ся́дешь; сел) *perf.* [1]

size разме́р [2]

skinny худо́й; *dim.* ху́денький [3.2]

skirt ю́бка (*g. pl.* ю́бок) [3]

sleep сон (*g.* сна); **to sleep** спать (сплю, спишь; спал, спала́) *impf.;* **to get enough ~** высыпа́ться *impf.;* вы́спаться *perf.;* **to fall asleep** засыпа́ть *impf.;* засну́ть (засну́, заснёшь) *perf.* [6]

sleeping compartment купе́ *indcl., n.* [9]

sleeve рука́в (*pl.* рукава́) [3]

slender стро́йный [3.2]

slice кусо́к (*g.* куска́) [1]

slip поскользну́ться (поскользну́сь, поскользнёшься) *perf.* [6]

slipper та́почка (*g. pl.* та́почек) [3]

smell за́пах [1]; **to smell** чу́вствовать за́пах (чу́вствую, чу́вствуешь) *impf.* [1.3]; *v.i.* па́хнуть (па́хну, па́хнешь; пах, па́хла) *чем?* [1.3]

smooth гла́дкий [3]

snap кно́пка (*g. pl.* кно́пок) [3]

sneeze чиха́ть *impf.;* чихну́ть (чихну́, чихнёшь) *perf.* [7]

snubnosed курно́сый [3]

soap мы́ло [6]

sociable общи́тельный [4]

socialize обща́ться *impf., с кем?* [4]

sock носо́к (*g.* носка́) [3]

soda pop лимона́д (*g.2* лимона́ду) [1]

solution реше́ние [10]

solve реша́ть *impf.;* реши́ть *perf.* [10]

son сын (*pl.* сыновья́) [11]

sour ки́слый [1]

sour cream смета́на [1]

spacious просто́рный [2]

sparse ре́дкий (*ср.* ре́же) [3]

spicy о́стрый [1]

splinter зано́за [7]; **to get a ~** занози́ть (заножу́, занози́шь) *perf.* [7.8]

spoiled избало́ванный (избало́ван) [11]

spoon ло́жка (*g. pl.* ло́жек) [1]

sprain растяже́ние [7]; **to sprain** растя́гивать *impf.;* растяну́ть (растяну́, растя́нешь) *perf.* [7.8]

spring весна́ (*pl.* вёсны, вёсен, вёснах); весе́нний [9]

square квадра́тный [2]; пло́щадь (на) *f.* [8]

stairs ле́стница [2]

stand стоя́нка (*g. pl.* стоя́нок) (на) [8]; **to stand** *v.i.* стоя́ть (II) *impf.;* постоя́ть *perf.* [1.10]; *v.t.* ста́вить (ста́влю, ста́вишь) *impf.;* поста́вить *perf.* [1]; *v.i.* станови́ться (становлю́сь, стано́вишься) *impf.;* стать (ста́ну, ста́нешь) *perf.* [1]

stateroom каю́та [9]

station ста́нция (на) [8]

statue па́мятник *кому?* [8]

steal ворова́ть (вору́ю, вору́ешь) *impf.* [5]; красть (краду́, крадёшь; крал) *impf.;* укра́сть *perf.* [5]

steamship парохо́д [9]

stepfather о́тчим [11]

stepmother ма́чеха [11.1]

stew туши́ть (тушу́, ту́шишь) *impf.;* потуши́ть *perf.* [1.8]

stomach желу́док (*g.* желу́дка) [7.1];
живо́т (*g.* живота́) [7.1]

stone ка́мень (*g.* ка́мня); ка́менный
[2]

stop остано́вка (*g. pl.* остано́вок)
(на) [8]; **to stop** остана́вливать
impf.; останови́ть (остановлю́,
остано́вишь) *perf.; refl.*
остана́вливаться/останови́ться
[8]; перестава́ть (перестаю́,
перестаёшь) *impf.;* переста́ть
(переста́ну, переста́нешь) *perf.*
[11.7]; прекраща́ть *impf.;* прекрати́ть
(прекращу́, прекрати́шь) *perf.* [11.7];
броса́ть *impf.;* бро́сить (бро́шу,
бро́сишь) *perf.* [11.7]

story эта́ж (*g.* этажа́) [2]

stove плита́ (*pl.* пли́ты) [1]

straight гла́дкий [3]

strain растяже́ние [7]; **to
strain** растя́гивать *impf.;*
растяну́ть (растяну́,
растя́нешь) *perf.* [7.8]

strangle души́ть (душу́, ду́шишь) *impf.;*
задуши́ть *perf.* [5]

street у́лица (на) [8]; **side
~** переу́лок (*g.* переу́лка) [8]

streetcar трамва́й [8]

strict стро́гий (*ср.* стро́же) [4]

strike удара́ть *impf.;* уда́рить *perf.*
[5]

stripe поло́ска (*g. pl.* поло́сок) [3]

striped полоса́тый; в поло́ску [3]

stroke инсу́льт [7.4]

stroll броди́ть (брожу́, бро́дишь)
impf.; брести́ (бреду́, бредёшь;
брёл, брела́) *det.;* побрести́ *perf.*
[8.4]

strong кре́пкий (*ср.* кре́пче) [3]

struggle борьба́; **to struggle**
боро́ться (борю́сь, бо́решься)
impf., с кем, против чего, за что?
[5]

stubborn упря́мый [4]

stubbornness упря́мство [4]

student учени́к (*g.* ученика́);
учени́ца (*school*) [10.10]; уча́щийся
(*g.* уча́щегося) (*specialized school*)
[10.10]; студе́нт; студе́нтка (*g. pl.*
студе́нток) (*college*) [10.10]

study кабине́т [2]; **to study** учи́ть
(учу́, у́чишь) *impf.; refl.* учи́ться

чему? [10]; изуча́ть *impf.* [10];
занима́ться *impf., чем?* [10]

style мо́да [3]

subject предме́т [10]

subsequently зате́м *adv.* [9]

subtract вычита́ть *impf.;* вы́честь
(вы́чту, вы́чтешь; вы́чел, вы́чла) *perf.,
из чего?* [9.12]

subtraction вычита́ние [9]

suburb при́город [8]

suburban при́городный [8]

subway метро́ *n, indcl.* [8]

succeed удава́ться (удаётся) *impf.;*
уда́ться (уда́стся; удало́сь) *perf.,
impr., кому?* [10.12]

sugar са́хар (*g.2* са́хару) [1]

suggest предлага́ть *impf.;*
предложи́ть (предложу́,
предло́жишь) *perf.* [12]

suggestion предложе́ние [12]

suit костю́м [3]

suitcase чемода́н [9]

sum су́мма [9]

summarize конспекти́ровать
(конспекти́рую, конспекти́руешь)
impf.; законспекти́ровать *perf.* [10]

summary конспе́кт [10]

summer ле́то; ле́тний [9]

sun со́лнце [2]

sunlight со́лнце [2]

sunny со́лнечный [2]

sunrise рассве́т [9]

sunset зака́т [9]

supper у́жин; **to eat ~**
у́жинать *impf.;* поу́жинать *perf.* [1]

sure уве́ренный (уве́рен) *в ком, в
чём?* [12]

surgeon хиру́рг [7]

surprise удивле́ние; **to
suprise** удивля́ть *impf.;* удиви́ть
(удивлю́, удиви́шь) *perf.; refl.*
удивля́ться/удиви́ться *кому, чему?*
[12]

surprising удиви́тельный [12]

suspect подозрева́ть *impf., в чём?* [5]

suspicion подозре́ние [5]

suspicious подозри́тельный [4]

sweat поте́ть (I) *impf.;* вспоте́ть *perf.*
[7]

sweater ко́фта; *dim.* ко́фточка (*g. pl.*
ко́фточек) [3.4]; сви́тер (*pl.* свитера́)
[3.4]

sweet сла́дкий (сла́ще) [1]; ми́лый [3]
swell опуха́ть *impf.;* опу́хнуть (опу́хну, опу́хнешь; опу́х, опу́хла) *perf.* [7]
swim пла́вать *impf.;* плыть (плыву́, плывёшь; плыл, плыла́) *det.;* поплы́ть *perf.* [8]
symptom симпто́м [7]
synthetic синте́тика; синтети́ческий [3]

table стол (*g.* стола́); **dinner** ~ обе́денный стол [2]; *dim.* сто́лик [2]; **coffee** ~ журна́льный сто́лик [2]
tablecloth ска́терть *f.* (*g. pl.* скатерте́й) [1]
tablespoon столо́вая ло́жка (*g. pl.* ло́жек) [1]
tact такт [11]
tactful такти́чный [11]
tactless беста́ктный [11]
take брать (беру́, берёшь; брал, брала́) *impf.;* взять (возьму́, возьмёшь; взял, взяла́) *perf.* [6]; **to take out** вынима́ть *impf.;* вы́нуть (вы́ну, вы́нешь) *perf.* [6]
take care следи́ть (слежу́, следи́шь) *impf.; за кем?* [7]
take off взлёт [9]; **to take off** взлета́ть *impf.;* взлете́ть (взлечу́, взлети́шь) *perf.* [9]; снима́ть *impf.;* снять (сниму́, сни́мешь; снял, снала́) *perf., с кого, с чего?* [3.5]
talent тала́нт [12]
talented тала́нтливый [12]
talkative разгово́рчивый [4]
tall высо́кий (*ср.* вы́ше) [2]
tanned загоре́лый [3]
target цель *f.* [12]
taste вкус [1]
tasty вку́сный [1]
taxi такси́ *n., indcl.,* **to call a** ~ вызыва́ть такси́ *impf.;* вы́звать такси́ (вы́зову, вы́зовешь) *perf.;* **to take a** ~ брать такси́ (беру́, берёшь; брал, брала́) *impf.;* взять такси́ (возьму́, возьмёшь; взял, взяла́) *perf.;* **to catch a** ~ лови́ть такси́ (ловлю́, ло́вишь) *impf.;* пойма́ть такси́ *perf.* [8]

tea чай (*g.2* ча́ю) [1]
teach преподава́ть (преподаю́, преподаёшь) *impf., кому?* [10]; учи́ть (учу́, у́чишь) *impf.;* научи́ть *perf., чему?* [10]
teacher учи́тель *m.;* учи́тельница [10]
teapot ча́йник [1]
teaspoon ча́йная ло́жка (*g. pl.* ло́жек) [1]
tear рвать (рву, рвёшь; рвал, рвала́) *impf.;* порва́ть *perf.* [6]
teenager подро́сток (*g.* подро́стка) [4]
telephone телефо́н [2]
temperature температу́ра; **to take someone's** ~ измеря́ть температу́ру *impf.;* изме́рить температу́ру *perf., кому?* [7]
temporary вре́менный [9]
ten деся́ток (*g.* деся́тка) [1.9]
term срок [9.5]; ~ **paper** курсова́я рабо́та [10]
terminal вокза́л (на) [9]
test контро́льная (*g.* контро́льной) *по чему?* [10.8]
thanks to благодаря́ *кому, чему?* [12.12]
theft воровство́ (*petty*) [5]; кра́жа [5]
then пото́м *adv.* [9.8]; тогда́ *adv.* [9.8]
thermometer гра́дусник [7]; термо́метр [7]
thesis дипло́мная рабо́та (*undergraduate*) [10]
thick то́лстый [2; 3.2]; густо́й (*ср.* гу́ще) [3]
thickness толщина́ [2]
thief вор (*pl.* во́ры, воро́в) [5]
thin то́нкий (*ср.* то́ньше) [2; 3.2]; ре́дкий (*ср.* ре́же) [3]
think up приду́мывать *impf.;* приду́мать *perf.* [12]
thought мысль *f.* [12.7]
threaten угрожа́ть *impf.; кому, чем?* [5]
throat го́рло [7]; **severe sore** ~ анги́на [7]
throw броса́ть *perf.;* бро́сить (бро́шу, бро́сишь) *impf.* [6]
thus таки́м о́бразом [12]
tie га́лстук [3]
tights колго́тки (*g.* колго́ток) [3]

time вре́мя (*g.* вре́мени, *i.*
время на бу... времена, времён,
времена́х); **from ~ to ~** вре́мя
от вре́мени; **in/on ~** во́время *adv.*
[9]; пери́од [9.5]; **to have, be on ~**
успева́ть *impf.;* успе́ть (I) *perf.* [9.11]

timid ро́бкий (*ср.* ро́бче) [4];
несме́лый [4]

timidity ро́бость *f.* [4]

tired, to get ~ устава́ть (устаю́,
устаёшь) *impf.;* уста́ть (уста́ну,
уста́нешь) *perf.* [6]

today сего́дня *adv.;* сего́дняшний
[9]

toe па́лец (*g.* па́льца) [7.2]

toilet туале́т [2.4]; убо́рная (*g.*
убо́рной) [2.4]; унита́з [2.4]

tolerance терпе́ние [4]

tolerant терпели́вый [4]

tolerate терпе́ть (терплю́, те́рпишь)
impf. [4]

tomato помидо́р [1.5]

tomorrow за́втра *adv.;* за́втрашний [9]

tooth зуб (*pl.* зу́бы, зубо́в) [3]

toothbrush зубна́я щётка (*g. pl.*
щёток) [6]

toothpaste зубна́я па́ста [6]

touch тро́гать *impf.;* тро́нуть
(тро́ну, тро́нешь) *perf.* [6]

touchy оби́дчивый [5]

towel полоте́нце (*g. pl.* полоте́нец)
[6]

traffic движе́ние [8]; **~ signal**
светофо́р [8]

train по́езд (*pl.* поезда́); **express
~** ско́рый по́езд; **passenger
~** пассажи́рский по́езд; **freight
~** това́рный по́езд [9]

tram трамва́й [8]

transfer переса́дка (*g. pl.* переса́док)
[8]; **to transfer** переса́живаться
impf.; пересе́сть (переся́ду,
переся́дешь; пересе́л) *perf., куда?* [8]

transport вози́ть (вожу́, во́зишь)
impf.; везти́ (везу́, везёшь; вёз,
везла́) *det.;* повезти́ *perf.* [8.3]

travel путеше́ствие [9.2]; **to
travel** путеше́ствовать
(путеше́ствую, путеше́ствуешь) *impf.*
[9.2]

traveler, fellow ~ спу́тник; спу́тница
[9]

treason изме́на [5]

treat лечи́ть (лечу́, ле́чишь) *impf.,*
от чего?; *refl.* лечи́ться [7];
угоща́ть *impf.;* угости́ть (угощу́,
угости́шь) *perf., чем?* [11.8]

trim стричь (стригу́, стрижёшь,
стригу́т; стриг, стри́гла) *impf.;*
постри́чь *perf.; refl.* стри́чься/
постри́чься [6.3]

trip пое́здка (*g. pl.* пое́здок) [9.2];
business ~ командиро́вка (*g. pl.*
командиро́вок) [9.2]

trolleybus тролле́йбус [8]

trousers брю́ки (*g.* брюк) [3]

truck грузова́я маши́на [8]; грузови́к
[8]

true и́стинный [12]

trust дове́рие [4]; **to trust** доверя́ть
impf.; дове́рить *perf., кому?* [4]

trusting дове́рчивый [4]

truth и́стина [12.11]; пра́вда [12.11]

try про́бовать (про́бую, про́буешь)
impf.; попро́бовать *perf.* [10.11];
пыта́ться *impf.;* попыта́ться *perf.*
[10.11]; стара́ться *impf.;*
постара́ться *perf.* [10.11]

turkey инде́йка (*g. pl.* инде́ек) [1]

turn повора́чивать *impf.;* поверну́ть
(поверну́, повернёшь) *perf.; refl.*
повора́чиваться/поверну́ться
[6.7]; (*an age*) исполня́ться *impf.;*
испо́лниться *perf., кому?* [4.2]

turn off выключа́ть *impf.;* вы́ключить
perf. [2]

turn on включа́ть *impf.;* включи́ть
perf. [2]

ugly некраси́вый [3]; уро́дливый [3]

ulcer я́зва [7]

umbrella зонт (*g.* зонта́); *dim.*
зо́нтик [3]

unaccustomed, to become ~ отвыка́ть
impf.; отвы́кнуть (отвы́кну,
отвы́кнешь; отвы́к, отвы́кла) *perf.,*
от кого, от чего? [11]

unbutton расстёгивать *impf.;*
расстегну́ть (расстегну́,
расстегнёшь) *perf.; refl.*
расстёгиваться/расстегну́ться
[3]

uncertain неуве́ренный (неуве́рен)
в ком, в чём? [12]

uncertainty неуве́ренность *f.* [12]
uncle дя́дя *m.* (*g. pl.* дя́дей) [11]
unconscientious недобросо́вестный [4]
understand понима́ть *impf.;* поня́ть (пойму́, поймёшь; по́нял, поняла́) *perf.* [12]; разбира́ться *impf.;* разобра́ться (разберу́сь, разберёшься) *perf., в чём?* [12.10]
underwear бельё [3]
undoubtedly несомне́нно [12]
undress раздева́ть *impf.;* разде́ть (разде́ну, разде́нешь) *perf.; refl.* раздева́ться/разде́ться [3.5]
undressed разде́тый (разде́т) [3]
unfair несправедли́вый [4]
unfaithful, to be ~ изменя́ть *impf.;* измени́ть (изменю́, изме́нишь) *perf., кому, с кем?* [5]
unfaithfulness изме́на [5]
unfamiliar незнако́мый (незнако́м) [5]
unfortunately к сожале́нию [12]
ungifted безда́рный [12]
uniform фо́рма; **military ~** вое́нная фо́рма; **school ~** шко́льная фо́рма [3]
uninteresting неинтере́сный [12]
university университе́т [10.4]
unjust несправедли́вый [4]
unpunctual неаккура́тный [4]
unpunctuality неаккура́тность *f.* [4]
unsatisfactory неудовлетвори́тельно (*grade*) [10]
unsociable необщи́тельный [4]
unsure неуве́ренный (неуве́рен) *в ком, в чём?* [12]
untalented безда́рный [12]
until пока́ [9.9]
unzip расстёгивать *impf.;* расстегну́ть (расстегну́, расстегнёшь) *perf.; refl.* расстёгиваться/расстегну́ться [3]
upbringing воспита́ние [11]
upper ве́рхний [2]
upset расстро́енный (расстро́ен) [11]; **to be ~** волнова́ться (волну́юсь, волну́ешься) *impf.* [4.4]; расстра́иваться *impf.;* расстро́иться *perf.* [11]

urban городско́й [8]
useful поле́зный [7]

vacation о́тпуск (*pl.* отпуска́) [9]; **school ~** кани́кулы (*g.* кани́кул) (на) [9]
vaccinate де́лать приви́вку *impf.;* сде́лать приви́вку *perf., кому?* [7]
vaccination приви́вка (*g. pl.* приви́вок) *от чего?;* [7]
vain самолюби́вый [4]
valuables драгоце́нности (*g.* драгоце́нностей) [3]
vanity туале́тный сто́лик [2]
vegetables о́вощи (*g.* овоще́й); овощно́й [1]; **vegetable oil** расти́тельное ма́сло [1]
verify проверя́ть *impf.;* прове́рить *perf.* [12]
view взгляд [12]; **point of ~** то́чка зре́ния (*g. pl.* то́чек) [12.8]
village дере́вня (*g. pl.* дереве́нь); дереве́нский [8]; село́ (*pl.* сёла); се́льский [8]
vinegar у́ксус (*g.2* у́ксусу) [1]
violet фиоле́товый [2]
visit приходи́ть в го́сти (прихожу́, прихо́дишь) *impf.;* прийти́ в го́сти (приду́, придёшь; пришёл, пришла́) *perf.* [2]; быть в гостя́х *impf.* [2]
vitamin витами́н [7]
vocational school профессиона́льно-техни́ческое учи́лище; *abr.* ПТУ [10.3]; те́хникум [10.3]
volume объём [2]
vomit рвать (рвёт) *impf.;* вы́рвать (вы́рвет) *perf., imps., кого?* [7.6]
vomiting рво́та [7]

wait ждать (жду, ждёшь; ждал, ждала́) *impf.;* подожда́ть *perf., кого, что, чего?* [12.4]
walk гуля́ть (I) *impf.;* погуля́ть *perf.* [8.4]
wall стена́ (*a.* сте́ну, *pl.* сте́ны, стен) [2]
wardrobe шкаф (в шкафу́, *pl.* шкафы́); платяно́й шкаф [2]
wash мыть (мо́ю, мо́ешь) *impf.;* вы́мыть *and* помы́ть *perf., refl.* мы́ться/вы́мыться *and* помы́ться [6]; **to wash**

hair мыть го́лову; **to wash hands and face** умыва́ться *impf.;* умы́ться *perf.* [6]

washing machine стира́льная маши́на [2]

watch часы́ (*g.* часо́в); **to set a ~** ста́вить часы́ (ста́влю, ста́вишь) *impf.;* поста́вить часы́ *perf.* [9]

watermelon арбу́з [1]

wave маха́ть (машу́, ма́шешь) *impf.;* махну́ть (махну́, махнёшь) *perf., кому́, чем?* [6]

waver колеба́ться (коле́блюсь, коле́блешься) *impf.;* поколеба́ться *perf., в чём?* [12]

wavy вью́щийся [3]

way путь *m.* (*g.* пути́, *p.* пути́, *d.* пути́, *i.* путём, *pl.* пути́, путе́й) [9.2]

weak сла́бый [3]

weapon ору́жие *sing.* [5]

wear носи́ть (ношу́, но́сишь) *impf.* [3.5]

wedding сва́дьба (*g. pl.* сва́деб) (на) [11]

week неде́ля [9]

weekday бу́дня (*g. pl.* бу́дней) [9]

weigh *v.i.* ве́сить (ве́шу, ве́сишь) *impf.* [6.2]; *v.t.* взве́шивать *impf.;* взве́сить (взве́шу, взве́сишь) *perf.; refl.* взве́шиваться/взве́ситься [6.2]

weight вес [2]; **to gain ~** полне́ть (I) *impf.;* пополне́ть *perf.* [3.2]; толсте́ть (I) *impf.* [3.2]; **to lose ~** худе́ть (I) *impf.;* похуде́ть *perf.* [3]

welcome приве́тствовать (приве́тствую, приве́тствуешь) *impf.;* поприве́тствовать *perf.* [11]

well, to get ~ поправля́ться *impf.;* попра́виться (попра́влюсь, попра́вишься) *perf.* [7]

well-bred воспи́танный (воспи́тан) [11]

while пока́ [9.9]

white бе́лый [2]

wide широ́кий (широко́; *ср.* ши́ре) [2]

widow вдова́ (*pl.* вдо́вы) [11]

widower вдове́ц (*g.* вдовца́) [11]

width ширина́ [2]

wife жена́ (*pl.* жёны) [11]

willful капри́зный [11]; **to behave willfully** капри́зничать *impf.* [11]

window окно́ (*pl.* о́кна, о́кон) [2]; **ventilation ~** фо́рточка (*g. pl.* фо́рточек) [2]

windowsill подоко́нник (на) [2]

wine вино́ [1]; **~ glass** рю́мка (*g. pl.* рю́мок) [1]

winter зима́ (*pl.* зи́мы); зи́мний [9]

wipe вытира́ть *impf.;* вы́тереть (вы́тру, вы́трешь; вы́тер, вы́терла) *perf.* [6]

witness свиде́тель *m.* [5]

woman же́нщина [4]; **young ~** де́вушка (*g. pl.* де́вушек) [4]; **old ~** стару́ха [4]

wood де́рево; деревя́нный [2]

wool шерсть *f.;* шерстяно́й [3]

worry беспоко́ить *impf.; refl.* беспоко́иться *о ком, о чём?* [4]

wound ра́на [7]; **to wound** ра́нить *impf. and perf.* [7]

wounded ра́неный (ра́нен) [7]

wreck ава́рия; **to be in a ~** попада́ть в ава́рию *impf.;* попа́сть в ава́рию (попаду́, попадёшь; попа́л) *perf.* [8]

wrinkle морщи́на [3]

wrinkled морщи́нистый [3]

written пи́сьменный [10]

yawn зева́ть *impf.;* зевну́ть (зевну́, зевнёшь) *perf.* [6]

year год (в году́, *pl.* го́ды, годо́в) [9]

yellow жёлтый [2]

yesterday вчера́ *adv.;* вчера́шний [9]

young молодо́й [4]; **~ people** молодёжь, *f., sing.* [4]

youth мо́лодость *f.* [4]; молодёжный [4]

zip застёгивать *impf.;* застегну́ть (застегну́, застегнёшь) *perf.; refl.* застёгиваться/застегну́ться [3]

zipper мо́лния [3]

Photo Credits

Index